Roland Mary
mit Rainer Schmidt

Gefahrenzone

GOLDMANN
Lesen erleben

Roland Mary
mit Rainer Schmidt

Gefahrenzone

Geschichten aus dem Bauch
eines Restaurants

GOLDMANN

Originalausgabe

Dieses Buch ist auch als E-Book erhältlich

MIX
Papier aus verantwortungsvollen Quellen
FSC® C006701
FSC www.fsc.org

Verlagsgruppe Random House FSC® N001967
Das für dieses Buch verwendete
FSC®-zertifizierte Papier *Munken Premium*
liefert Arctic Paper Munkedals AB, Schweden.

1. Auflage April 2013

Umschlaggestaltung: UNO Werbeagentur München
Umschlagmotiv: © Dieter Eikelpoth
Satz: Uhl + Massopust Aalen
Druck und Bindung: CPI – Ebner & Spiegel, Ulm
Printed in Germany
ISBN 978-3-442-31333-4
www.goldmann-verlag.de

Besuchen Sie den Goldmann Verlag im Netz

Inhalt

1. Unter Wilden

Kreative und Verrückte

Die Arbeit in einem Restaurant kann der Himmel auf Erden sein und Glücksgefühle erzeugen, die süchtig machen. Es gibt diese einzigartigen Momente, da scheint ein Abend perfekt zu laufen, alle Rädchen greifen elegant ineinander, alles passt, Gäste, Kellner und Küche verschmelzen zu einem hochkomplexen Gesamtkunstwerk, in dem jeder seinen Platz hat, der ganze Laden erreicht mühelos einen Schwebezustand, eine magische Stimmung, von der manche noch Tage später schwärmen werden, ohne dass jemand genau bestimmen könnte, woran es diesmal gelegen hat. Das ist das Ideal, ein Ausnahmezustand, den wir uns alle wünschen, für den man bestimmte Voraussetzungen schaffen kann, der dennoch letztendlich nicht planbar ist. Aber schon heute Abend könnte es wieder so weit sein, das ist der große Reiz.

Die Arbeit in einem Restaurant kann die Hölle auf Erden sein und dich an der Menschheit verzweifeln lassen. Es gibt diese Tage, an denen tun sich an jeder Ecke Abgründe auf und an jeder zweiten stellt dir ein unmotivierter Stümper ein Bein, Desaster reiht sich an Desaster, nichts passt, nichts klappt, der Ärger ist dein ständiger Begleiter, und man denkt, nur ein spontaner Amoklauf kann die adäquate Antwort auf diesen Zustand sein.

Paradies oder Fegefeuer, manchmal hat man den Eindruck, dazwischen gibt es in der Gastronomie tatsächlich nur wenige

Grautöne. Das liegt nicht zuletzt an den Menschen, die hier arbeiten. Denn egal, wie edel die Kulisse auch sein mag, keine weiße Tischdecke und kein gestärktes Kellnerhemd kann darüber hinwegtäuschen: Hinter der Fassade eines jeden Restaurants tobt ein kleiner Guerilla-Krieg.

Innerhalb der Branche wird mit dem angeblich besonderen Irrsinn und der echten oder vermeintlichen Wildheit gerne kokettiert, aber im Kern ist etwas Wahres dran: Manche in der Gastronomie haben irgendwie einen – manchmal mehr, manchmal weniger sympathischen – Schaden. Das macht die Arbeit so spannend, das macht sie so anstrengend. Aber ein gewisser Schaden in Verbindung mit einem ausgeprägten Kümmer-Gen, das einem ermöglicht, sich in andere Menschen hineinzuversetzen, ihre Perspektive einzunehmen und ihre Bedürfnisse richtig zu beurteilen, ist die beste Voraussetzung für eine längerfristige Karriere hier, denn bereits die äußeren Rahmenbedingungen machen klar: Das ist kein Job für normale Menschen.

Du fängst an zu arbeiten, wenn alle anderen Feierabend haben. Du kannst erst ausgehen, wenn alle anderen schon satt oder betrunken sind oder im Bett liegen. Du hast frei, wenn alle anderen ins Büro fahren. Einigen macht das sehr viel Spaß, andere macht das sehr seltsam, manche sehr einsam. Wobei es vielleicht gerade einige einsame Seltsame sind, die ihren Job am besten beherrschen, weil sie genau diese Atmosphäre mit diesen Rahmenbedingungen brauchen, um sich voll entfalten und richtig aufleben zu können.

Am frühen Abend geht es für die meisten los, nach Hause kommen sie mitten in der Nacht oder im Morgengrauen – Beziehungen und Familien werden durch diese Arbeitszeiten aufs Äußerste belastet. Und nicht nur dadurch. Jedes gute Restaurant ist ein relativ freier, ungezwungener Raum, im besten Sinne mal ein Kontakthof, mal eine Bühne, auf der die Mitarbeiter ein bisschen im Rampenlicht stehen, manche mehr, manche weniger. Und das Wissen um die in einer derart sinnenfreudigen Atmosphäre manchmal entstehenden Begehrlichkeiten oder erotischen Möglichkeiten wecken – verständlicherweise – bei manchen Partnern zu Hause Ängste, die zusätzlich für Stress sorgen. Nur wer sehr tolerant ist, einen ähnlichen Beruf oder großes Urvertrauen hat, kommt dauerhaft mit all dem klar. Bei einigen Kollegen klappt das wunderbar, aber es würde mich nicht wundern, wenn die Gastronomie für Paartherapeuten und Scheidungsanwälte ein sehr lukratives Beschäftigungsfeld wäre.

Andererseits ist das Leben in so einem Umfeld für diejenigen, die in ihm aufgehen, eine große Erfüllung. Man ist nie alleine, immer in Gesellschaft, es gibt die schönsten sozialen Kontakte und unverbindlichen Begegnungen, man bekommt direkte Bestätigung und steht auch ein bisschen im Mittelpunkt. Es ist eine Arbeit, die von der permanenten Abwechslung lebt und selten Langeweile aufkommen lässt, es ist eine aufregende Welt, vielleicht ist es eine aufregende *Schein*welt, aber sie lässt einen nicht mehr los.

Manche, die es nicht schaffen, zwischen sich und dieser Welt eine Schutzmauer hochzuziehen, merken leider zu spät, dass sie darin auch verloren gehen können. Die Liste der Abgestürzten, die den Verlockungen, dem Stress, dem Druck und den hohen Erwartungen irgendwann nur noch mit Alkohol oder Drogen begegnen konnten, ist leider viel zu lang. Das liegt vielleicht auch ein bisschen daran, dass die Gastronomie ein sehr offenes System ist, was ich als Quereinsteiger in den

Beruf einerseits natürlich nur begrüßen kann, andererseits werden dadurch automatisch auch überproportional viele extremere Gestalten angezogen – der Anteil an besonders Lebenssüchtigen und Erlebnishungrigen, an Spinnern und exaltierten Schauspielern dürfte in der Gastronomie höher sein als in den meisten anderen Wirtschaftsbereichen.

Restaurants sind deshalb eher nichts für empfindsame oder zu sensible Geister, Sozialpädagogen hätten hier keine großen Chancen, schon gar nicht als Wirte – die nähme niemand ernst. Denn in der Gastronomie herrschen im Vergleich zur normalen Angestelltenkultur archaischere Strukturen und Umgangsformen, es ist, wenn man so will, ein faszinierendes Paralleluniversum, aus dem selten etwas nach draußen dringt. Aber so eigentümlich auch einige Regeln und Charaktere wirken mögen, so intensiv auch die Konflikte hinter der Tür zur Küche geführt werden und so niederträchtig sich manche Kellner untereinander verhalten, im Grunde sind doch alle stolz, Teil einer ganz besonderen Gemeinschaft zu sein, und sei es nur einer ganz besonders bekloppten Gemeinschaft.

Schon der Umgangston, der zeitweise zwischen Kellnern und Köchen herrscht, ist gewöhnungsbedürftig. Manchmal werden in einer Schicht mehr Beleidigungen und wüste Verwünschungen ausgetauscht als anderswo in einem ganzen Berufsleben, manchmal fliegen auch ein paar Teller, das kommt in den besten Familien vor. Kann sein, dass es am Stress liegt, an dem enormen Druck, unter dem zu Spitzenzeiten alle stehen, aber für den Austausch von Höflichkeiten bleibt selten Zeit. Diese Sprache wird in jedem Restaurant der Welt gesprochen, für die besten französischen Adressen gilt das genau wie für die italienischen Häuser, für die New Yorker Gastronomie wie für die Londoner, selbst in Peking ist es nicht anders.

*

Wer so einen Laden leiten und die Kontrolle über eine starke, heterogene Belegschaft nicht verlieren will, wer die Oberhand behalten will, muss wie ein Dompteur im Löwenkäfig vorgehen: einfühlsam und vorsichtig einerseits, andererseits sehr klar und kompromisslos, nur das garantiert auf lange Sicht die Existenz des Ladens, nur das sichert die Arbeitsplätze, nur das bewahrt einen vor dem Herzinfarkt oder der Klapsmühle. Das mag sich übertrieben oder pathetisch anhören, aber wer das nicht befolgt, ist schnell weg vom Fenster, weil jede Unaufmerksamkeit bestraft und jede Nachlässigkeit ausgenutzt wird. In einem Laden, in dem keine starken Persönlichkeiten, sondern Duckmäuser arbeiten, mag das anders sein, aber mit denen kann man auch keine gute Gastronomie aufbauen.

Du bist oft von Profis umgeben, die schon lange in der Gastronomie arbeiten und daher mit allen Wassern gewaschen sind. Die kennen alle gängigen Tricks und haben in viele menschliche Abgründe geschaut und noch viel tiefer, die wissen um die Verschlagenheit und Schwächen ihrer Kollegen, und sie haben auch ihre eigenen bösen Seiten wahrscheinlich schon einmal zu intensiv kennengelernt. Das gilt für Kellner genauso wie für Köche oder Restaurantleiter. Denen macht man nichts mehr vor. Aber nicht alle diese Experten setzen ihr Know-how allein dafür ein, dich als Wirt und Arbeitgeber zufrieden und die Gäste glücklich zu machen – manche verfolgen ihre ganz eigenen Ziele. Nur weil du zufälligerweise der Inhaber bist, akzeptieren sie dich noch lange nicht als natürliche Autorität. Gerade in neuen Läden testen sie ihren Chef gerne erst einmal. Was hat er drauf, wie hart ist er, wie clever? Sind sie härter? Sind sie cleverer? Du wirst belauert, weil sie wissen wollen, wie weit sie gehen können. Denen musst du im täglichen Geschäft zeigen, dass sie dich nicht über den Tresen ziehen können, sonst machst du dich nicht nur lächerlich, sondern auch angreifbar.

Es sind die kleine Sachen, die man erst gar nicht richtig versteht, wenn man frisch in dem Job ist. Beispielsweise gibt es Barmänner, die dem Wirt immer sofort einen Drink hinstellen, ohne dass er einen bestellt hat. Anfangs ist mir das auch ein paar Mal passiert. Macht das heute einer, weise ich ihn darauf hin, dass ich nichts bestellt habe. Versucht er es trotzdem noch einmal, gibt es eine Verwarnung. Wer so vorgeht, will sich einschleimen oder dich betrunken machen, denn der glücklichste Wirt ist der besoffene, der guckt nicht mehr so genau hin, kriegt nichts mehr mit und denkt nicht mehr daran, sein Geschäft zu leiten, sondern nur noch an den nächsten Drink. Dann brauchen sich die Mitarbeiter nicht mehr so anzustrengen, machen selber Party oder nutzen die Unaufmerksamkeit für kleine Geschäfte am Chef vorbei.

Natürlich sind die meisten Beschäftigten aufrichtig und loyal, aber eine kleine Gruppe in der Gastronomie betreibt Betrug teilweise mit geradezu olympischem Eifer. Das scheint so allgegenwärtig, dass man die vielfältigen Aktivitäten leider schon als Teil der kulturellen DNA der Branche bezeichnen könnte. Jeder, der auch nur mal kurz in einem Restaurant, in einem Café oder in einer Bar sein Geld verdient hat, kennt diese Geschichten, weil sie so selbstverständlich sind, weil es nie um das Ob, sondern immer nur um das Wieviel geht: Kellner, die an der Kasse vorbei in die eigene Tasche wirtschaften; Kellner, die in Zusammenarbeit mit der Küche Essen oder im Verbund mit den Barleuten Drinks verkaufen, von denen der Inhaber nichts wissen soll; Kellner, die bei Abwesenheit des Besitzers den Gästen selbst mitgebrachten Alkohol auf eigene Rechnung servieren – die Energie und die Kreativität, die sich hier entfaltet, ist atemberaubend und bei vielen von verblüffender Normalität. Jeder Einzelne denkt sich, das sind doch nur ein paar Euro – aber in der Summe aller Mitarbeiter und Arbeitstage kann da auch schon einmal eine Pleite zusammenkommen. Das wäre so, als gehöre es dazu, dass in manchen Bankfilialen jeden Abend ein paar Scheine in der Kasse fehlen! Einige Läden haben das Problem im Griff, andere gar nicht, ganz abstellen können wird man es wohl nie.

Als Novize bekommt man diesen Aspekt der Gastronomie zunächst kaum mit, unter anderem auch deshalb, weil man sich nicht vorstellen kann, dass es wirklich so schlimm ist, wie alle immer behaupten. Da ich eher durch Zufall in der Branche gelandet bin, war auch mir in dieser Beziehung zunächst – rückblickend betrachtet – eine gewisse Gutgläubigkeit zu eigen.

Vor dem Mauerfall hatte ich im Berliner Westen mit einer Partnerin ein damals relativ bekanntes Restaurant am Savignyplatz, das Shell. Es gab dort eine sehr süße Angestellte, nennen wir sie Beate, mit der ich mich gut verstand und der ich praktisch blind vertraute. Ich wusste oder ahnte bereits, dass einige Keller und andere Beschäftigte mich hintergingen, wie das eben so üblich zu sein schien, allerdings konnte ich das genaue Ausmaß noch nicht überblicken. Angela aber kam aus sehr gutem Hause und war ein hochanständiges Mädchen, bei ihr war ich mir sicher, sie macht nichts, sie ist daran nicht beteiligt. Ich hätte beide Arme darauf verwettet, dass sie ehrlich war.

Als der Laden später verkauft wurde und alle ihrer Wege gingen, habe ich sie einmal gefragt. Sie bräuchte keine Angst vor Konsequenzen haben, das sei ja alles bereits Geschichte, aus rein sportlichen Gründen würde ich aber gerne wissen wollen, ob auch sie im Restaurant das ein oder andere Mal ein bisschen geschummelt hätte. Mit der unschuldigsten aller Mienen druckste Angela erst etwas herum, um dann auf eine betörend entwaffnende Art zuzugeben: »Nicht nur ab und zu, die ganze Zeit, aber ich musste das machen, sonst hätte ich Probleme mit nahezu ALLEN anderen Kollegen bekommen!« Und dabei war sie doch so reinen Herzens gewesen.

Wenn in deinem Laden ein eingespieltes Team arbeitet, dass sich bei Betrügereien 100 Prozent aufeinander verlassen kann, hast du ein Riesenproblem – diese Lektion habe ich nie wieder vergessen. Früher habe ich mich oft gefragt, wer hintergeht dich gerade? Wie genau? Wann? Aber das ist Energieverschwendung, das hat mir Beate gezeigt. Ist das System sicher, musst du dir über einzelne schwarze Schafe keine Gedanken machen. Ist das System allerdings nicht sicher: Gute Nacht!

*

Ein zuverlässiges, ehrgeiziges, professionelles Team ist die Grundlage für zufriedene Gäste, zufriedene Kollegen und einen zufriedenen Wirt. Wer dauerhaft eine gute oder sehr gute Crew haben will, muss auf zwei Faktoren achten: Erstens – nicht sehr überraschend, aber schwierig und dafür umso wichtiger – muss man die richtigen Leute finden, schulen und halten. Mindestens genauso wichtig ist es aber zweitens, die schlechten Leute so schnell wie möglich wieder loszuwerden. Hat man aus Versehen einen Irrläufer erwischt, der sich nach gutem ersten Eindruck als relativ antriebsarmer, talentfreier oder egomaner Totalausfall entpuppt, kann man zunächst versuchen, durch Gespräche oder Schulungen seine Leistung zu verbessern, vielleicht entdeckt man auch noch Talente, die in anderen Bereichen besser einzusetzen sind. Hilft das alles nicht, muss er schnell raus, zum einen, weil man sich keine schlechten Leute leisten kann, zum anderen, weil andere Teile des Teams durch unangenehme Stimmung oder miese Verhaltensweisen negativ beeinflusst werden können. Wer zögert, potenziert seine Probleme und läuft Gefahr, dass aus ein paar anfänglich leichten Wellenschlägen ein ausgewachsener Tsunami wird. Wir müssen jeden Abend an jedem Tisch jeden einzelnen Gast wieder neu von uns überzeugen. Wer dabei nicht hilft, ist mittelfristig eine Gefahr für alle.

Wer bleiben soll, muss gut behandelt werden. Gut behandeln heißt im Wesentlichen, klare Absprachen zu treffen und sich an diese klaren Absprachen konsequent zu halten. In der Gastronomie brauchst du kein Motivations-Hokuspokus, keine gemeinsamen Kuschelreisen, kein Ringelpietz mit Anfassen oder andere esoterische Instrumente aus dem Setzbaukasten für akademisches Personaltraining. Deine Mitarbeiter wollen präzise wissen, was du wann von ihnen erwartest, sie wollen mit den Angaben planen können und sich nicht verschaukelt fühlen – und sie wollen pünktlich ihr Geld, was in diesem Gewerbe oft genug nicht der Fall ist. Bist du in diesem Sinne fair und zuverlässig, werden echte Profis immer ihr Bestes geben. Alles andere ist Schnickschnack und vergebliche Liebesmühe. Wenn ein Kellner ungern abends arbeitet oder ein bisschen unmotiviert ist, weil immer so viel los ist und das alles ganz schön anstrengend sein kann, braucht der keine Therapiegespräche, sondern entweder ein paar Tage frei, Tagesdienst – oder eine Umschulung.

Die Fluktuation in Restaurants ist nicht zuletzt auch wegen der Eigenarten und Sprunghaftigkeit einiger Beschäftigter oder ihrer Chefs generell hoch, schnelle Jobwechsel gehören zum festen Bild, Konstanz ist eher selten zu finden. Aber wo es sie gibt, wirkt sie sich sehr positiv aus. Fühlen sich die Mitarbeiter wohl, sinkt auch ihre Wechselbereitschaft spürbar. Im Borchardt arbeiten beispielsweise in Küche und Service viele Mitarbeiter schon länger als zehn Jahre, das ist ein vergleichsweise sehr guter Wert. Allerdings haben wir wegen der hohen Anforderungen, die wir an alle stellen, und der Konsequenz, mit der wir sie auch von Neuen einfordern, bei den Abgewiesenen keinen guten Ruf. Damit müssen wir leben.

Ein nicht unwesentlicher Grund für so manche Schwierigkeiten im Mitarbeiterbereich ist der niedrige Stellenwert der Gastronomie in Deutschland. Die Wahrnehmung hat sich in den vergangenen Jahren zwar leicht geändert, aber die meisten Eltern würden heute doch noch genauso zusammenzucken wie früher, sollte ihr Sohn oder ihre Tochter begeistert verkünden, eine Restaurantkarriere anzustreben. Der Spruch »Wer nichts wird, wird Wirt« bringt den Kern einer hierzulande weitverbreiteten Auffassung auf den Punkt. Die Gastronomie ist nach allgemeiner Überzeugung nur etwas für Studenten, die einen Aushilfsjob suchen, für Verzweifelte, die sonst nichts finden – oder für angehende Schauspieler, die auf eine Rolle warten. In England und den USA sieht es ähnlich aus, dagegen ist das Branchenimage in Frankreich, Italien oder

Österreich deutlich besser. Da hat beispielsweise ein Restaurantleiter einen Status wie hierzulande vielleicht ein Hausarzt oder Studienrat.

Eher schlecht wurde in Deutschland bis vor kurzem auch über Köche gedacht. Diese Auffassung hat sich glücklicherweise erheblich gewandelt, nicht zuletzt durch die vielen Koch-Shows im Fernsehen, auch wenn einige von denen unerträglich sind. Aber diese Sendungen plus ein generell stark gestiegenes Interesse an gesunder Ernährung haben mehr Menschen verstehen lassen, dass es auch am Herd Profis gibt und dass man vor denen genauso Respekt und Ehrfurcht haben kann wie vor jedem angesehenen Experten in einem anderen Berufsfeld.

Der erste große Bewusstseins-Pionier in Deutschland war in dieser Hinsicht in den Achtzigerjahren der österreichische Ausnahmekoch Eckart Witzigmann. Er kam genau zur richtigen Zeit, weil Teile der Gesellschaft in der alten Bundesrepublik reif für einen kulinarischen Aufbruch waren und man dringend jemanden brauchte, der dieses Bedürfnis auf den Punkt brachte und nachvollziehbar artikulierte. Witzigmanns Arbeit fiel also auf einen erwartungsfrohen Resonanzboden, deswegen hat seine wegweisende Kraft so eine befreiende Wirkung erzielen können. Als erstes Restaurant in Deutschland überhaupt bekam 1980 unter seiner Führung das »Aubergine« die Höchstwertung von drei Sternen. Sein Erfolg hat viele andere inspiriert und beflügelt, durch sein öffentlichkeitswirksames Schaffen wuchsen das Verständnis und das Interesse für Kochen und Ess-Genuss enorm.

Aber Witzigmann hin, Koch-Shows her, diese Image-Verbesserungen sind Ameisenschrittchen auf einem langen Weg in die Normalität. Die Attraktivität der Gesamtbranche bleibt eher mäßig. Es wird noch dauern, falls es überhaupt je dazu kommen sollte, bis die Gastronomie auch für die klügeren, talentierteren und fortschrittlicheren Köpfe der jüngeren Generation eine ganz selbstverständliche und begehrenswerte Karriere-Option wird. Die Wirklichkeit ist meilenweit davon entfernt. Es gibt zu viele, die einfach ihr Hobby zum Beruf machen, ohne vielleicht die dazu notwendigen Fähigkeiten mitzubringen, sowie Heerscharen, die ihre Arbeit bloß als kurzfristigen Job verstehen, als Übergangslösung, bis sie etwas »Richtiges« gefunden haben. Man muss sich nur anschauen, wie viele Kellner gar keine Kellner sein wollen, sondern in ihrem Kopf eigentlich Schauspieler oder Was-auch-immer sind, die nur etwas Geld nebenbei verdienen müssen. Das hört sich an wie ein abgedroschenes Klischee, entspricht aber den Erfahrungen aus der Praxis. Übrigens sind einige dieser Aushilfen wegen ihrer menschlichen und sozialen Qualitäten durchaus gute, manchmal sogar hervorragende Servicekräfte. Wer dagegen nur widerwillig und ohne jedes Talent oder Interesse auf so einem Job seine Zeit absitzt, bis er vielleicht morgen schon für den ganz großen Film oder das Wiener Burgtheater entdeckt wird, tut sich, den Gästen und der Gastronomie insgesamt keinen Gefallen. Die können alle gerne auf ihren Durchbruch warten, und ich drücke ihnen ganz fest die Daumen, aber mir wäre es lieber, sie würden sich die Zeit woanders vertreiben als in dem Restaurant oder Café, in dem die anderen Gäste und ich professionell bedient werden möchten. Denn da, wo Gastronomie wegen einer solchen Einstellung nicht ernsthaft genug betrieben wird, entsteht ihr schlechter Ruf an jedem Tisch bei jedem Gast wieder neu – egal ob es sich um einen Amateur oder einen echten Profi handelt.

Der entscheidende Faktor ist die Leidenschaft, sie macht den Unterschied. Sie ist wichtiger als Ausbildung, Diplome und Aussehen. Echte Leidenschaft für Menschen. Die hat man, und dann spürt sie auch jeder andere – oder man hat sie nicht. Wenn sie nicht da ist, wird man sie sich auch nicht mit mehr Geld einreden können. Denn das Handwerk kann man lernen, die Technik kann man lernen, die Erfahrung kommt mit der Zeit, aber echte Leidenschaft ist durch nichts zu kompensieren.

Der menschliche Faktor: Wenn wieder einmal alles schiefgeht

In einer idealen Welt würden in der Gastronomie ausschließlich hoch motivierte Vollprofis arbeiten, die jederzeit bereit sind, ihr Leben für den Job und ihren Laden zu opfern, die sich elend fühlen, wenn der Gast unzufrieden ist, die eine Top-Ausbildung oder jahrelange Erfahrung haben, die sich einbringen, wo und wie sie nur können, einfühlsam und blitzschnell, selbstlos und unermüdlich, und deren aufgeweckte Köpfe noch nie ein korrupter Gedanke gestreift hat. So weit die Träume eines jeden Inhabers. Viele Läden können sich glücklich schätzen, wenn sie zumindest einige Beschäftigte von diesem Format an Bord haben. Es gibt solche Kräfte, und für jeden ist es eine Freude, mit ihnen zu arbeiten, aber der Mitarbeiter-Mix in der Wirklichkeit sieht natürlich anders aus. Und diese oft außerordentlich heterogene Zusammensetzung der Mannschaft sorgt dafür, dass es so etwas wie einen Tag ohne besondere Vorkommnisse in der Gastronomie kaum gibt. Der menschliche Faktor verhindert jegliches Aufkommen von Langeweile.

Ein ganz realer, nicht wirklich durchschnittlicher Sommertag veranschaulicht vielleicht am besten, was das in der Praxis bedeuten kann: An einem Sonntagabend bemerkte ich in unserem Café am Neuen See: Das Bier ist viel zu warm. Zu warmes Bier ist für einen Biergarten keine wirklich gute Nachricht. Da verstehen die Gäste keinen Spaß. Also bestellte ich sofort noch ein halbes Dutzend Biere, um die Ursache herauszufinden. Erstens konnte es sein, dass die dicken Glaskrüge gerade aus der Spülmaschine kamen und noch nicht richtig abgekühlt waren. Zweitens konnte es sein, dass vorher längere Zeit nicht gezapft wurde und das Bier in der Leitung stehend warm geworden war. Das ist, wenn der Laden voll ist, praktisch unmöglich, aber auch das musste man in Erwägung ziehen. Dann konnte das Bier im Glas zu lange herumgestanden und sich während dieser Wartezeit bei den hohen Außentemperaturen aufgewärmt haben. Schnell wurde klar: Keiner der drei Gründe traf zu, was höchst alarmierend war, offensichtlich hatten wir ein echtes Problem mit der Kühlung.

Der Restaurantleiter wurde informiert, der wiederum die Technikabteilung beauftragte, das Problem sofort oder am nächsten Morgen schnellstens zu beheben. Die schickte einen Mitarbeiter los, der sich die Sache am nächsten Morgen aber nicht vor Ort anschaute, sondern aus Gründen, die nur er alleine kannte, erst einmal in einen möglichst weit entfernten Baumarkt fuhr, um ein Thermostat zu kaufen. Wir haben zwar eins in der Technik, aber vielleicht hatte er keine Lust, danach zu fragen, auch das sehr moderne Gerät der Warenannahme mit Laserstrahlmessung reizte ihn seltsamerweise irgendwie nicht, vielleicht mag er auch einfach nur Baumärkte, man weiß es nicht. Nach Stunden traf der Kollege glücklich von seinem Einkaufstrip im Café ein, stellte mit seinem nagelneuen Thermostat eine Bier-Temperatur von fünf Grad fest, meldete das dem Technikchef, der schaute zufrieden auf das Ergebnis und machte: nichts. Operation beendet. Problem aus der Welt definiert.

Montagnachmittag, fast 24 Stunden nach meiner ersten Beschwerde, bestellte ich mir wieder einen Krug, um die Temperatur erneut zu prüfen. Wieder zu warm. Der Restaurantleiter bestätigte, ja, den ganzen Tag hätten Gäste über die Bier-Temperatur geklagt, Gäste, die deswegen mit vollem Recht unzufrieden waren und sich beim nächsten Mal vielleicht genauer überlegen würden, ob sie wieder in den Biergarten mit der zu warmen Plörre gehen sollten. Wobei auf jeden, der sich beschwert, so kann man realistischerweise vermuten, mindestens noch drei kommen, die einfach sauer werden, ohne sich offiziell zu beschweren.

Wenn man 500 Fachleute fragt, gibt es mindestens 1000 Meinungen zu dem Thema, aber die Wahrheit ist meiner Ansicht nach relativ simpel: Wenn du Bier in Krüge füllst, sollte der Gerstensaft mit höchstens vier Grad aus dem Hahn kommen. Verwendest du dünnere Gläser, können es eventuell auch fünf Grad sein. Je nach Jahreszeit und Wetterlage reichen auch mal fünfeinhalb Grad. Natürlich folgen solche Regeln auch bestimmten Moden, es ist ja noch nicht so lange her, da wurde behauptet, ein Pils müsse in sieben Minuten gezapft werden, aber für mich gibt es zu diesem Thema keine zwei Meinungen: Entweder kommt das Bier mit vier Grad aus dem Hahn – oder du kannst es vergessen. Und bei jedem Test wird mir jeder normale Biertrinker Recht geben, auch wenn er kein Thermostat in der Hand hält.

Ja, hieß es nun aus der Technikabteilung, als ich mich sogleich erneut über die immer noch zu hohe Temperatur beschwerte, sie müssten das noch einmal prüfen. Sie waren offensichtlich kurz davor, mit ihrem Baumarkt-Thermostat noch einmal nachzuweisen, dass die Gäste, die sich beklagt hatten, falschlagen. Vielleicht wollten sie auch noch einmal in ihrem Lieblingsladen shoppen gehen, um sich noch ein Messgerät zu besorgen, die Signale blieben beunruhigend. Irgendwie war den Kollegen, so schien es in dem Moment, nicht richtig klar, dass in einem Biergarten überraschenderweise Bier das wichtigste Produkt ist und dass alle von dem verdammten Bier leben und erkannte Fehler so schnell wie möglich behoben werden müssen. Aber bevor sie noch einen wissenschaftlichen Fachrat zusammenrufen konnten, machte ich sie dezent darauf aufmerksam, dass mich das alles nicht interessiert, sondern nur eins: dass das Bier kalt ist, und zwar sehr bald. Nach drei Stunden ging es dann. Quod erat demonstrandum. Wenn man in so einem Betrieb nicht hinter jedem permanent her ist, ist man verloren.

Zur gleichen Zeit musste der Restaurantleiter ein delikates Problem bewältigen. Am Freitag hatte er einen Mitarbeiter aus der Küche, der erst vor ein paar Tagen angefangen hatte, nach Hause geschickt, weil er nicht die einfachsten Anforderungen erfüllte. Dieser Mann, ein Ex-Knacki von beeindruckender Statur mit kahl rasiertem Schädel, den er unter einem Piratentuch versteckte, stand jetzt bebend und mit zuckenden Wangen vor ihm und verlangte augenblicklich den noch ausstehenden Lohn sofort und in bar. Immer lauter und drängender trug er seine Forderung unter den Augen mehrerer durchaus irritierter Gäste vor. Der Hinweis, auch sein

Geld käme über die Lohnbuchhaltung direkt auf sein Konto, erzürnte ihn noch mehr. In einer Stunde wolle er wiederkommen, wenn es dann kein Bares gäbe, würde er seine Kumpel holen und der Restaurantleiter sein Verhalten schwer bereuen. Brüllte es und verschwand. Der Restaurantleiter rief die Polizei.

Eine Stunde später stand der wütende Kerl tatsächlich wieder vor der Tür und ließ sich auch von den beiden mittlerweile wartenden Polizeibeamten nicht einschüchtern. Mit einer aggressiven Drohgebärde griff er in seinen Umhängebeutel, sodass die Ordnungskräfte aus Reflex die Hände an ihre Waffen legten. Wütend lamentierend zog unser ehemaliger Mitarbeiter aber lediglich seinen Personalausweis aus der Tasche und beschimpfte dabei die Uniformierten genauso wie alle anderen um ihn herum. Erst eine Stunde später verließ er, belegt mit einem Hausverbot und expliziten Warnungen der Polizei, endlich das Gelände.

Aber es ging noch weiter – an manchen Tagen ist das ja gerade mal das Aufwärmprogramm. Der Biergarten liegt am Ende einer Sackgasse mit sehr wenigen Parkplätzen. Es gibt deshalb extra einen Mann, der weiter vorne den Verkehr regeln soll, damit die Leute nicht in die Sackgasse hineinfahren, nur um festzustellen, dass sie dort nicht parken und nur sehr schwer wenden können, was einige Fahrer so nervt, dass sie hupen, und das stört nicht nur die Nachbarn, sondern auch unsere Gäste. Aber was machte derjenige, der das verhindern sollte? Saß abwesend auf einem Stuhl auf der Straße wie in einer Gartenlaube und schaute seelenruhig zu, wie sich um ihn herum das Chaos entfaltete. Minutenlang wurde er zwischendurch überhaupt nicht gesichtet. Da war er vielleicht telefonieren oder hat sich am See gesonnt, man weiß es nicht – und ich wollte es auch gar nicht wissen. So einer darf nicht eine Sekunde dort sitzen, geschweige denn fehlen, der muss stehen und präsent sein, der muss ordnen und eingreifen, der muss ganz altmodisch seinen verdammten Job machen. Aber weil ihm das anscheinend zu anstrengend war, hat er einfach während der Hauptstoßzeit das Arbeiten eingestellt und das Sonnen angefangen. Super-Profis at work. Sensationell. Übrigens war der beste Parkdienst, den wir hier jemals hatten, vorher fünf Jahre Pfleger in der Psychiatrie, gelernt ist eben gelernt.

Dann kommen also unsere Gäste genervt vom Parkchaos in einen sehr vollen Biergarten und stellen sich an, um sich ein – bis eben noch zu warmes – Bier oder eine Pizza zu holen. Eine gewisse Wartezeit dabei ist normal. Nicht normal ist aber, wenn an so einem Tag nicht die beiden Pizza-Stationen besetzt sind, sondern nur eine. So eine Fehlbesetzung kann mal passieren, weil das Wetter doch besser geworden ist als vorhergesagt, weil der Ansturm größer ist als berechnet, weil Mitarbeiter unerwartet wegen Krankheit ausfallen. Aber an diesem wunderbaren Tag war das allein anwesende Team auch noch auf beide Stationen aufgeteilt worden, womit man also nicht eine Pizzasorte sehr schnell, sondern zwei Varianten besonders langsam produzieren konnte. Grandios.

Und weil wir ja sonst gerade keine Probleme hatten, bemerkte ein sehr vornehm wirkender weiblicher Gast plötzlich auch noch, dass sie gerade exakt vier – nicht zwei, nicht drei, nein, genau VIER – ganze Kirschkerne in ihrem Kuchen gehabt habe und sich deswegen eine ansonsten tadellose Krone aus ihrem Gebiss herausgebrochen habe. Mit vor Wut verzerrtem Gesicht machte sie ihrem Ärger in der Nähe der Pizza-Schlange Luft und verlangte von einer völlig eingeschüchterten Mitarbeiterin an der Kasse ein sofortiges »Schuldeingeständnis«, eine Unterschrift wolle sie haben, auf der Stelle, eine schriftliche Stellungnahme, die das alles belegte, was leider niemand belegen konnte, weil es keine Zeugen gab und keinen Abdruck von ihrem Gebiss vor dem Kuchen, denn die Krone, die herausgebrochene, war nicht mehr auffindbar, sondern wie vom Erdboden verschluckt. Der Restaurantleiter drückte ihr eine Visitenkarte in die Hand und verwies auf die bestehenden Versicherungen für solche Fälle.

Und das war immer noch nicht alles: Als die mittlerweile durch das lange Warten an den beiden zu schwach besetzten Pizza-Stationen genervten Käufer schnell mit ihrer endlich fertig gebackenen Ware durch die Kassen wollten, mussten sie feststellen, dass der Laden zwar aus allen Nähten platzte, aber wir irgendwie keine Lust hatten, alle Kassen aufzumachen, warum auch, ist ja so schön in den Schlangen, wahrscheinlich kommen die Leute irgendwann deswegen hierher, weil man hier so toll mit anderen netten Menschen möglichst lange anstehen kann. Wenn das ein Trend wäre, wären wir an diesem Tag ganz weit vorne gewesen.

Wenn wir eine Kasse zu wenig aufhaben und sich deswegen die Leute drei Minuten länger als nötig stauen, fühlen sich diese drei Minuten für die Betroffenen an wie eine Viertelstunde. Und vielleicht wird dieser Ärger die unangenehmste Erfahrung ihres Nachmittages sein, weswegen sie plötzlich den ganzen Laden anders beurteilen. Den Wartenden ist völlig schnuppe, ob alles vor ihnen und nach ihnen perfekt gelaufen ist, allein ihre persönliche Erfahrung zählt. Vielleicht verliert man in diesen drei Minuten genau diese Kunden. Aber an diesem Tag auch hier wieder die niederschmetternde Erkenntnis: Alle registrieren das Problem, aber niemand greift ein. Ein Wahnsinn.

An Tagen wie diesen halte ich es manchmal in meinem eigenen Laden nicht mehr aus. Wenn man sieht, dass nichts mehr zu retten ist, weil die Fehler in der Vorbereitung gemacht worden sind, dann gehe ich lieber, weil ich mich sonst bei jedem entschuldigen müsste und mich noch mehr schämen würde. Wenn das Haus lichterloh brennt und ich die Leute noch darauf hinweisen muss, dass es doch ganz nett wäre, das Feuer mit den vor ihnen stehenden Feuerlöschern zu bekämpfen, wenn also das Banalste, Offensichtlichste einige bereits überfordert, hilft aus Selbstschutz ab und zu einfach nur noch die Flucht.

Gerade bei so vielen Gästen darf das System nicht stottern, alles muss funktionieren. Damit alles funktioniert, muss alles bereits vorher perfekt organisiert sein. Von der Einteilung über den Dienstplan bis hin zum Mise en Place, also der Vorbereitung einer jeden Arbeitsstation. Wer das nicht beachtet, fühlt sich noch sicher, während der Untergang schon unabwendbar ist, denn was hier versäumt wird, kann in der Hektik des laufenden Geschäfts nicht mehr korrigiert werden. Wenn alles funktioniert, sind alle entspannt, und es entsteht eine tolle Atmosphäre, die sich auf jeden überträgt. Gibt es Probleme, spüren alle sofort den Stress, und jeder ist genervt. Zum Glück haben wir seit zwei Jahren dort einen Geschäftsführer, der den Laden gut im Griff hat.

In unserem Biergarten arbeiten an heißen Tagen mehr als 100 Leute, die meisten davon Aushilfskräfte. Das ist, wie jeder größere gastronomische Betrieb, eine nervöse Maschine, ein durchorganisiertes Chaos, das es zu bewältigen gilt. Auf dieses Spiel muss man Lust haben. Und wenn man so einen hochkomplexen Organismus kraft seines Wissens, seiner Autorität und seiner persönlichen Fähigkeiten erfolgreich steuern und optimieren kann, was zugegebenermaßen alles andere als einfach ist, gibt das einem einen unvergleichbaren Kick. Wer den nicht spürt, wer dabei nicht aufblüht, der sollte lieber Autos oder Versicherungen verkaufen. Aber auf jeden Kick kommen leider manchmal gefühlte zehn mittelschwere Katastrophen.

Das amerikanische Magazin Bloomberg BusinessWeek hat im Frühsommer 2012 zur Finanzkrise einmal ein Cover gemacht mit einem großen schwarzen Kreis in der Mitte. Darauf stand sinngemäß: Für eine schnelle Schmerzlinderung hier bitte den Kopf gegenhämmern. Die haben mich verstanden.

2. Was wir wollen, was wir nicht wollen

Das ist urbane Gastronomie

Viele professionelle Kritiker haben eine Vorliebe für Firlefanz beim Essen, die ich weder nachvollziehen kann noch nachvollziehen will. Unser Konzept von Gastronomie ist relativ simpel, ich würde es urban nennen, also den Gepflogenheiten eines Großstädters angepasst: Wir haben weder Sonntag noch Montag zu, es gibt auch nachmittags Küche, bei uns muss man sich nicht an einen Gourmet-Verhaltenskodex halten, damit man mit Respekt bedient wird, der Gast steht im Mittelpunkt. Uns ist es deswegen völlig wurscht, ob jemand eine Vorspeise vor, während oder nach dem Hauptgang isst oder gar keine. Wir sind nicht beleidigt, wenn jemand Cola statt Wein bestellt, egal zu welcher Tageszeit und zu welchem Essen. Dafür gibt es keine bösen Blicke, kein Naserümpfen, kein verhaltenes Entsetzen.

Das Essen muss gut und ordentlich sein. Das Borchardt versucht nicht, den Gast mit »Grüßen aus der Küche« zu nerven oder mit besonders ehrlichem Gemüse, das von 40 jungfräulichen Novizen zwischen Sonnenuntergang und Mondaufgang persönlich besprochen wurde, unser Koch muss vor der Kartoffel keinen Salto schlagen oder die Teller fliegen lassen. Die Leute können das gerne machen, nur um im nächsten Jahr eine noch verrücktere Sau über kaukasischem Birkenholz langsam gar zu grillen und dafür gefeiert zu werden, und es wird immer welche geben, die das toll finden, das ist aber alles Energieverschwendung und geht am Kern der Sache vorbei. Man muss beste und frischeste Zutaten erwarten dürfen und eine konstant hohe Qualität aller Speisen, egal wann man sie bestellt. Ich will Essen ohne Brimborium, gerne moderne Klassiker, in ausgezeichneter Qualität, mit viel Liebe zum Detail handwerklich exzellent hergestellt. Das heißt, man nimmt immer echte Brühe, echten Fond, nichts aus der Konserve. Das Kartoffelgratin, das mittags verkauft wird, entsteht vormittags; wenn es abends verkauft werden soll, wird es am späten Nachmittag frisch gemacht. Der Spinat wird jedes Mal frisch in ebenso frischen Schalotten angeschwenkt, mit ein bisschen Butter und frisch geriebener Muskatnuss und etwas Brühe.

Essen hängt nach meinem Verständnis sehr stark mit Herkunft zusammen, mit den Wurzeln, mit dem, was wir als Kinder erfahren, in welcher Art von Kultur und Esskultur wir aufwachsen. Wir essen beispielsweise in der Regel zum Nachmittagstee keine gebratenen Ameisen, in einigen Teilen Chinas dagegen ist das vielleicht der feinste Leckerbissen. In unseren Breiten serviert macht das keinen Sinn, höchstens als Selbsterfahrungskurs oder exotische Show, beides hat für mich aber nichts mit einem Restaurantbesuch zu tun.

Wenn Kinder ihre Eltern kochen sehen, prägt sich das tief ein, selbst wenn sie nur zuschauen. Allein die Tatsache, dass zu Hause richtig gekocht wird, finden sie großartig. Wenn sie die Vorbereitungen beobachten, die Mutter das Gemüse schneiden sehen, wenn der Duft durch die Wohnung zieht, wenn sie das Geräusch klappernder Töpfe und das Brutzeln in der Pfanne hören, diese Eindrücke werden sie nie vergessen.

Und genauso ging es mir auch, ich habe nie mitgemacht,

aber war immer in der Nähe. Meine Mutter hat genial gekocht. Als Deutsche, die mit einem Franzosen im Saarland verheiratet war, war das eine Mischung aus französischer und deutscher Küche. Als Kinder haben meine Geschwister und ich vor allem ihre einfachen Gerichte geliebt: Ihr Kopfsalat in Kräuterdressing ist mir unvergessen, ebenso wie die Mehlknödel in Speck mit saurer Sahne oder ihr Speckpfannekuchen mit Salat. Diese Sachen finde ich auch heute noch toll, wenn sie gut gemacht sind. Die Mehlknödel etwa bereite ich oft für meine Kinder zu.

Mit meinen Eltern – mein Vater arbeitete nach seiner Rückkehr aus russischer Kriegsgefangenschaft als Fahrlehrer, und meine Mutter hat ihm bei den Büroarbeiten geholfen – sind wir oft in Restaurants gewesen und jedes Jahr in den Ferien nach Südfrankreich gefahren. Auf dem Weg dorthin haben wir immer gezielt die Lokale aufgesucht, die mit den blauroten »Les Routiers«-Zeichen am Straßenrand den Fernfahrern empfohlen wurden – da gab es gutes, einfaches Essen zu soliden Preisen, und man trat ein durch diese typischen französischen Perlvorhänge, an die ich mich noch gut erinnere. Die Gastronomie war damals in Frankreich gerade auf dem Land wirklich beeindruckend, absolut kein Vergleich mit Deutschland, wo einem sogar heute noch teilweise jenseits der Großstädte angst und bange werden kann, wenn man ein normales Restaurant aufsucht. War ein Mahl in einem dieser Fernfahrerlokale besonders gut, beispielsweise der Kartoffelauflauf, hat meine Mutter den Patron gleich nach dem Rezept gefragt. Wenn man mit so viel Liebe zum Kochen und Essen aufwächst, wird das ein Teil der Lebenskultur.

Einmal habe ich meine Mutter gefragt: »Was ist eigentlich das Schwere am Kochen?« Ihre Antwort war ebenso schlicht wie bestechend: »Die Kunst beim Kochen ist einfach, du musst Geschmack drankriegen!« Du lässt Speck aus, du arbeitest mit Zwiebeln und Brühe, du musst halt irgendwie Geschmack »ranbringen«, das meinte sie. Darüber muss man sich beim Kochen mehr Gedanken machen als über die richtigen Grammzahlen von dieser oder jenen Zutat. Das geht mir heute noch oft durch den Kopf, weil es so wahr ist, weil es so simpel ist, weil es so oft nicht beachtet wird.

Es gibt so viele Köche, manche davon haben sogar einen Stern oder werden hoch gelobt, sie gelten als Koryphäen ihres Fachs, aber wenn man deren Essen auf dem Teller hat, will man das oft einfach nicht essen, weil es nach nichts schmeckt, weil sie in Wahrheit trotz aller Taschentricks eben doch nicht richtig kochen können, weil sie keinen Geschmack ranbringen.

Gute Gastronomie ist sehr viel mehr als nur Kochen, sie ist ein wichtiger Teil unserer Kultur: Menschen kommen friedlich zusammen, um zu reden und mit anderen zu essen. Die Schönheit dieser Zeremonie, ob zu Hause oder im Restaurant, ist eine prägende Erfahrung – und keine Frage des Alters. Schon Kinder lieben die Atmosphäre in einem Restaurant, die Abläufe, sie lieben es, wie Erwachsene behandelt zu werden. Ich bestehe deshalb immer darauf, dass auch den jüngeren Gästen aus den Mänteln geholfen wird, weil es für sie toll ist, in diese Welt einzutauchen, die sie nicht ganz verstehen, deren Codes sie nicht kennen können, die aber eine ganz natürliche Faszination für sie hat. Eltern haben mit den meisten Kindern im Restaurant überhaupt keine Probleme, niemand langweilt sich, weil die Kinder gar nicht genug Details in sich aufsaugen können: der Dress der Kellner, der Mann hinter der

Bar, die vielen Leute, die Stimmen, das Geschirr, die Hektik, das ist wie ein spannendes neues Spiel, das sie fasziniert. Kinder, die das früh erleben, werden später ein ganz natürliches Verhältnis zu dieser Welt haben.

Und weil gute Gastronomie so im Leben verankert ist und integriert sein sollte, sind alle Bemühungen kontraproduktiv, die darauf hinauslaufen, den Zugang zu ihr zu erschweren, sei es durch einschüchternde Etikette oder arrogante Restaurantmitarbeiter, die Schrecken verbreiten wie Oberstudienräte bei der Abiturprüfung. Wer so vorgeht, versteht seine Aufgabe als Teil dieses Gesamtkunstwerks nicht und versaut den Gästen entweder aus Schlampigkeit oder ideologischen Gründen das Restauranterlebnis, weil er anscheinend nur die Gastronomie für wertvoll hält, die sich elitär gibt. Was für ein groteskes Missverständnis.

Die Kochologen

Natürlich muss gut gekocht werden, das ist klar, aber ein Restaurantbesuch ist so viel mehr als nur gutes Essen. Wo allein das Kochen im Vordergrund steht, wird es schnell steif und dünkelhaft. Die gerne als Vorbild herangezogene Sternegastronomie hat diese Attitüde zeitweise bis auf die Spitze getrieben – und oft genug immer noch nicht ganz abgelegt.

Da wirst du unter Umständen von einem zickigen Kellner bevormundet, der glaubt, er habe einen ganz besonderen Job und eine ganz besondere Autorität, der du dich in dem Augenblick anpassen musst, in dem du »seinen« Laden betrittst. Diese unangenehme Aura verbreiten selbst solche, die erst ganz kurz dabei sind oder womöglich sogar noch in der Lehre. Eine gewisse Unsicherheit oder Arroganz, die demonstrativ nach außen getragen wird und die Gäste einschüchtern soll, gehört dort oft zum Berufshabitus. Wer nicht ausgeprägte masochistische Neigungen verspürt, wird das kaum goutieren. Das geht bis zu direkten Bevormundungsversuchen des Gastes bei der Bestellung. Sie wollen keine Vorspeise – oder nur eine Vorspeise und keine Hauptspeise? Das mögen die gar nicht. Es ist ihr Restaurant, und der Gast hat sich gefälligst anzupassen. Wer sich dem verweigert, wird mit Verachtung gestraft.

Manche dieser Restaurants und deren Küchenchefs betreiben das Kochen mitunter als Ideologie, sie sind radikale Kochologen, die kaum eine andere Sicht zulassen und niemals von Selbstzweifel befallen werden. Vor kurzem noch musste mit flüssigem Sauerstoff hantiert werden, zurzeit werden besonders gerne Kräuter und das »neue« Gemüse malträtiert. Abweichungen verboten. Das nervt natürlich jeden normal denkenden Menschen und ist das Gegenteil von dem, was wir unter Gastronomie verstehen.

In Berlin gibt es auch ein Sternerestaurant, in dem die Kochologen das Sagen haben. Gelegentlich schaue ich dort vorbei, um zu sehen, ob sie immer noch ihrer stalinistischen Linie treu bleiben oder ob es selbst bei ihnen so etwas wie Glasnost gibt. Aber das ZK dort ist härter, als die Brüder im Kreml es je hätten sein können, das ist geradezu bemerkenswert.

Einmal war ich dort mit meiner damaligen Frau essen. Die hatten einen Restaurantleiter, von dem gesagt wurde, der sei sensationell, eine echte Koryphäe, der habe es echt drauf. Der fragte meine Begleitung nach ihrer Bestellung mit einem sehr seltsamen Unterton, einer Mischung aus Empörung und Ungläubigkeit: »Wollen Sie denn keinen Wein?!« Dazu sei gesagt, dass meine Frau zu dem Zeitpunkt schwanger war – und nicht nur ein bisschen schwanger, sie war derart hochschwanger, dass man als neutraler Beobachter hätte befürchten können, dass sie es nicht mehr bis zum Ende des Essens schafft (vor allem wenn man bedenkt, in welchem Tempo der Kollege dort bediente). Also hat sie sehr ruhig zurückgefragt: »Nein, möchte ich nicht. Sehen Sie denn nicht, dass ich schwanger bin?« Da zog er verschnupft von dannen, nur um ihr ein paar Minuten später zu unserer großen Verblüffung ein Weinglas mit Kirschsaft auf den Tisch zu stellen und das mit dem nasalen Kommentar zu begleiten: »Unsere anderen Gäste sollen nicht denken, dass Sie bei uns keinen Wein zum Essen bestellen, wie Sie sicher verstehen werden.«

Wir waren beide so perplex, dass wir gar nichts erwidern konnten. Das war dem nicht im Ansatz peinlich. Im Gegenteil, er machte den Eindruck, als rette er uns beide gerade noch mal aus einer unendlich beschämenden Situation. Mir fiel dazu wirklich nichts mehr ein, zumindest nichts, was ich dort als Gastronomie-Kollege im Beisein einer Frau vor den anderen Gästen hätte vernünftigerweise sagen oder machen wollen – als Kollege meckert man nicht. Übrigens stand der Kirschsaft, der nicht bestellte Kirschsaft, hinterher ganz normal auf der Rechnung. Das muss man auch erst einmal so bringen.

Ein Stammgast von uns hat vor gar nicht so langer Zeit eine andere Geschichte aus der Kochologen-Branche erzählt. Er ist sehr aktiv im Modebusiness, reist permanent um die Welt, liebt gutes Essen und ist ein erfahrener Gast. Der war also in einem Restaurant in Berlin, in dem auch ein paar Kochologen den Ton angeben, die sich jeden Tag wieder anschicken, das Rad neu zu erfinden. Als der Kellner ihn und seine Freunde nach dem Essen fragte, ob es ihnen geschmeckt habe, antworteten die wahrheitsgemäß mit Nein – und begründeten das auch kurz. Minuten später kam der Koch aus der Küche geschossen und hat sie aus dem Laden geschmissen. Was sie sich einbildeten, er habe schon mit diesem und jenem Sternekoch zusammengearbeitet, er reiße sich für sie »den Arsch auf«, was ihnen also einfiele, einfach zu sagen, es schmecke ihnen nicht – dabei waren sie ja vom Kellner gefragt worden. Wenigstens mussten sie ihre Rechnung nicht bezahlen.

Es gibt ja Menschen, die suchen genau das, die sind dort perfekt aufgehoben. Die sehnen sich vielleicht nach etwas Zucht und Ordnung und harten Regeln, andere gehen dafür in einschlägige Studios. Nur in solchen Läden können diese Gäste mit ihrem oft mühsam erarbeiteten, alle langweilenden Spezialwissen auftrumpfen. Der gehört ja vielleicht auch manchmal dazu, der Superchecker, der sich stundenlang über die angeblichen Vorzüge dieses oder jenes Fleisches auslassen kann oder endlich mal wieder seinen ewig gleichen langatmigen Spezialvortrag über das Lieblingsanbaugebiet seines so genannten Lieblingsweines hält. Am besten vor seiner Begleitung *und* vor dem Kellner oder, für mich noch schlimmer, vor dem Inhaber. In jedem Fall: ein Alptraum.

3. Im Gastraum

Der Restaurantleiter – Dramaturg und Atmosphärenmacher

Wir arbeiten immer mit Restaurantleitern, weil wir eine persönlich geführte Gastronomie für das richtige Modell halten. Es ist also stets jemand da, der die Gäste kennt, in Empfang nimmt, begrüßt und auf die Tische verteilt. Das funktioniert nur mit Kollegen, die schon ein paar Jahre in dem Laden arbeiten und ihre Klientel gut kennen, das macht am meisten Sinn. Der Restaurantleiter – es gibt immer mindestens zwei, einen für den Tag, einen für den Abend – ist die zentrale Figur im Restaurant. Sein Auftreten und sein Verhalten beeinflusst die Atmosphäre im ganzen Laden, im positiven wie im negativen Sinne. Seine gute Laune hinterlässt genauso Spuren wie seine vielleicht schlechte Stimmung. Seine Aufgabe und Kunst ist es, aus dem Restaurantbesuch möglichst ein bisschen mehr werden zu lassen als bloß eine nette Nahrungsaufnahme in Gesellschaft. Im Idealfall schafft er es, Gästen, die auf angenehme Weise mit sich selbst beschäftigt sind, trotzdem noch ein Gefühl von Gemeinschaftserlebnis zu vermitteln, das über das individuelle Erlebnis Essen hinausgeht. Eine gute Kraft an der Stelle kann, wenn sie geschickt ist und die persönlichen Voraussetzungen dazu mitbringt, unmerklich wie ein Dirigent die Stimmung im Raum nicht nur lenken, sondern auch ganz bewusst mitschaffen.

Der Restaurantleiter steht an der entscheidenden Schwelle,

wo sich Normalwelt und Gastronomiewelt treffen, er ist in gewisser Weise der Schleusenwärter, der den Menschen signalisiert, dass sie den Stress des Tages, den Ärger und die Probleme, mit denen sie sich noch bis eben möglicherweise beschäftigen mussten, hier – wenn sie wollen – getrost für ein paar Stunden vergessen können. Er macht das, indem er seriös, aber entspannt auftritt, er vermittelt den Eindruck, dass alles ganz easy ist, auf beruhigende Weise unverbindlich. Auf gar keinen Fall darf er durch ein paar unbedachte Floskeln wie »Lange nicht gesehen« oder »Und wo waren Sie so in letzter Zeit« eine Atmosphäre schaffen, mit der er die Gäste in Erklärungsnot bringt. Denn selbst diese beiden scheinbar harmlosen Bemerkungen verlangen nach Antworten, die Rechtfertigungen gleichkommen. Der Gast möchte gar nicht darüber nachdenken oder sprechen, warum er längere Zeit nicht mehr da war oder wo er in der Zwischenzeit eingekehrt ist, warum sollte er auch? Solche Fragen braucht niemand.

Ähnliches gilt für Sprüche beim Abschied, wo man es tunlichst vermeiden sollte, den Gast mit einem kumpelhaften »Bis demnächst« nach Hause zu schicken. Diese Bemerkung ist im Grunde eine ungehörige Anmaßung, weil ich gar nicht weiß, ob der Verabschiedete überhaupt wiederkommen will. Deswegen klingt diese Formel unsympathisch selbstgewiss und plump. Unter Freunden kann man so etwas sagen, zu Gästen nicht. Noch schlimmer wird es, wenn er Gäste mit Ultraschallbildern seiner schwangeren Lebensgefährtin unterhalten will oder – im anderen Extrem – auf einige Gäste keine Lust hat oder sogar generell jedem stumpf und unmotiviert entgegentritt und praktisch niemanden richtig beachtet, denn unangenehmer noch als eine schlechte Behandlung ist für den Gast gar keine Behandlung. Solche Restaurantleiter sollten besser alleine vor dem Fernseher sitzen, das entspricht wohl eher ihrem Lebensgefühl.

Auch Höflichkeits-Schablonen, wie sie in manchen Hotels gerne abgespult werden, verderben jedem normal Denkenden augenblicklich die Laune. Wenn man mit »Guten Abend, herzlich willkommen in unserem Restaurant, mein Name ist Lieschen Müller, was kann ich für Sie tun?« begrüßt wird, möchte man am liebsten auf der Stelle wieder gehen. Vorgestanzte Parolen verbreiten eine Eiseskälte, schaffen eine unpersönliche Atmosphäre und den Eindruck von Maskenhaftigkeit – damit fühlt sich niemand wohl.

Wenn der Restaurantleiter aber vorne entspannt die Gäste in Empfang nimmt, auf eine sehr persönliche, aber dennoch diskrete Art, wenn er das Gefühl herstellt, sie betreten gerade die Party eines Freundes oder sind eingeladen zu einem größeren privaten Abendessen, ohne dem Gastgeber zu irgendetwas verpflichtet zu sein, wenn er also mit ein paar lockeren Bemerkungen schon den richtigen Ton setzt und die Eintretenden mit großer Leichtigkeit weiterleitet, überträgt sich an guten Abenden diese Stimmung auch auf die Besucher. Manchmal, wenn wirklich alles stimmt und alles richtig läuft, entsteht so ein Rhythmus, der ihn mit dem Restaurant tanzen lässt, auf eine so unwiderstehliche Weise, dass sein Spirit ansteckt und alle locker macht. Man nimmt das gar nicht bewusst wahr, aber plötzlich fliegt der ganze Laden ein bisschen, alle fühlen sich gut, und niemand kann sich diesem Gefühl entziehen. Das ist natürlich nicht der Normalzustand, viele Abende fließen einfach ruhig dahin, aber diese besonderen Tage zeigen, welche Möglichkeiten theoretisch jederzeit bestehen.

Jeder kennt diesen Effekt aus eigener Erfahrung. Wenn man privat eingeladen ist, sich selber mag und große Lust hat auf diesen Abend und neue Menschen, wie diese Laune andere ansteckt und einen plötzlich alle anlächeln oder sogar anflirten und man alle zu kennen scheint, obwohl man sie teilweise zum ersten Mal sieht – das ist in einem Restaurant nicht anders und genau der Zustand, von dem wir alle träumen. Das muss man wollen und vor allem können. Mit einer Leichtigkeit und einer distanzierten Freundlichkeit, die jeder gut findet. Und wenn jemand von der Seite »Zahlen bitte« knurrt und dem sehr nett entgegnet wird: »Ach, zahlen, wieso zahlen, Sie müssen heute nicht zahlen«, bessert sich auch dessen Laune, obwohl es nur ein kleiner Witz war.

Restaurantleiter mit diesen Fähigkeiten sind begehrt wie seltene Diamanten. Denn die hat man, oder man hat sie nicht. Manche versprühen keine Leichtigkeit, sondern verbreiten nur bleierne Schwere, denen stehen die eigenen Probleme, die schlechte Laune, das Griesgrämige bereits in großen Lettern quer über die Stirn tätowiert. Und diese Ausstrahlung hängt sich wie Senkblei an jeden Gast. So wird das natürlich nichts. Die wären am Empfang eines Bestattungsinstitutes die richtige Besetzung, nicht aber an einem Ort, an dem die Leute in angenehmer Atmosphäre essen und am Leben teilhaben wollen.

Eine ehrgeizige Vertretermentalität hilft nur scheinbar, denn der unbedingte Wille, den Gast zu binden, macht alles zunichte, weil die Leute die Absicht riechen und sich bald abgestoßen fühlen. Es soll ja Menschen geben, die können selbst intelligenten Zeitgenossen Unter den Linden so genannte Originalmauerreste verkaufen, obwohl der Mörtel aus der heimischen Produktion ganz offensichtlich noch nicht trocken ist, aber das funktioniert eben nur als sehr kurzfristige Geschäftsidee, nicht über eine längere Zeit. Leute mit dieser Mentalität haben keine Zukunft in der seriösen Gastronomie, weil der erfahrene Gast keine Lust auf diese künstliche Herzlichkeit hat, die nur kalt und durchtrieben wirkt, wenn man sie einmal durchschaut hat.

Der Restaurantleiter muss auch den reibungslosen Ablauf des Service sicherstellen. Es gibt immer wieder Kellner, die einen schlechten Tag haben oder das Gefühl, diese Woche hätten sie eigentlich schon genug getan und verdient, was zu suboptimalen Leistungen führt. Aber der arme Gast, der möglicherweise gerade zum ersten Mal das Restaurant betritt, kann ja gar nichts dafür, dass die Servicemitarbeiter nicht bis in die Haarspitzen motiviert sind, also braucht es hier die leitende Hand des Restaurantleiters, der diesen Kollegen mehr von ihrem großen Potenzial entlockt, als sie bedauerlicherweise gerade zu geben bereit sind. Manchmal heißt es ja, ab vier Musikern braucht man einen Dirigenten – bei Kellnern ist es ähnlich. Denn wenn der Dirigent fehlt, bestimmt der Langsamste das Tempo und der Schlechtgelaunteste das Klima.

Der Restaurantleiter ist zudem für die Einteilung der Reviere der Kellner und die Verteilung der Gäste auf diese Reviere zuständig. Die Reviereinteilung ist eine der wichtigen Aufgaben des Restaurantleiters. Jedes Revier umfasst bestimmte Tische, und die sind bei den Kellnern unterschiedlich beliebt, weil sie aller Erfahrung nach unterschiedlich lukrativ sind. Da, wo die Stammgäste sitzen, gibt es in der Regel mehr Trinkgeld als in anderen Bereichen. Der Restaurantleiter hat also bei der Bestimmung der Dienstpläne eine beachtliche Macht, die sich für die Servicekräfte unmittelbar ökonomisch auswirkt.

Diese starke Stellung hat vor Jahren einmal ein Restaurantleiter, dem das kein Gast zugetraut hätte, eiskalt ausgenutzt und praktisch vor meiner Nase im Borchardt ein perfides System etabliert, von dem ich eine Zeit lang nichts mitbekommen habe: Der Kerl hat sich die Einteilung der Reviere von den Kellnern bezahlen lassen, Tische gegen Bargeld. Wer in einen besseren Bereich eingeteilt werden wollte, musste dafür mehr hinlegen. Der hat also für seine reguläre Arbeit nebenbei heimlich von seinen Kollegen Schmiergelder kassiert. In meinem eigenen Laden.

Als Wassermann ist mir kaum eine menschliche Verfehlung fremd, aber dieses Sternzeichen hat auch feine Antennen für Gerechtigkeit und Moral. In diesem Fall fehlten deswegen selbst mir die Worte. So etwas praktisch unter meinen Augen zu machen, das war allerhand, so was hatte selbst ich noch nie erlebt, obwohl ich doch dachte, ich hätte alle Abgründe schon einmal durchschritten und würde alles sofort riechen. Aber offenbar ist man rührend bemüht, mich vor zu viel Routine zu bewahren. Die Gäste hatten durch dieses Treiben glücklicherweise keinerlei Nachteile, der Laden – ökonomisch betrachtet – auch nicht, trotzdem war ich entsetzt. Erschütternd war vor allem auch, dass die Mitarbeiter das so lange mitgemacht und geschwiegen hatten.

Es wurde flugs eine Vollversammlung der Kellner einberufen, auf der ich ihnen sagte, dass ich mir schon bewusst sei, dass die menschliche Seele immer nach neuen Tiefpunkten dürste, aber so tief und so böse, das hätte mich doch aufrichtig überrascht. Das war eine bizarre Szenerie. Vor mir standen die bedröppelten Kellner, schuldbewusst und peinlich berührt, neben mir der Restaurantleiter, der keinen Mucks sagte und wusste, dass er tief in der Scheiße saß. Warum sie das alle akzeptiert hatten, konnte mir niemand sagen. Die Antwort war Schweigen. Mich hat fast am meisten aufgeregt, dass gerade die Kellner, die sonst gerne so selbstbewusst auftreten, wie die Lemminge mitgemacht hatten, anstatt dem einfach einen Vogel zu zeigen. Aber am allerschlimmsten war, dass ich es erst so spät bemerkt hatte.

Die Kellner – Echte Typen und Tisch-Ikebana

Die Kellner haben den intensivsten und längsten Kontakt mit dem Gast, sie sind für einen Abend oder ein Mittagessen lang das erlebte Gesicht des Restaurants, der Eindruck, den sie hinterlassen, ist für manche mindestens so prägend wie die Speisen auf dem Teller. Ist der Kellner am Tisch unhöflich oder unsympathisch, kann die Küche sich ein oder zwei Beine ausreißen, die Schlacht ist schon verloren. Ist die Servicekraft dagegen professionell und aufmerksam, wird der Gast mit einem guten Gefühl nach Hause gehen und selbst eventuell auftretende Probleme wie zum Beispiel längere Wartezeiten nicht weiter als störend empfinden. Kellner prägen ganz erheblich die Wahrnehmung eines Restaurants. Deswegen hat ihre richtige Auswahl existenzielle Bedeutung.

Dabei gelten für jeden Laden andere Kriterien. Für ein Restaurant wie das Borchardt müssen das Typen sein, echte Charaktere. Das ist sicherlich anstrengender für alle Beteiligten, aber nur diese Charakterköpfe können ihren Part in der filigranen Gesamtkonstruktion ausfüllen, die letztendlich die Atmosphäre in einem Laden ausmacht. Es dürfen keine Duckmäuser sein, keine Schleimer, die brauchen sich nicht anpöbeln oder schlecht behandeln zu lassen, es darf aber auch niemand sein, der sich zu sehr in den Vordergrund spielt. Sie müssen professionell, selbstbewusst und zugleich zurückhaltend sein, mit ausgezeichneten Umgangsformen. Wer durch Zeremonien-Kellnerei oder Tisch-Ikebana versucht, den Gast zu unterhalten oder einzuschüchtern, ist bei uns falsch. Was wir ganz bestimmt nicht wollen, sind arrogante, überhebliche Typen, wie man sie öfter in bekannten so genannten Szeneläden findet, die viele ihrer Gäste verachten und sich für die größten Stars in ihrer kleinen, hermetischen Wohnzimmergastronomie halten, diese Attitüde ist schlichtweg furchtbar und inakzeptabel.

Ein guter Kellner kriegt alles mit, er weiß, was er verkauft, er sorgt dafür, dass es schnell geht, es muss ihm weh tun, wenn eine Bestellung nicht zügig bearbeitet wird, wenn ein Gast nicht zufrieden wirkt. Diese Intuition kann man nur bedingt trainieren, aber genau diese Fähigkeiten erwarte ich von einem guten Kellner, genau wie man von einem guten Verkäufer in einem Jeansladen erwartet, dass er die Hosengröße mit bloßem Auge sieht. Eigentlich ist es sehr einfach: Ein guter Kellner ahnt und erfragt unaufdringlich, was der Gast will.

Als Persönlichkeiten sind unsere Kellner alle sehr individuell, als Team gerade deswegen katastrophal. Weil es so starke Typen sind, kann man morgens mit denen nicht nach amerikanischer Art Frühgymnastik machen und alle im Chor brüllen lassen: »Gimme a B, gimme an O…« Die würden höchstens brüllen: »Fuck you«. Natürlich versucht der Restaurantleiter, so etwas wie ein Team aus diesen Einzelkämpfern zu formen, aber das funktioniert nur bis zu einem bestimmten Punkt. Das muss man einfach akzeptieren. Das ist wirklich ein Hühnerhaufen, der immer mal wieder wissen will, wie gerade die aktuelle Hackordnung ist, falls die jemand angezweifelt oder in Unordnung gebracht hat.

Es gibt einige, die sind miteinander befreundet, aber generell wirkt der Umgang miteinander nicht nur auf Außenstehende teilweise sehr grob. Mitarbeiter, die hier neu anfangen, schlagen fast immer vor Entsetzen die Hände über dem Kopf zusammen. Denn unsere Kellner sind nicht nur kleine Diven, sondern im Zweifelsfalle auch kleine Kommunikationsschweine untereinander. Wenn einer einen Fehler macht, schenken die sich nichts.

Womit ich generell Schwierigkeiten habe, sind Frauen im Abendservice, das lässt sich aber leider mittlerweile nicht mehr ganz vermeiden. Das liegt nicht an Vorurteilen oder einer arroganten Attitüde, sondern an den spezifischen Eigenarten der Serviceeigenschaften der Geschlechter. Frauen sind als Servicekräfte tendenziell oft nicht straight genug, sind zu nett, zu verspielt, das ist nicht der Stil, der zu einem Restaurant am Abend passt. Da eignen sich nach meiner Erfahrung Männer oder maskuline Frauen besser. Das klingt in einigen Ohren vielleicht anachronistisch oder chauvinistisch, entspricht aber exakt dem Prinzip der klassischen französischen Gastronomie: abends im Restaurant Männer, tagsüber und im Café Frauen.

Unsere Kellner haben fast alle eine Ausbildung. Leute mit Talent, aber ohne Zeugnisse schulen wir selbst, wenn uns Persönlichkeit und Auftritt gefallen. Es gehört eine gewisse

Portion Lust an der Arbeit unter Menschen dazu, Spaß am Tempo, eine angenehme Ausstrahlung.

Man darf aber auch die praktischen Anforderungen an einen guten Kellner nicht unterschätzen: Er muss ein hervorragendes Kurzzeitgedächtnis haben, schließlich betreuen erfahrene Kollegen im Borchardt an manchen Abenden bis zu vierzig Gäste, die unerfahreneren immerhin noch zehn bis fünfzehn. Er muss fit sein: Wer stundenlang in hohem Tempo mit schweren Tellern durch enge Gänge eilt, weiß am Ende seiner Schicht in jedem Gelenk, in jedem Muskel, in jeder Sehne, in jedem Fuß, was er geleistet hat. Er muss stressresistent sein, über mehrere Stunden absolut konzentriert am Limit arbeiten können und selbst im größten Trubel nicht den Überblick verlieren oder unaufmerksam werden. Gleichzeitig muss er sich auf unterschiedlichste Menschen in kürzester Zeit und auf engstem Raum einlassen und einstellen können. Nur wer sehr flexibel auf alle Bedürfnisse adäquat einzugehen vermag, nur wer ein ausgeprägtes soziales Sensorium hat, wird die verschiedenen Gäste zufriedenstellen, selbst Spaß haben – und ein entsprechendes Trinkgeld einstecken können.

Manchmal ist der Ausnahmezustand die Regel, etwa bei größeren Events. Da ersaufen die Kellner praktisch in Adrenalin und rennen um ihr Leben. Weil es so voll ist, weil alles noch schneller als sonst gehen muss, weil sie mehr verdienen können. Da bleibt keine Zeit zum Denken, alle arbeiten einfach durch und rennen mehrere Kilometer durch das größte Gedränge, da zählen erst recht keine schmerzenden Beine mehr, keine verspannten Schultern oder müden Arme, die Stunden sind egal, wenn der Laden so voll ist, spürt niemand mehr die

Zeit. Und niemanden interessiert, ob du gerade einen schlechten Tag hast.

Das Restaurant ist eine Bühne, auf der es keinen Platz für private Befindlichkeiten gibt, ein Schauspieler kann auch nicht den Othello mal so und mal so spielen, weil er vielleicht gerade nicht so gut drauf ist. Ist der Kellner von ätzendem Liebeskummer, schlimmen Geldsorgen oder einem schweren Kater gebeutelt, kann er gerne frei haben, aber ich will davon während der Arbeit nichts spüren, der Gast auch nicht. Ich erwarte von jedem ein Mindestmaß an Selbstdisziplin und Professionalität, um unsere Kunden vor ihren Launen zu schützen. Führt jemand demonstrativ seine schlechte Stimmung spazieren, frage ich bloß: Wie fändest du das, wenn du dich heute von dir selbst bedienen lassen müsstest?

Persönlich bin ich meine ersten Schritte in der Gastronomie auch als Kellner gegangen. Damals hatte ich mich in eine Frau verliebt, die in Berlin ein Café betrieb, in dem ich ausgeholfen habe. Nach einigen Monaten im Dauereinsatz war mein Kurzzeitgedächtnis so trainiert, dass ich abends noch alle Bestellungen des Tages bis in das letzte Detail aufsagen konnte: was bestellt worden war, wer es bestellt hatte, das war phänomenal. Routine und Stress bewirken manchmal Wunder – da gelingen plötzlich ungeahnte Sachen.

Ich habe nichts dagegen, wenn sich Kellner die Bestellungen aufschreiben. Wer dagegen glaubt, ohne schriftliche Notizen auszukommen, darf sich gerne alles merken. Dann muss das aber auch problemlos klappen. Unmöglich finde ich es, wenn sich Kellner erst keine Notizen machen, dann aber gleich nachfragen müssen, weil sie die Order bereits auf dem Gang zur Kasse schon wieder vergessen haben.

Meine Erfahrung ist auf jeden Fall eindeutig und immer wieder bestätigt worden: Wenn man genug Ehrgeiz und Lust auf Menschen mitbringt, kann das der beste Beruf der Welt sein, bei dem alles stimmt: Erfüllung, Spaß, Abwechslung, soziale Kontakte – und auch das Geld. Darüber hinaus triffst du immer wieder Typen, die es vielleicht nur hier zu finden gibt – und erlebst genau deswegen vielleicht manchmal auch eher ungewöhnliche Geschichten …

Einmal kam ich gegen 21 Uhr in den Laden, als es massive Probleme mit einem unserer erfahrensten Kellner gab. Der hatte vor Gästen und dem Restaurantleiter herumgebrüllt und war absolut *out of control*. Es gibt Kollegen, die glauben manchmal, sie stünden außerhalb der normalen Hierarchien und Ordnungsprinzipien, die scheren sich dann einfach nicht mehr darum, dass sie als Teil eines Teams arbeiten und zudem Angestellte sind, Arbeitnehmer, wenn auch in einem speziellen Umfeld, aber doch eben Beschäftigte, die Chefs haben und weisungsgebunden sind. Aber weil wir wissen, was für Diven wir uns geholt haben, überrascht es uns nicht wirklich, wenn ab und zu einige von diesen Künstlern glauben, sie könnten tun und lassen, was sie wollen.

Der Restaurantleiter war bereits leicht verzweifelt, weil der Unruhestifter wie eine Killerdrohne durch den Raum schwebte, zu der es keinen richtigen Funkkontakt mehr gab und von der man nicht wusste, wo und auf wen sie gleich wieder ihre Raketen abfeuern würde. Alle Mitarbeiter waren durch die Aggressivität so eingeschüchtert, dass sie den Kollegen gewähren ließen. Hier gilt zeitweise das Gesetz der Straße, wer aggressiver ist, kommt durch bei den Kollegen.

Das war umso ärgerlicher, da wir bereits mittags eine Beschwerde über genau diesen Kellner bekommen hatten. Nicht jede kritische Mail ist gleich ein Alarmsignal, aber hier war jemand einfach bitter enttäuscht und hatte sich seinen offensichtlich berechtigten Ärger von der Seele geschrieben, was uns sofort veranlasst hatte, mit ihm zu reden und ihn zu verwarnen. Das hatte ihn allerdings, wie gerade klar wurde, nicht sehr nachhaltig beeindruckt. In der Mail hieß es:

»Sehr geehrte Damen und Herren, am Dienstag war ich mit einer Freundin bei Ihnen essen. Und wie wir von Ihrem Kellner behandelt wurden, ist mir noch nie im Leben passiert. Nicht nur, dass ich bei der Bestellung nicht ausreden durfte (ich war wohl zu langsam), nachdem das Essen serviert wurde, wurden wir komplett nicht mehr beachtet. Wir saßen ca. eine Stunde vor den leeren Tellern, die nicht abgeräumt wurden, und wir wurden auch nicht gefragt, ob wir noch was möchten, und uns wurde auch nicht nachgeschenkt. Durch diese schlechte Behandlung hatten wir dann auch keine Lust mehr auf ein Dessert, und ich habe gleich nach der Rechnung gefragt. Und jetzt hat Ihr Kellner wirklich alles gegeben. Der Rechnungspreis betrug 61 €. Insgesamt wollte ich mit Trinkgeld 65 € geben. Da ich keinen 5-€-Schein hatte, habe ich 70 € hingelegt. Ihr Kellner hat mich angepampt (anders kann man es nicht beschreiben), ob ich nicht einen 5-€-Schein hätte. Als ich dies verneinte, hat er mir meinen 10-€-Schein hingeworfen und mich angeblafft, dass ich dann halt 1 € geben soll. So was ist mir noch nie passiert. Ich fand das Verhalten unmöglich. Ich habe ja schon öfter gehört, dass man als Unbekannte in Ihrem Restaurant schlecht behandelt wird, konnte es aber nie glauben. Ihr Kellner hat mir das Gefühl gegeben, dass mein Geld bei Ihnen nichts wert ist. Umso schlimmer war es, dass meine Freundin an diesem Tag Geburtstag hatte und der Abend wirklich ruiniert war. Hochachtungsvoll …«

Solche Mails werden teilweise mit großen Emotionen geschrieben, weshalb aus 20 Minuten warten schon mal »eine Stunde« werden kann, aber grundsätzlich hilft so eine Nachricht sehr, weil sie auf ein Problem hinweist, das man eventuell im Tagesstress gar nicht bemerkt. Man denkt, alles sei mehr oder weniger in Ordnung, dabei verprellt im selben Moment dieser an sich sehr verdiente Mitarbeiter einen Gast nach dem anderen, weil er einen schlechten Tag hat.

Diese unglückliche Dame hat geschrieben, andere haben den Abend vielleicht wütend beendet und sich vorgenommen, uns nie wieder zu besuchen, oder erzählen ihren Freunden von ihrem versauten Dinner, was auch keine richtig gute Werbung ist. Die Leute hassen schlechten Service, dabei macht es keinen Unterschied, ob es sich um Stammgäste handelt oder solche, die zum ersten Mal bei uns sind. Alle möchten freundlich und möglichst geräuschlos bedient werden. Gerade erfahrenen Restaurantbesuchern fallen Schwachpunkte sehr unangenehm auf. Wenn sich Stammgäste über neue Läden in der Stadt oder anderswo unterhalten, ist der Service fast immer der wichtigste Punkte solcher Gespräche: Wie ist wer wo von wem behandelt worden, das kommt oft noch vor der Beschreibung des Essens.

Der in der Mail Angesprochene ist anstrengend und manchmal anmaßend, aber auch ein exzellenter Profi und bei vielen Gästen sehr beliebt. Wenn man auf echte Persönlichkeiten setzt, kann es auch immer wieder mal ein bisschen Stress geben. Man muss im Einzelfall eine Güterabwägung vornehmen. Solange man den Eindruck hat, dass seine

Mitarbeit deutlich mehr Nutzen bringt als Nachteile, und er irgendwie auch schon dazugehört, ist man tolerant, allerdings auch nur bis zu einer gewissen Grenze: In größeren Abständen bekommt unsere Diva einen Rappel und flippt ohne größere Vorwarnung aus. Einmal musste er von mehreren Kollegen gebändigt und im Keller festgesetzt werden, weil er ohne erkennbaren Grund im Gastraum angefangen hatte, um sich zu schlagen, »Hilfe, Hilfe« zu rufen und nach der Polizei zu verlangen. Das tat ihm später alles sehr leid, und er hatte auch keine Erklärung für diesen Ausbruch. Aber weil alle großen Respekt vor dessen natürlicher Autorität und seinem ungestümen Verhalten haben, tanzt so einer allen auf der Nase herum, was man unterbinden muss. Reibereien untereinander, ein gewisser Konkurrenzkampf und eine etwas rauere Atmosphäre gehören dazu, aber es darf nicht ausarten. Das ist bei manchen ein dauernder Balanceakt, wobei man darauf achten muss, dass niemand zu oft vom Seil fällt.

In Anbetracht dieser kleinen Mailvorgeschichte vom Mittag war das Verhalten des Kellners natürlich noch unverschämter, weswegen ich ihn mir gleich geschnappt habe, und zwar im Beisein des Restaurantleiters, damit es Zeugen gibt, die ihn davor bewahren, über unser Gespräch anschließend Märchen zu verbreiten – und damit auch das hierarchische Gefüge wieder gerade gerückt wird. Nicht zu vergessen: Es war Donnerstagabend, 21 Uhr, Primetime, der Laden voll – und der verschwendet unser aller Zeit mit seinen Launen. Ich musste eindeutig und sehr klar reagieren, denn meine Reaktion würde von allen anderen Mitarbeitern sehr genau verfolgt werden, die, wie ich registrierte, von überall her möglichst unauffällig versuchten, die Szene zu beobachten.

Entweder, habe ich ihm gesagt, du hörst sofort auf, zickig

zu sein, herumzubrüllen und die Leute anzumachen – oder du ziehst dich um und gehst gleich nach Hause. Da hat der empört Luft geholt und wollte irgendwas entgegnen, aber es gab nichts zu erörtern, keine zwei Seiten zu berücksichtigen, nada. Wir werden das jetzt nicht diskutieren, habe ich ihm gesagt, ich will von dir nichts mehr vernehmen heute Abend außer netten Worten. Er hörte sich das widerwillig an, drehte sich um, ging Richtung Kelleroffice und pöbelte dabei irgendwie unverständlich rum. Also habe ich ihm gesagt: »Okay, das war's, umziehen, nach Hause!« Ihm wurde dank einer Eingebung plötzlich klar, dass wir möglicherweise sehr grundsätzlich über seinen Job redeten. Schon jammerte er, er wolle gar nicht nach Hause, das hier sei sein Leben, das dürfe ich ihm nicht nehmen. Ich habe ihm gesagt: »Ab nach Hause. Und wenn du morgen wiederkommst, will ich kein Rumgeflippe mehr, keine Aggressionen, nur noch pure Freundlichkeit!« Das hat erst mal gewirkt.

Viele Kellner, gerade die guten und erfahrenen, sind andererseits auch hart im Nehmen. Vor Jahren fiel dem Inhaber eines befreundeten Lokals plötzlich einmal auf, dass einer seiner besten Kräfte ein krasses Hygiene-Problem zu haben schien. Das ist für alle Beteiligten in jedem Unternehmen eine äußerst unangenehme Situation, aber in einem Laden mit intensivstem Kundenkontakt nimmt das noch einmal ganz andere Dimensionen an.

Der Kellner also bediente an einem Abend ausgerechnet an dem Tisch, an dem auch der Kollege saß. Und als sein Mitarbeiter vor ihm etwas abstellen wollte und deswegen seinen Körper dicht an ihm vorbeibewegen musste, wurde dem armen Mann ob des überwältigenden Geruchs fast schwarz vor Augen. Geschockt fragte er später seinen Restaurantleiter danach, aber der nickte nur traurig, ja, das sei ein echtes Problem, oft sei er schon von Gästen darauf angesprochen worden. Da war der Chef des Ladens gleich zum zweiten Mal bedient. Der Restaurantleiter kannte also das Problem schon länger, es war offensichtlich nichts, was von einem Zufall oder der Tagesform des Kollegen abhing, sondern es war etwas Dauerhaftes, das zwar erkannt, aber nicht angegangen worden war, aus Scham oder Angst oder Verklemmung – egal, nichts war unternommen worden. Tenor, ja, alles ganz schlimm, ja, der riecht wie ein nasser Büffel, sehr traurig, aber was sollen wir machen. Na dann, gute Nacht!

Da sich niemand von den Restaurantleitern traute, musste mein Kollege schließlich selbst ran. Pass auf, unsere Gäste bezahlen Geld für einen schönen Abend in toller Atmosphäre und bei gutem Essen – und die wollen nicht von deinem Schweißgeruch belästigt werden. Das hat der Kellner sofort eingesehen, das verstehe er auch gar nicht, er werde in Zukunft noch mehr drauf achten, noch stärkeres Deo nehmen, man bräuchte sich keine Sorgen machen, das werde nicht wieder vorkommen.

Doch kurz darauf kam die nächste Beschwerde, dann noch eine und so weiter. Die Abfolge war immer die gleiche: Beschwerde, Gespräch, große Einsicht, Schwur, jetzt werde er sich wirklich bessern, ab morgen schon, ein paar Tage später stank wieder alles zum Himmel. So kamen sie offensichtlich keinen Schritt weiter. Da er ein guter Kellner war, den das Restaurant nicht verlieren wollte, führte mein Kollege eine eher ungewöhnliche Kontrolle ein, und die Servicekraft stimmte zu, weil er nicht weiter auffallen und damit eventuell seinen Job gefährden wollte. Fortan musste sich der diensthabende

Restaurantleiter bei Schichtbeginn jeden Tag persönlich mit seiner Nase davon überzeugen, dass die Luft rein war. Die Beschwerden hörten schlagartig auf, alle waren happy. In einer Branche mit ungewöhnlichen Leuten muss man manchmal eben ungewöhnliche Wege gehen.

Die Guten und die anderen

Ein guter Kellner ist vor allem ein richtiger Kümmerer, am besten mit Charakter. Er ist selbstbewusst, ohne arrogant zu sein, er ist dezent und nie aufdringlich, er will das Beste für seine Gäste und versucht nicht, sie zu manipulieren, er tut alles, damit sie sich wohl fühlen, und stört nur, wenn es nicht anders geht. Er liebt seinen Job, er liebt das Erlebnis Restaurant, er mag Menschen und hat Spaß daran, freundlich zu sein. Wer so gestrickt ist, wird sich und anderen viel Freude bereiten. Von solchen Mitarbeitern lebt jede gute Gastronomie. Nur mit solchen Kollegen gelingt eine Atmosphäre, in der sich die Gäste rundum wohl fühlen. Insbesondere für Stammgäste sind »ihre« Kellner ein nicht unbedeutender Teil der Restauranterfahrung. Sie vertrauen ihrem Urteil und wissen sich bei ihnen in den besten Händen, weil sie spüren, dass sie es mit Profis zu tun haben, die sich mit Leidenschaft um sie kümmern.

Auf unsere Servicemannschaft bin ich sehr stolz, weil ich finde, dass wir da im Laufe der Zeit ein außergewöhnliches Team zusammenbekommen haben. Es gibt etliche Kellner im Borchardt, die dort schon seit sehr vielen Jahren arbeiten, ohne dass es jemals auch nur das geringste Problem gegeben hätte, das sind Vollblutkräfte, denen man nicht lang und breit immer wieder neu ihre Arbeit erklären muss, weil sie instinktiv spüren und wissen, was zu tun ist, egal, wie überwältigend die Situation auch gerade sein mag. Das sind Profis, die auch im dicksten Schlamassel noch ruhig und freundlich bleiben, weil ihnen gerade die besonderen Herausforderungen Spaß machen – und diese Energie, die spüren die Gäste auch, weil sie nicht gespielt ist, sondern Teil einer inneren Einstellung. Das Borchardt wäre nicht das Borchardt, wenn diese Leute nicht da wären.

Das ist die schöne Seite der Servicemedaille. Doch weitaus einprägsamer sind bedauerlicherweise zuweilen die Erfahrungen in unserer Branche, auf die jeder Restaurantbesucher lieber verzichtet hätte. Es ist ein bisschen wie mit der Luftfahrt. Gestern sind wieder hunderttausend Maschinen pünktlich gestartet und gelandet – keine wirklich spannende Geschichte. Auf dem Flug von München nach Berlin hatten wir einen Triebwerkschaden – schon eher. In unserem Gewerbe ist es nicht anders. Jeder Gast wird bestätigen können, dass man beim Essen in unterschiedlichsten Restaurants regelmäßig auch auf Kellner trifft, die einem das Leben unnötig schwer machen. Darunter gibt es ein paar besonders lästige Typen, denen man immer wieder begegnet. Im Folgenden habe ich meine diesbezüglichen Erfahrungen aus dreißig Jahren Gastronomie – als Inhaber und Gast – einmal zusammengetragen.

Es gibt einen weitverbreiteten Typus, der in vielen Läden höchst willkommen ist und der auf den ersten Blick wie ein echter Profi wirkt, der er im Zweifelsfalle sogar ist. Das sind die ganz Emsigen, immer ein bisschen zu steif, immer ein bisschen zu förmlich, gerne die linke Hand auf dem Rücken, am Tisch leicht nach vorne gebeugt, als gäbe es in der Bücklingshaltung einen besseren Welt- oder Gastzugang, dazu dieses ewige »Bitte sehr«, »Danke sehr«, trocken und humorlos wie ein altes Brot, künstlich wie ein Roboter, kurzum: ganz schlimm.

Restaurantleiter lieben solche Mitarbeiter aus sehr durchsichtigen Gründen. Sie sind arbeitsam, fleißig, die sind willfährig, geben selten Widerworte, erlauben sich keine Launen, und schaffen alles weg, was man ihnen aufträgt. Sie sind zur Stelle, wenn man sie braucht, und können mit ihrem Kellner-Aerobic sogar noch den ein oder anderen Gast beeindrucken. Das finden Restaurantleiter natürlich toll. Die können gar nicht genug von solchen Figuren in einer Schicht haben. Sie mögen auch an vielen Stellen die Idealbesetzung sein, aber für ein urbanes Restaurant sind sie eine glatte Fehlbesetzung, eben weil sie keine eigenständigen Typen sind, sondern austauschbare Blaupausen und viel zu steif, mit ihrer Art tragen sie nichts zu einer entspannten, lässigen, interessanten Atmosphäre bei, eher im Gegenteil. Sie verstecken ihre Unsicherheit und ihre Unfähigkeit zu echter Kontaktaufnahme hinter ihren Gebärden und Ritualen und hinterlassen dadurch, obwohl sie auf den ersten Blick alles richtig zu machen scheinen, bei den Gästen ein Gefühl von Unwohlsein.

Es gibt andere Kellner, die haben da, wo normale Menschen feine Sensoren für soziale Schwingungen haben, ein gähnendes Loch. Zwischen sich und ihrer Umwelt lassen sie eine Art schusssicherer Milchglasscheibe hochfahren, hinter der sie nur noch grob die Umrisse ihres Gegenübers erkennen, was aber nichts macht, weil sie sich ohnehin nicht für andere interessieren. Sie sind nicht bewusst unfreundlich, sie behandeln dich nicht provozierend schlecht, es ist mehr ihr Gebaren, ihre Präsenz, die dich rasend macht, weil sie die imaginären Grenzen, die zwischen uns allen liegen, insbesondere aber in einem Restaurant, laufend missachten – das sind die schrecklichen Herumräumer.

Ab dem Moment, wo du alleine oder mit deiner Begleitung an einem Tisch Platz nimmst, ist das dein Hoheitsgebiet, deine Privatsphäre, also eine intime Zone, in der ein Kellner nur in absolut unvermeidbaren Fällen eindringen darf. Bestellung aufnehmen, Getränke und Essen bringen, Abräumen, das sind die Arbeiten, die dazugehören, dagegen ist nichts einzuwenden. Ich könnte dagegen Amok laufen, wenn dauernd irgendwas auf meinem Tisch herumgeschoben wird, wenn sie andauernd nachgießen oder mir sonst zu nahe kommen wollen. Solche Aktivitäten müssen auf ein Minimum reduziert werden, damit sich der Gast ungestört und unbeobachtet fühlt. Fragen sind nur an bestimmten Stellen und aus konkretem Anlass erlaubt.

Aber das ist diesen Kollegen egal. Sie sind nicht einfach nur ignorant, es geht noch viel weiter, diese Typen haben eine Mission zu erfüllen, sie haben eine sehr klare Vorstellung davon, wie so ein Abend, so ein Tisch aussehen sollte, und dein Tisch darf keine Ausnahme sein. Es ist ihre Ordnung, an die du dich als Gast anzupassen hast und die sie rigoros durchsetzen. Es geht nicht um schlichte Anpassung, um widerspruchsfreie Akzeptanz ihrer Ordnung, nein, sie verlangen eigentlich deine vollständige Unterwerfung. Damit wollen sie mehr Umsatz machen oder einfach nur Macht ausüben. Sie sind besessen von ihrem Erziehungsauftrag, den sie auch an dir exekutieren wollen. »Das machen wir hier aber nicht«, »Das machen wir hier aber immer so«, »Das muss so sein!« – das sind ihre heimlichen Schlachtrufe, mit denen sie dich zur Räson rufen wollen.

So ein Kellner empfindet größtes Glück, wenn er Macht ausüben kann, wenn sein Gast das Essen isst, das er ihn essen lassen wollte, wenn er das Getränk trinkt, das er ihn trinken lassen wollte. Und wenn der Gast dabei das seltsame Gefühl hat, er, der Gast, müsse ihn, den Kellner, irgendwie unbedingt glücklich machen, dann hat unser kleiner böser Diktator sein Ziel erreicht – und einen tollen Abend.

Das ist, wie jeder sofort versteht, das Allerletzte. Wer das als berufliche Erfüllung sucht, soll meinetwegen in der Nervenheilanstalt Tische ordnen gehen, mich aber bitte in Ruhe lassen – und meine Gäste auch. Sollte es so jemand aus Versehen in unsere Reihen geschafft haben, darf er nicht mit einer längeren Verweildauer rechnen. Die penetranteste Ausformung dieser unangenehmen Kategorie ist der Nachschenker, der Tischaufräumer und Stühlerücker, den wir aber wegen seines enormen Belästigungspotenzials hier gesondert betrachten wollen.

Der Wein steht bei uns nahe am Tisch, damit die Gäste sich selbst nachschenken können. Wenn der Kellner Speisen bringt und ohnehin schon am Tisch ist und sozusagen notgedrungen »stört«, darf er nachfüllen – und beim Öffnen der Flasche, wenn er den Wein serviert, muss er selbstverständlich das erste Glas einschenken. Das sollte in der Regel reichen. Alles andere nervt. Das Nachgießen ist eine wirklich lästige Unart, die ich mir – wenn der Kellner nicht eh gerade am Tisch ist – verbitte und mit der ich auch niemand anders den Abend verderben will.

In der Sternegastronomie ist das völlig anders. Die Regel

lautet eindeutig: Wasser und Wein stehen nicht am Tisch, der Kellner gießt nach, sobald der Pegelstand im Glas des Gastes unter eine bestimmte Schwelle gesunken ist. Das hat nicht nur zur Folge, dass er laufend am Tisch steht und durch seine Anwesenheit in die Vertrauenszone der Gäste eindringt, also stört, der Gast ist durch dieses Procedere auch schneller besoffen. Das dient aus Restaurantsicht zwei Dingen: Zum einen steigert das den Umsatz, weil so der Getränkeverbrauch deutlich beschleunigt werden kann, zum anderen zeigen sie, wie unfassbar toll sie sind. Hat man allerdings Pech und der vorgesehene Dauerservice klappt nicht so wie geplant, hat der Gast plötzlich über einen längeren Zeitraum nichts zu trinken und kann sich in dieser Lage auch nicht wirklich selbst behelfen, weil er ja nicht an die Flasche kommt oder nur dann, wenn er aufstehen würde, was für die meisten dann doch etwas unangenehm ist, und was, wenn sie sich dennoch zu dem Schritt erdreisten sollten, mit einem Blick à la »Was machen Sie denn da?« geahndet würde, weshalb die meisten Gäste lieber warten und darauf hoffen, dass sich jemand ihrer erbarmt.

Es gibt bei einer solchen Bevormundung noch einen weiteren unangenehmen Aspekt: Nur, wenn sie dich die ganze Zeit scharf beobachten, sehen sie, wann sie nachgießen müssen. Ich will aber nicht die ganze Zeit von Kellnern beobachtet werden, die sollen mich bitte in Ruhe lassen. Ich bin ja nicht hergekommen, um meinen Abend mit denen zu verbringen, sonst würde ich mich mit ihnen verabreden, aber ich gehe wie die meisten Menschen aus anderen Gründen in ein Restaurant. Die Leute wollen sich entspannen und nicht den Ritualen der Servicekräfte folgen müssen.

Diese ewige Um-den-Tisch-herum-Geschlenze, dazu die dumme Fragerei, am besten gleich mehrfach während des

Essens nachgehakt, »Ist alles zu Ihrer Zufriedenheit?«, immer mitten rein ins Gespräch – so ein Benehmen kann einem den schönsten Abend verhageln. Es mag Gäste geben, die einsam sind, die vielleicht einmal im Jahr ins Restaurant gehen und den Rest der Zeit alleine in ihrer Wohnung absitzen. Die freuen sich über jede Ansprache, über ein paar Worte von wem auch immer – und vielleicht auch über hohle Fragen vom Kellner während des Essens. Wenn denen damit geholfen ist, schön, das freut mich, aber der Großteil der erwachsenen Bevölkerung ist dadurch genervt.

Denn wenn etwas nicht zur Zufriedenheit sein sollte, wird der mündige Gast es dem Kellner schon rechtzeitig sagen. Und wenn es ein besonders schüchterner Mensch ist, der sich nicht traut, eine Beschwerde loszuwerden, sollte das auch kein Thema sein, weil dieser Mensch Signale aussenden wird. Eine wirklich gute Kraft merkt deswegen ohnehin, wenn etwas nicht stimmt, das ist Teil des Jobs. In so einem Fall sollte sie sowieso präsent sein und sich anbieten, sei es durch einen eindeutigen Blick oder durch ein aufforderndes Vorbeigehen. Dafür braucht der Kellner niemanden mit Floskeln zu bombardieren und in der Tischintimität zu stören. Und wenn er sich derart offensichtlich anbietet und sein Gegenüber dieses Kommunikationsangebot nicht annimmt, scheint der Unmut nicht so groß zu sein, das muss man dann auch akzeptieren.

Oft sind die Vielfrager genau diejenigen, die gar nicht genau hinschauen, denn würden sie ihren Tisch wirklich aufmerksam beobachten, würden sich viele Fragen erübrigen. Beim Abräumen können sich Kellner gerne mal erkundigen, ob es geschmeckt hat, aber auch nicht ins Gespräch hinein. Wenn es gerade nicht passt, lässt man es eben und stört lieber niemanden.

Viel hängt natürlich von der Chemie zwischen Kellner und Gast ab, wie kommunizieren die beiden, wie verstehen die sich, was ist von wem gewünscht, welche Aufmerksamkeit und persönliche Ansprache braucht die ältere Dame da vorne alleine am Tisch, wie viel davon erwartet die Musikergruppe hinten in der Ecke, all das muss ein guter Kellner spüren und umsetzen.

Dass Kellner einige Gäste sympathischer finden als andere, ist menschlich. Allerdings erwarte ich von Profis, dass sie genug Distanz wahren, damit das nicht offenkundig wird. Echte Professionalität muss heißen, alle werden gleich gut behandelt. Dieser Gleichbehandlungsgrundsatz ist ein wichtiger Faktor für die Atmosphäre in einem Laden. Gäste reagieren intuitiv sehr intensiv auf tatsächliche oder mutmaßliche Ungleichbehandlung. Kennen sich Kellner und Gast, ergibt sich daraus zwangsläufig eine andere Ansprache, die aber qualitativ keinen anderen Service zur Folge haben sollte.

Der geldgierige Kellner ist dagegen ständig versucht, Gäste je nach Trinkgeld-Aussicht höchst unterschiedlich zu betreuen. Er ist unentspannt und sehr eindimensional motiviert, was nicht nur erfahrenen Gästen intuitiv negativ aufstößt. Gier verbreitet keine schöne Aura. Was nicht selten zur Folge hat, dass solche Geierkellner im Endeffekt weniger Geld von den Gästen bekommen als ihre Kollegen. Zu Recht bekommen die anderen Besucher einen sehr unangenehmen Eindruck.

Wenn so ein Kellner, der den ganzen Abend keinen Gast zur Tür bringt, plötzlich extrem und auffällig freundlich jemanden zum Ausgang bringt, ist jedem Profi klar, der hat ein besonders gutes Trinkgeld bekommen. Alle anderen im Raum dagegen fragen sich nur irritiert, warum kriegt der diesen netten Begleitservice nach vorne und ich nicht? Ergebnis:

Der eine Gast freut sich vielleicht über dieses besondere Aufmerksamkeit, viele andere werden argwöhnisch.

Manche Kellner wären auch durchaus bereit, sich mit der Aussicht auf eine großzügige monetäre Aufmerksamkeit zum Affen zu machen. Hat an einem Tisch jemand Geburtstag und haben sich dessen Freunde vom Restaurant eine Torte gewünscht, eventuell sogar mit den obligatorischen Wunderkerzen, würde so ein Monetenkellner am liebsten für die Präsentation das Licht im gesamten Restaurant ausmachen, die Wunderkerzen anzünden und aus voller Kehle »Happy Birthday« schreien, um das Trinkgeld möglichst hochzutreiben. Ist ihm doch egal, wie störend und penetrant das für alle anderen Gäste wäre. So etwas ist bei uns strikt verboten und ein Abmahnungsgrund, aber ich glaube, auf die Idee ist im Borchardt sowieso noch kein Mitarbeiter ernsthaft gekommen.

Es sind manchmal nur Kleinigkeiten, an denen man sieht, wie ein Kellner denkt. Betritt etwa ein junger Typ mit seiner Freundin den Laden und fragt, was der Kellner für eine Flasche empfehlen könnte, und dieser schlägt einen sehr teuren Wein vor, dann ist das so fies wie unprofessionell, weil er den jungen Mann damit in eine sehr unangenehme und absolut vermeidbare Lage bringt. Der kann sich den teuren Wein vielleicht nicht leisten, will aber jetzt auch nicht blöd kneifen vor seiner Begleitung. Egal was er antwortet, die Stimmung ist eigentlich bereits hin. Durch eine falsche Empfehlung, die nur dadurch motiviert ist, dass der Kellner auf hohe Umsätze schielt.

Geldgier verdirbt den Charakter und die Stimmung. Wer von ihr befallen ist oder manchmal auch erst nach Jahren von ihr erfasst wird, sieht sich bald mit den daraus erwachsenden Problemen konfrontiert. Da ist man selbst bei erfahrenen Kollegen nicht vor Überraschungen gefeit. Einer unserer langjährigen und besten Kellner war so ein Fall. Eigentlich eine Spitzenkraft, entwickelte er plötzlich ein paar sehr unangenehme Züge. Der Tiefpunkt war erreicht, als er einem Gast einmal mit den Worten »Almosen nehme ich nicht!« das Trinkgeld auf den Tisch geworfen hat. Das waren seine bemerkenswerten Abschiedsworte, denn damit war seine Karriere bei uns natürlich beendet: Da blieb nur noch die Kündigung.

Ein Jahr später stand er wieder im Laden. Er habe sich gebessert, das sei ein Ausrutscher gewesen, ob er es nicht noch einmal probieren dürfe, alles werde anders, er werde sein Bestes geben, er werde uns nicht enttäuschen, die ganze Nummer. Weil er grundsätzlich ein sehr guter Kellner war, haben wir ihm die zweite Chance gegeben, obwohl niemand ein wirklich gutes Gefühl dabei hatte. Es dauerte nur wenige Wochen, dann hatte er sich wieder nicht mehr im Griff. Das war's dann endgültig.

Natürlich arbeiten wir nicht bei der Heilsarmee und auch nicht nur, um die Welt zu verbessern. Es geht um ein gutes Einkommen für gute Arbeit. Aber neben dem Geld muss einen guten Kellner noch eine andere Facette reizen, seine innere Mutter Theresa muss bedient, eine Leidenschaft ausgelebt, ein Kommunikationsbedürfnis befriedigt werden, wenn dieses i-Tüpfelchen fehlt, wenn diese Freude nicht Teil des Spiels ist, geht die Sache schief, weil sich dieser Mitarbeiter selbst nicht wohl fühlen wird und die falsche Stimmung verbreitet.

Platte Geldgier ist wie ein fieses Nervengas, das schon in kleinsten Portionen die Sinne lähmt, die Atmosphäre unmerklich vergiftet und Gäste abturnt, auch wenn sie im konkreten Fall nicht genau sagen können, was es war oder ist, das ihnen den Abend verdirbt.

Ein Stimmungskiller erster Güte ist auch der arrogante Kellner. Seine innere Einstellung spiegelt sich bereits in seiner Haltung. Die ganze Körpersprache signalisiert kaltes Desinteresse, er schaut den Gast kaum an, sondern schafft es, selbst beim direkten Bedienen woanders hinzugucken, sein Blick geht angeödet zur gegenüberliegenden Wand, vielleicht auch nur blasiert ins Nichts. Das garniert er gerne mit einem verkniffenen Mund, der mit dem Rest des Zitronengesichts keinen Zweifel daran lässt, wer hier von wem genervt ist und wer hier wem gefälligst bessere Laune zu machen hat. Du, lieber Gast, bist das Problem.

Die Arroganten gehen nicht auf dich ein, sie fragen nicht nach, alles ist ihnen zu viel: Du bist ihnen zu viel, sie sind sich zu viel, sie können sich im Prinzip selbst nicht leiden und müssten nach menschlichem Ermessen eher auf die Couch als in ein Restaurant – aber diese entscheidende Erkenntnis haben sie bisher leider verdrängt. So fault ihr Unmut in ihnen wie in einem Komposthaufen vor sich hin, die Last, die sie tragen müssen und von der du sie als Gast unverschämterweise nicht befreist, droht sie langsam zu zerquetschen. Sie lassen dich leiden, weil sie selbst leiden. Und weil sie sich im Grunde selbst hassen, gehst du ihnen auch schon gewaltig auf die Nerven.

Dieses Verhalten schüchtert viele ein, obwohl sich das niemand gefallen lassen muss. Ein erfahrener Gast macht seine Reaktion immer vom konkreten Grad der Blasiertheit und Arroganz abhängig. Bringt der unverschämte Kellner alles, was man von ihm haben will in angemessener Zeit zum Tisch und textet einen nicht zu, guckt der erfahrene Gast darüber hinweg – und kommt vielleicht einfach nicht mehr wieder.

Das Gegenteil von diesem Typus sind die Verbrüderer. Sie handeln meist aus ehrenwerten Motiven, lieben ihren Job und fühlen sich so sauwohl dabei, dass sie leider jede Distanz verlieren. Sie duzen ihre Gäste gerne nach einiger Zeit ungefragt und kumpeln herum, was das Zeug hält. Das an sich ist schon höchst unangenehm. Schlimmer wird es, wenn sie andere mit diesem Verhalten teilweise in sehr peinliche, erklärungsbedürftige Situationen bringen.

Bestellt ein Gast mit einer weiblichen Begleitung einen Drink, findet es unser oberjovialer Superkellner vielleicht extrem spaßig, über den Drink oder die Begleitung eine Bemerkung zu machen, die überflüssigerweise darauf hindeutet, dass er den Gast wahnsinnig gut kennt, was – selbst wenn es stimmen würde – niemanden etwas angeht und vor Dritten eine ungeheuere Anmaßung ist. Möglicherweise lässt er zusätzlich noch durchblicken, dass der Gast beim letzten Besuch eine ganz andere Begleitung dabeihatte, was auch nicht gerade die Stimmung steigert, und weil wir ja unter Freunden sind, kommt vielleicht noch ein kumpelhafter Spruch zur Bestellung – »Na, heute mal was ohne Alkohol?« –, der nahelegt, dass er wohl öfter zum Trinken da ist und im Prinzip wie ein halber Alkoholiker wirkt, der sich jeden Abend hier volllaufen lässt und kein Zuhause hat. Das mag alles gut gemeint sein, endet aber im Desaster – für den Gast, für dessen Begleitung, für das Restaurant. Ein Profi hat hier nichts zu kommentieren oder zu bewerten, er gibt keine Hinweise und offenbart kein Insiderwissen, er gibt keine Rätsel auf und macht keine Witze auf Kosten des Gastes – und er ist auch nicht sein Kumpel.

Es sind, wie gesagt, oft nicht die schlechtesten Kräfte, die zu diesem tatsächlich gut gemeinten Verhalten neigen. Wenn man so jemanden im Team haben sollte, reicht es oft, ihn von Zeit zu Zeit daran zu erinnern, dass er sich zurücknehmen muss, dass Distanz und Diskretion Teil des Jobs sind und vielen Gästen dieser Übereifer ausgesprochen lästig ist. Wenn er das versteht und umsetzt, kann aus dem Verbrüderer ein richtig guter Kellner werden.

Wie ein sozialer Giftpilz wirkt dagegen das Kollegenschwein. Dieser Typus versucht mit fiesen Mitteln, die Arbeit des anderen zu torpedieren, immer in der Hoffnung, der Gast möge erkennen, was für ein Schwachkopf sein Kollege ist, und sich bei seinem nächsten Besuch in sein Revier setzen, weil er der einzig richtige Kellner ist. Das ist natürlich unprofessionell und eine dumme Idee, denn ein Gast, der schlecht bedient wird, wechselt nicht den Kellner, der kommt einfach nicht mehr wieder. In Läden mit Restaurantleitern wie dem Borchardt macht so ein Verhalten keinen Sinn, weil allein der Restaurantleiter für die Platzierung der Gäste verantwortlich ist, der Kellner hat darauf keinerlei Einfluss – außer, es gibt heimlich ein Schmiergeldsystem … Aber das verhindert nicht die Anwesenheit einer bestimmten Art von Ego-Shootern, die gar nicht anders können, als die Ellenbogen auszufahren und ihre Arbeit als Kampf gegen alle anderen zu verstehen, egal, ob ihnen das am Ende ökonomisch nutzt oder nicht. Das führt zu bösartigem Verhalten, das nur Verlierer kennt.

Es kommt immer wieder mal vor, dass Kellner Bestellungen von Gästen entgegennehmen, die in einem benachbarten

Revier sitzen, zum Beispiel, wenn sie sehen, dass der Kollege gerade woanders beschäftigt ist und die Gäste schon länger warten. Normalerweise leitet der Kellner die Order sofort an den eigentlich zuständigen Menschen weiter. Das Kollegenschwein dagegen behält die Information einfach für sich oder übermittelt sie absichtlich falsch. Dann wird der Gast entweder sauer, weil er nicht bekommt, was er eben bestellt hat, oder er wird sauer, weil er das Falsche serviert bekommt. Beide Fälle wirken sich nicht vorteilhaft auf das Trinkgeld aus. Und auch nicht auf die Atmosphäre. In fast jedem Laden gibt es hin und wieder so einen fiesen Stinker, dem es so schnell wie möglich das Handwerk zu legen gilt.

Unangenehm sind auch Kellner, die keine Verantwortung für ihr Handeln übernehmen, sondern immer nur Sündenböcke suchen. Wenn ich beispielsweise eine Flasche Wein bestelle, sagen wir einen Steigenberger Riesling, und leider erst nach dem zweiten Glas feststelle, dass der zwar schmeckt, aber gar kein Steigenberger ist, sondern ein Schloss Eberbach, dann will ich nichts hören außer »Sorry, da habe ich wohl die falsche Flasche gegriffen, entschuldigen Sie vielmals«. Ganz straight, ganz simpel, das wird jeder akzeptieren und es sofort wieder vergessen.

Es gibt aber Kellner, die erzählen lieber eine umständliche Geschichte, wie sie persönlich natürlich alles richtig gemacht haben, nur der tumbe Kollege an der Bar, der hat die Bestellung verbockt und ihnen den falschen Tropfen in die Hand gedrückt. Auf die Idee, dass sie als Überbringer der Flasche auch eine klitzekleine Verantwortung für die korrekte Erfüllung des Gastwunsches tragen, kommen sie erst gar nicht. Abwehr und Schuldzuweisungen gehen ihnen dagegen locker von den

Lippen. Und hinterher wundern sie sich, wenn sich jemand dadurch schlecht behandelt fühlt.

Den Ärger, der bei Gästen in solchen Momenten entsteht, kann ich mit größter Sympathie nachempfinden, weil mir das auch immer wieder mal passiert. Mit einer aufrichtigen Entschuldigung dagegen können alle gut leben.

Nicht alle Kellner kommen auf Dauer mit den Besonderheiten und Verlockungen der Gastronomie gut klar, jeder aus dem Gewerbe kennt die traurigen Geschichten von Kollegen, die sich plötzlich auf der Rolltreppe abwärts befanden, das sind die Kaputten. Manchmal fängt es damit an, dass die Kellner ein bisschen abheben. Sie fühlen sich immer mehr wie das Zentrum des Universums und glauben, das ganze Restaurantgeschehen drehe sich allein um sie. Sie überschätzen sich in groteskem Maße und zweifeln auf einmal jahrelang für gut befundene Regelungen an. Sie mosern herum, stellen überzogene Forderungen, kein Dienstplan ist mehr nach ihrem Geschmack, niemand kann ihnen mehr das Wasser reichen, Kritik erreicht sie kaum noch. Ihr Arbeitsplatz und der ganze Rest des lächerlichen Restaurants, das keiner so gut versteht wie sie, sind nur noch nützliche Staffage für ihre große Show. In dem Stadium befinden sie sich fünf Meter vor dem Totalabsturz.

Nicht selten liegt die Ursache in einer unglücklichen Kombination aus echter Überforderung und falscher Freizeitgestaltung. Ohne Not gieren solche Kollegen etwa nach Doppelschichten, weil sie noch mehr Geld verdienen wollen, und wenn sie ausgelaugt von diesem Pensum nach Hause gehen sollten, wollen sie lieber das verpasste Leben schnell aufholen. Doch die Idee, den Stress beispielsweise durch exzessives Feiern zu kompensieren, ist selbst kurzfristig meist keine gute. Wer ohne oder mit nur sehr wenig Schlaf ein paar Stunden später wieder ranklotzen muss, erreicht bald einen Grad an Erschöpfung, der ohne Hilfe nicht mehr zu überspielen ist. Und dann beginnt ein Teufelskreis, der nur eine Richtung kennt: nach ganz unten. Bald sind sie möglicherweise in einem Stadium, in dem sie es gar nicht erwarten können, wieder auf die Piste zu kommen, und weil das noch so lange hin ist, schlagen sie bei allem zu, was greifbar und – so glauben sie – unauffällig zu konsumieren ist, Alkohol oder Drogen oder beides.

Objektiv und generell sind solche Kandidaten eigentlich für den Dienst am Gast nicht mehr zu gebrauchen, aber je nach körperlicher Konstitution und mimischem Talent können sie ihre wahre Verfassung teilweise noch erstaunlich lange überspielen. Bei einigen helfen auch Gespräche nicht mehr, weil sie gar nicht mehr erreichbar sind, andere kündigen aus Trotz, wenn sie auf ihre offensichtlichen Probleme angesprochen werden. Dann hangeln sie sich von Job zu Job, immer kurz davor, wegen ihres Lebenswandels alles zu verlieren. Solche Schicksale kommen in den besten Läden vor.

*

Zum Glück und zu Recht sind die Trinkgelder heute steuerfrei. Seitdem das so ist, wird auch offener darüber geredet, wer wie viel Geld damit macht. Als das Trinkgeld noch versteuert werden musste, war das für alle Beteiligten eine schwierigere Situation. Die Kellner mussten auf Fragebogen Angaben zu ihren Verdiensten machen, da wurde, glaube ich, viel gelogen und getrickst. Die heutige Regelung ist für alle Beteiligten besser und ehrlicher. Die meisten hatten ihre Trinkgelder sowieso nicht oder nicht vollständig versteuert, und da es nicht kontrollierbar war, waren Betrug und Gemauschel vorprogrammiert – insgesamt für alle eine unschöne Situation.

Im Monat verdient ein guter Kellner, der abends/nachts in einem guten Restaurant in Deutschland arbeitet, netto vielleicht so viel wie ein Studienrat, in Einzelfällen auch deutlich darüber. Dieser Verdienst setzt sich zusammen aus der Höhe des Nettobetrags aus seinem festen Gehaltsanteil und dem Trinkgeld. Auf Gehaltssummen in dieser Höhe kommen in anderen Wirtschaftsbereichen teilweise nur Beschäftigte mit Personalverantwortung. Mancher junge Arzt nimmt nach vielen Jahren an der Uni, diversen harten Stationen in Krankenhäusern und aufreibenden endlosen Schichten auch nicht viel mehr mit nach Hause. Die Verdienste einiger Kellner sind im Vergleich zu vielen anderen Berufen also ziemlich hoch, umso bedauerlicher, dass einige Menschen immer noch Vorurteile gegenüber dieser Tätigkeit haben.

Kellner wissen genau, welche Gäste gut geben und welche nicht. Man kann natürlich vorher nicht genau sagen, wer mehr und wer weniger gibt, aber geübte Kellner haben einen Blick dafür. Generell gelten Stammgäste als generöser als die meisten Touristen, aber auch unter den Stammgästen gibt es erhebliche Unterschiede, die rein individuell begründet sind, ohne dass man daraus Gesetzmäßigkeiten ableiten könnte – entgegen einer weit verbreiteten Annahme spielt die Zugehörigkeit zu bestimmten Berufsgruppen zum Beispiel eher keine Rolle.

Touristen kann man nach Nationalitäten unterscheiden. Amerikaner sind aus Kellnerperspektive immer sehr gute Gäste. Wenn die mit dem Service zufrieden sind, zahlen sie ordentliche Trinkgelder. Die deutschen Besucher tippen durchschnittlich gut, einen schlechteren Ruf haben Italiener, Spanier und Franzosen, die beim Trinkgeld als sehr geizig gelten, manche geben teilweise gar nichts, sondern glauben, mit der Rechnung sei alles abgegolten. Skandinavier gelten auch nicht als sehr spendabel.

Die Erwartungen der Kellner richten sich unter anderem nach der geleisteten Arbeit und dem Aufwand, den sie mit der Betreuung eines Tisches hatten. Wenn eine kleine Gruppe von vier Personen vier Schnitzel und eine Flasche Wein hatte, bedeutet das für den Kellner kaum Arbeit, da wird er sich nicht beschweren, wenn er am Ende nur fünf Euro Trinkgeld bekommt. Wenn jemand allerdings eine betreuungsintensive Tafel mit mehreren Gästen hat, die lange bleiben, viel bestellen, Sonderwünsche haben, wo laufend noch Kleinigkeiten gebracht werden müssen, mit anderen Worten, wenn dieser Tisch viel Zeit bindet, die ihm an anderer Stelle für andere Gäste fehlt, dann wird dieser Kellner von fünf Euro am Ende des Abends sicherlich enttäuscht sein.

Das höchste mir bekannte Einzeltrinkgeld im Borchardt waren 1500 Euro an einem Tisch. Auch wenn sonst unter Kollegen lieber über konkrete Summen geschwiegen wird – so etwas spricht sich natürlich herum.

In den meisten Läden wird das Trinkgeld aufgeteilt. Zur Verteilung werden verschiedene Modelle angewendet. Bei einer besonders schrägen Variante, die – so wird in natürlich sehr gemeinen und bösen Gerüchten überraschend konstant kolportiert – österreichische Chefs in ihren Läden in hiesigen Breiten anscheinend bevorzugen, nimmt sich selbst der Inhaber noch einen Anteil vom Trinkgeld seiner Servicekräfte. Man könnte sagen: Das ist wirklich seltsam und eher Geschmackssache. Auf jeden Fall werden das die Mitarbeiter nicht so lustig finden. Allerdings gibt es natürlich sehr kleine Läden, in denen genau nach diesem Verfahren vorgegangen wird, weil die Inhaber dort vielleicht als Teil des Teams voll mitarbeiten und es anders gar nicht geht.

Oft werden Trinkgelder zwischen Service und Küche in einem auszuhandelnden Verhältnis aufgeteilt, in manchen Restaurants schmeißen auch alle alles zusammen und teilen es dann unter allen auf, damit wird man aber nie der individuellen Leistung gerecht, deswegen haben wir im Borchardt auf diese Verteilungsschlüssel verzichtet: Bei uns gibt es nur Trinkgeld für den Service. Die Kompensation für die Küche erfolgt über das feste Gehalt: Die Mitarbeiter in der Küche bekommen spürbar bessere Gehälter als die Kellner, die Kellner behalten bis auf einen kleinen Anteil für den Restaurantleiter das in seiner Höhe natürlich variable Trinkgeld.

Die Begründung für dieses System ist einfach: Das Trinkgeld ist die Belohnung für eine persönliche Arbeitsleistung, die so nur vom Servicepersonal erbracht werden kann, das den Gastkontakt hat. Der Kellner sorgt dafür, dass am sensibelsten Punkt draußen im Gastraum alles funktioniert. Der Koch hat diesen Kontakt nicht. Der Restaurantleiter wird am Trinkgeld minimal beteiligt, dafür verdient er ein deutlich höheres Festgehalt. Der Barmann, der persönlich kein Geld bei Gästen kassiert, bekommt von allen Kellnern in jeder Schicht einen kleinen, freiwilligen Betrag, das gleiche gilt für den Passmann in der Küche, der die Bons sortiert und die Essen verteilt.

Es gibt auch Kellner, die legen ihre Reviere zusammen und teilen ihr Trinkgeld, manchmal hilft ein Kollege aber auch nur aus, wenn er sieht, dass der andere gerade beschäftigt ist oder Unterstützung braucht – in der Hoffnung, dass ihm die anderen in einer vergleichbaren Situation auch mal unter die Arme greifen.

Die Kellner kriegen also alles, die Küche nichts. Unser System ist für den Inhaber am stressigsten, weil damit eine latente Unzufriedenheit bei den Köchen herrscht, dennoch ist das eine sehr klare und von allen nachvollziehbare Regelung. Das Wichtigste ist aber: So landet die Belohnung durch den Gast bei demjenigen, der am meisten für sein Wohlbefinden tun kann, beim Kellner.

Das gibt es auch: Volkssport Betrug

Man könnte wahrscheinlich trefflich darüber philosophieren, warum ausgerechnet in der Gastronomie Betrug durch Mitarbeiter eine Art Volkssport zu sein scheint. Vielleicht ist diese Wahrnehmung auch nur dem Selbstmitleid der Inhaber geschuldet, die sich nicht vorstellen können, dass es in anderen Branchen ähnlich zugeht. Mag aber auch sein, dass es an der Mischung aus besonders risikofreudigen Individuen liegt, an den vielfältigen Möglichkeiten, die sich hier automatisch bieten, Gelegenheit macht Diebe, sagt ja der Volksmund. Aber selbst dort, wo es sich nur mal um einen Kaffee hier, eine Cola dort handelt, vergessen die Akteure schnell, dass in manchen Läden die Summe all dieser »Kleinigkeiten« beträchtliche Teile eines etwaigen Gewinns auffressen können. Das Ziel muss sein, das Betrugsvolumen so klein wie möglich zu halten, es ganz auszuschalten ist eher schwierig.

Je größer der Betrieb ist, desto schwerer wird die Trickserei, weil sie eher auffällt, zu viele sind involviert, zu oft wechseln die Schichtpartner, das Risiko wird selbst für die Abgebrühtesten unkalkulierbar. Man kann diverse Kontrollschritte einführen, beispielsweise mit Hilfe moderner Kassensysteme, aber auch wenn das sinnvoll ist, das alleine reicht nicht, um das System sicher zu machen.

Normalerweise sieht die offizielle Bestellkette in einem Restaurant so aus: Der Kellner nimmt die Bestellung auf, mit dieser geht er zur Kasse, wo er die Daten eingibt – falls er sie nicht sofort in ein mobiles Gerät getippt hat. Im Borchard hat beispielsweise ein Steak die Nummer 100, ein Kaffee ist eine 1. Die Aufträge für die Küche werden dort ausgedruckt und vom Küchenchef annonciert. Auf dem Ausdruck stehen Tischnummer, Kellner, Uhrzeit und Artikel – so ist jede Bestellung sicher zuzuordnen. Die Daten für die Bar werden an den Barmann weitergeleitet, der hat einen eigenen Drucker hinter dem Tresen, aus dem die Bons für Getränkebestellungen herauskommen, der sieht also den Bon für einen Kaffee, macht eine Kaffee, stellt ihn auf den Tresen, der Kellner nimmt den Kaffee, pikst den Bon auf den Stapel-Nagel für »erledigt«. Will der Gast zahlen, druckt der Kellner für den Tisch die Rechnung aus, auf der alle bonierten Artikel aufgelistet sind. Der Gast zahlt den Betrag, der auf der Rechnung steht, plus ein Trinkgeld nach eigenem Gutdünken, fertig. In diesem beschriebenen Kreislauf waren alle anständig, niemand hat betrogen, niemand hat versucht, etwas am System vorbeizuschleusen, alle sind glücklich, auf jeden Fall mindestens der Inhaber.

Es gibt Läden, in denen ein Kellner mit dem Barmann oder vielleicht sogar mit jemand aus der Küche einen Fifty-fifty-Deal hat. Auch hier gilt: Je weniger Leute das mitbekommen können, also je weniger dort arbeiten, desto geringer ist das Risiko. Im Kaffee-Fall hätte das bedeutet, der Barmann macht auf Zuruf einen Kaffee, der Kellner kassiert das Geld für den Kaffee vom Gast, die Hälfte des Betrages geht an den Barmann, die andere Hälfte in die eigene Tasche, der Inhaber sieht nichts, darf sich aber später im Monat wundern, warum mehr Kaffee verbraucht worden ist, als er offiziell verkauft hat.

Für die Beteiligten ist dieser Betrug eine lukrative Sache, die einige stark motiviert. Wenn unser Kellner-Barmann-Duo mal eine Flasche Wein über den Tresen gehen lässt, die nicht boniert worden ist, reden wir möglicherweise bereits über Größenordnungen von 30 oder 50 Euro netto Zusatzverdienst an einem Abend. Das lohnt sich also, da können im Monat stattliche Summen zusammenkommen. Ähnliche Dimensionen werden erreicht, wenn jemand in der Küche mit einem Kellner zusammenarbeitet und zum Beispiel ohne Bon ein Steak herausgibt. Schon wandern wieder 20 oder 30 Euro in die eigene Tasche. Natürlich kann man mit Hilfe von Bestandskontrollen das Fehlen von Ware entdecken, aber es ist immer auch eine Frage der Relation aus Intensität der Kontrollen und fehlender Menge, ob und wann das Treiben auffällt. Ein ausgewogenes Kontrollsystem ist der Schlüssel zu einem entspannten Arbeiten, nicht zuletzt, weil man damit überflüssige Verdächtigungen und das Stochern im Trüben vermeidet.

Es gibt ambitionierte Kellner, die sammeln liegen gebliebene Rechnungen auf, denn nicht jeder Gast nimmt seine Quittung mit nach Hause. Den aufgelesenen Beleg legt der Mitarbeiter dann dem nächsten Gast vor, der eine ähnliche Summe zahlen muss, gerne eine etwas niedrigere, damit der Gast den

Vorteil hat und somit eine Motivation, sich nicht zu beschweren. Handelt es sich um einen besonders aufmerksamen oder peniblen Gast, der den Unterschied bemerkt und seinen Kellner darauf aufmerksam macht, dass es die falsche oder eine zu niedrige Rechnung ist, kann der großzügig sagen: »Oh, Entschuldigung, meine Schuld, aber bevor ich Sie jetzt zu lange auf die neue Rechnung warten lasse – belassen wir es doch einfach dabei!« Lässt sich der Gast auf dieses großzügige Angebot ein, hat er den Vorteil der niedrigeren Rechnung – und der Kellner den gesamten Betrag in seine Tasche gewirtschaftet – vorausgesetzt, er schafft es, diese Artikel anschließend ohne Bon zu bekommen und damit sein Konto auszugleichen oder seinen Vorgesetzten mit irgendwelchen Geschichten zu einem Storno zu bewegen. Das ist alles natürlich Arbeit, aber bereits bei einer Rechnung pro Tag kommt auf Dauer ganz schön etwas zusammen.

Als Wirt sollte man solche Betrugsmöglichkeiten gar nicht erst entstehen lassen, denn man erleidet nicht nur den wirtschaftlichen Schaden, man zerstört dadurch auch sein Team, weil einem nach so einem Vorfall nur noch die Entlassung bleibt. Wir im Borchardt etwa sammeln alle herumliegenden Rechnungen auf und entwerten sie sofort.

Eine andere Möglichkeit, das System zu umgehen, ist der Versuch, einen bestellten Artikel ohne Bon noch einmal zu bekommen. Nehmen wir an, an einem Tisch sind zwei Bier bestellt worden. Der Kellner boniert aber nur eins und versucht den Barmann zu überzeugen, ihm noch ein zweites zu geben. Bei einem unerfahrenen Barmann kriegt ein gewiefter Routinier das immer irgendwie hin. Wenn der Kellner dem Gast dann die Rechnung vorlegt, fällt ihm »urplötzlich« auf, dass ein Bier fehlt. Er entschuldigt sich, bietet an, die Rechnung erneut auszudrucken, was aber zu seinem tiefsten Bedauern etwas länger dauern könnte, da im Moment gerade sehr viel Betrieb sei, wahlweise hakt die Kasse oder das Papier ist alle, auf jeden Fall wird er es so schildern, dass die Gäste dieses Angebot dankend ablehnen und das zweite Bier natürlich trotzdem bezahlen. Um ihnen ein gutes Gefühl zu geben, kann er das fehlende Bier auch handschriftlich hinzufügen. Somit hat für den Gast alles seine Richtigkeit. Macht er das mehrmals am Abend, eventuell auch einmal mit einem teureren Produkt, etwa einem Glas Wein, kann er sein Einkommen deutlich aufbessern.

Schlimmer noch als einzelne schwarze Schafe, die gelegentlich ihr Glück versuchen, sind mehr oder weniger organisierte Betrüger, die systematisch vorgehen. In der Gastronomie sind häufige Jobwechsel normal, Gefahr droht allerdings, wenn es sich bei den Arbeitssuchenden um so genannte Jobnomaden handelt, die auf Beutezug sind. Das ist ein seltenes, aber doch immer wieder mal zu beobachtendes Phänomen, das vor allem Neugründungen trifft und besonders Läden, die nicht sehr professionell geführt werden. Es gibt genug Menschen, die ihr Hobby zum Beruf machen und plötzlich ein Restaurant eröffnen wollen – diese werden besonders leicht Opfer.

Für solche systematischen Plünderungen schließen sich mehrere Beschäftigte zusammen, möglichst aus unterschiedlichen Arbeitsbereichen, damit der Betrug leichter zu organisieren ist. Das kann beispielsweise eine Truppe sein, die aus Köchen und Barmännern und Kellnern besteht, es kann sich aber auch um ein Paar handeln, wobei er meist als Küchenchef arbeitet und sie etwa als Serviceleitung. Vorzugsweise nisten sie sich in gerade eröffneten oder zu eröffnenden Restaurants ein, in denen noch keine festen und damit besser kontrollierten Strukturen vorherrschen, und nehmen diese nach Strich und Faden aus – bis sie auffallen. Werden sie entdeckt, ziehen sie weiter, zum nächsten Restaurant.

Das Vorgehen ist stets ähnlich. Sie suchen in der Zeitung oder in anderen einschlägigen Quellen nach Neueröffnungen. Dann bewirbt sich erst ein Koch oder ein Kellner, der empfiehlt zufälligerweise noch einen Barmann, schon haben sie eine Zelle installiert, deren Existenz niemand kennt außer den Mitgliedern. Je mehr aus einem Team zusammen anfangen, desto größer sind die Möglichkeiten. Zumal bei Neueröffnungen die anderen, nicht eingeweihten Kollegen auch erst kurz dabei sind und die Abläufe auch noch nicht ganz durchblicken. Innerhalb kürzester Zeit kann so ein erheblicher Schaden angerichtet werden.

Ziemlich beste Feinde I

Der Grenzbereich zwischen Gastraum und Küche ist eine zentrale und sehr konfliktreiche Schnittstelle in jedem Restaurant. Zwischen Kellnern und Köchen gibt es ein natürliches Gefälle, das sich durch die jeweiligen Arbeitsbedingungen ergibt. Die Servicekräfte »vorne« können direkt mit dem Gast kommunizieren und dieses Wissen in die Küche tragen. Die Köche »hinten« sind den Informationen der Kellner ausgeliefert. Muss jetzt wirklich blitzschnell das Steak gemacht werden, weil an der großen Tafel noch ein Nachzügler erschienen ist? Oder hat der Kollege bei der Bestellung schlichtweg eins vergessen und versucht nun, den Fehler unauffällig zu beheben? Das kann niemand in der Küche so einfach kontrollieren. Anders ausgedrückt: Die vorne haben Augen, die hinten sind blind. Deswegen ist die Küchenmannschaft den Kellnern gegenüber – zumindest bis sie die Kollegen lange, nein, sehr lange kennen – grundsätzlich sehr misstrauisch.

Kellner erklären gerne, warum man eigentlich bekloppt sein muss, um Koch zu werden, und wenn man es nicht schon vorher war, werde man es eben durch die Arbeit in der Küche. Man müsse nur an die enorme Hitze denken, die dort herrsche und die das Gehirn der Köche schnell auf medium gare, womit man die eigentliche Erklärung für ihr absonderliches Tun gefunden habe. Kellner amüsiert auch, dass im Gegensatz zu ihnen in der Küche alle viel mehr Stunden unter Volllast arbeiten, weil dort der Vorbereitungsstress lange vor der eigentlichen Primetime beginnt. Sie verweisen süffisant auf die schlechte Luft, die seltsamen Dämpfe, die dort alle unentwegt einatmen müssten, allein die Reinigungsmittel, mit denen die heißen Herdplatten geputzt würden, die ganzen Speisereste überall, schwierigste Hygieneherausforderungen zu jeder Zeit, schier endlos ist die Kette scheinbar lebensbedrohender Gefahren am Herd, die Kellner jederzeit auflisten können.

Ein Kellner gibt ungern gutes Feedback in die Küche. Wenn er einmal damit anfängt, so fürchtet er, nimmt die keine Reklamationen mehr ernst, was natürlich Humbug ist, aber so denkt unser Mann, der die Küche als natürlichen Sparringpartner empfindet: Wenn ich das Lob eines Gastes für ein Steak weitergebe und der nächste Gast das gleiche Steak kritisiert, wirft mir doch die Küche sofort an den Kopf, an dem Steak ist nichts falsch, alle anderen finden es gut. Das will der Servicemann vermeiden.

Machen Kellner am Pass, also dort, wo sie die Essen aus der Küche abholen, Druck, weil ihr Zeug nicht fertig ist, und vergreifen sie sich dabei wiederholt im Ton, fliegen schon mal die Teller, wenn es sein muss, auch volle. Der Kellner kann die Küche auch nerven, indem er beispielsweise wartet, bis mehrere größere Tische voll besetzt sind, dann alle Bestellungen sammelt und alles in kürzester Zeit in die Kasse jagt, sodass die Köche gar nicht mehr wissen, was sie zuerst machen sollen.

Treibt es ein Kellner zu bunt, kann die Küche auf stur stellen. Da kennen die manchmal kein Pardon und sagen nur: Für dich Arsch kochen wir nicht. Dann hat der Kellner keine Chance mehr und muss eventuell einen Kollegen bonieren lassen, weil sie seine Order ignorieren. Das ist natürlich eine unmögliche Situation, die der Restaurantleiter sofort klären muss, wenn er sie bemerkt – und sei es, dass der Kellner in der aktuellen Schicht nur noch als Commie, also eine Art Hilfskellner, arbeitet. Der Rest wird nach Feierabend oder am nächsten Tag geregelt.

Es gibt Choleriker auf beiden Seiten, aber wenn die Brüllerei vorbei ist, die tatsächlich oft so schnell geht, wie sie gekommen ist, wenn der Adrenalinspiegel wieder auf Normalwerte sinkt, dann sind in einem guten Team alle Profi genug, um zur Tagesordnung überzugehen und den Gefechtslärm als situationsbedingt abzuhaken.

Reklamationen hat niemand gerne, aber sie gehören mit zu den wichtigsten Qualitätskontrollen. Der zweite wichtige Aspekt, warum wir Reklamationen unbedingt ernst nehmen, ist der erwähnte Grundkonflikt zwischen Küche und Kellnern. Der schwelt permanent fröhlich vor sich hin, egal, wie gut die Stimmung auch gerade sein mag. Sobald etwas schiefgeht, waren es immer die anderen, diese gute alte Regel ist im

Restaurant ehernes Gesetz. Da reagieren alle äußerst humorlos und sensibel, einfach ausgedrückt: unflexibel.

Reklamiert der Kellner ein Steak, das medium sein sollte, aber eindeutig durch ist, sagt die Küche, du Trottel hast eben das falsche genommen, es standen ja drei da, ist doch nicht unsere Schuld, wenn du dich nicht konzentrierst bei der Arbeit oder deine Bestellung zu lange am Pass stehen lässt. Natürlich könnte der Fehler auch beim Kellner liegen, weil der sich vertan hat und jetzt die Schuld auf die Küche schieben will. Manchmal reicht nur ein kleiner Funke, um den Schwelbrand zum flammenden Inferno werden zu lassen. Deshalb verpflichten wir jeden Kellner, bei jeder Reklamation sofort den Restaurantleiter dazuzuholen. Der wirkt in diesem Spannungsfeld wie eine neutrale Person von außen, allerdings mit der notwendigen Autorität, Konflikte nach seiner Maßgabe zu entschärfen oder angemessene Lösungen zu finden. Falls notwendig, muss sogar der Inhaber dazugeschaltet werden.

Die klare Ansage lautet: Kein Konflikt darf von Küche und Kellnern alleine gelöst werden, denn das führt unweigerlich zur Eskalation. Die lassen sich auflaufen, tricksen herum und können sich das Leben zur Hölle machen. All diese Möglichkeiten und fiesen Winkelzüge muss der Restaurantleiter kennen, damit er schnell versteht, was für ein Spiel gespielt wird, und er sich auf die richtige Seite stellen kann – ohne aus Versehen und Unkenntnis die Partei des Arschs zu ergreifen, der gerade jemand anderes aus dem Team ausknocken will.

Gerade in Läden mit einem hohen Anteil an Stammpublikum bleiben engere Kontakte zwischen Mitarbeitern und Gästen nicht aus, was im Grunde sympathisch ist, weil es auch eine Folge einer angenehmen, lockeren Atmosphäre ist. Einige Mitarbeiter gehen damit sehr souverän um, andere verwechseln diese Art von »Beziehung«, die sich auf dieser öffentlichen Plattform Restaurant zwischen zwei Menschen in sehr festgelegten Rollen ergeben, unglücklicherweise mit echten Freundschaften. Da muss man sehr vorsichtig sein.

Insbesondere Restaurantleiter in ihrer exponierten Stellung – aber auch Kellner und Inhaber – gewinnen manchmal den Eindruck, die Gäste kämen tatsächlich wegen ihnen persönlich. Die herzliche Begrüßung, der verbindliche Abschied, die netten, halbprivaten Worte zwischendurch, das alles sehen sie als eindeutige Signale an ihre Person, nicht an ihre Funktion: Alles meine Gäste, die wollen vor allem zu mir, ich bin das Restaurant. Das kann schnell gehen. Dieses trügerische Gefühl steigt hin und wieder Einzelnen zu Kopf. Sobald man das bemerkt, kann man den Spieß einfach umdrehen und den Betroffenen fragen, wegen welchem Gast er auch ohne Bezahlung zur Arbeit käme, wenn schon die Gäste nur wegen ihm kommen, wie er glaubt, und nicht etwa wegen des Essens, der Atmosphäre oder allem zusammen, wovon er durchaus ein Teil sein kann, aber eben nur ein Teil. Die meisten reagieren auf die Frage verstört, denn so haben sie das noch nie gesehen, aber meine Mutter hat schon früher immer gesagt: Die größte Geißel der Menschheit ist die Dummheit, und Überheblichkeit ist ein Teil davon. Ein paar besonders Abgebrühte sagen vielleicht: Ja klar, ohne zu verstehen, was der Punkt ist, manchen dämmert es erst nach einiger Zeit, was gemeint ist. Aber wenn sie ehrlich sind, denken sie danach trotzdem wieder: Egal, was die anderen sagen, die Gäste kommen vor allem wegen mir.

Ich habe nichts dagegen, wenn sich Kellner privat mit Gästen treffen, damit habe ich absolut nichts zu tun, das ist deren Privatsphäre und Privatsache. Allerdings ist es Kellnern untersagt, sich zu Gästen an den Tisch zu setzen, weil ich keine Mehrklassengesellschaft im Restaurant haben möchte. Jeder Gast soll das Gefühl haben, dass er genauso gut oder schlecht behandelt wird wie jeder andere auch. Setzt sich ein Kellner an einen bestimmten Tisch zu jemandem dazu, ist das ein für jeden sichtbares Zeichen von Intimität, das automatisch suggeriert, dass hier einige anders behandelt werden als andere, das aber verdirbt vielen verständlicherweise die Laune.

Es kommt hin und wieder vor, dass Gäste »ihren« Kellner zu einem Drink einladen wollen, weil sie so zufrieden mit seinem Service sind oder ihnen einfach danach ist. Nur zu sehr später Stunde und ausnahmsweise dürfen unsere Mitarbeiter darauf eingehen, vorausgesetzt, der Laden ist schon eher leer. Der Kellner soll grundsätzlich seinen Job machen und nicht trinken.

Es gibt selbstverständlich auch nette, unverbindliche Spontankontakte, die zu den schönsten Ergebnissen führen. Einer unserer Restaurantleiter ist begeisterter Rock- und speziell AC/DC-Fan und hat zuvor jahrelang bei uns gekellnert. An einem späten Freitagabend bediente ausgerechnet er einmal Angus Young von AC/DC mit seinen Jungs. Die erzählten ihm, sie hätten am nächsten Tag ein Konzert auf dem Speedway in der Lausitz, ob er Lust hätte, sich das anzuschauen. Da hat er natürlich Ja gesagt, wenn es keine Umstände machen würde, wäre er gerne dabei. Da er ein erfahrener Mann ist, hat er mit nichts gerechnet – die gute Stimmung nachts in einem Laden ist ja das eine, der folgende Morgen meistens wieder etwas anderes. Aber am nächsten Mittag stand wirklich ein älterer Mann mit zerrissener Hose und langen Haaren im Eingang und brachte einen Umschlag mit sechs Karten vorbei. Als der Kellner zu Hause angerufen wurde, war der außer sich und ist sofort mit seiner schwangeren Frau und vier Freunden zum Konzert gedüst.

Manche Gäste regt ein netter Abend im Restaurant auch zu ganz anderen Phantasien an. Wir hatten mal einen Kellner, mit dem wollten fast alle ins Bett, die Heteros, die Schwulen, Alleinstehende und Gebundene, Alte und Junge, alle. Die Angebote kamen teilweise direkt und unverhohlen auf ihn eingeprasselt, teilweise diskret und versteckt, der wusste gar nicht, wie ihm geschah. Er sah ganz gut aus, war charmant, gleichzeitig aber sehr professionell und diskret, das waren alles Faktoren, die ihn mehr oder weniger zu einer begehrten Projektionsfläche gemacht haben. Das haben alle anderen immer mit größtem Interesse beobachtet, einige möglicherweise auch mit einer gehörigen Portion Neid, denn das ist ja auch immer ein bisschen ein Schlachtfeld der Eitelkeiten hier, wer kommt besser an, wer steht mehr im Mittelpunkt.

Natürlich gibt es auch unter den Mitarbeitern Beziehungen, das ist völlig normal und egal, solange dieser private Teil keine Auswirkungen auf ihren Job hat. Es ist wie überall: Leute lernen sich am Arbeitsplatz besonders schnell und intensiv kennen und manchmal eben auch lieben – dann passiert es eben, und das hat hin und wieder Folgen. Deutschland insgesamt mag ja schwerste Probleme mit der Gebärfreudigkeit seiner jüngeren Generation haben, wir stemmen uns aber anscheinend mit großer Einsatzfreude gegen den Trend. Ich habe keine genauen Statistiken, aber mein ganz persönlicher Mikrozensus lässt erfreuliche Werte vermuten: Ich habe im Laufe der Jahre bestimmt schon 30 Kinder hier aus den eigenen Reihen kommen sehen, und es geht immer weiter.

Die Gastronomie gilt zu Recht als sehr sinnenfreudig, sie ist ein Sammelbecken für gesellige, aufgeschlossene und experimentierfreudige Charaktere, Lustfeinde fühlen sich hier nicht so wohl. Da muss ja ein bisschen mehr los sein als anderswo. Das führt immer wieder auch zu, sagen wir: überraschenden Situationen und ungewöhnlichen Problemen.

Wir hatten in einem Laden einmal eine sehr attraktive Kellnerin, die sehr stolz auf ihren Körper war und die es sich deswegen nicht nehmen ließ, jedem, der es wissen wollte, und auch jedem, der es nicht wissen wollte, möglichst schnell ihre gemachten Brüste in all ihrer nackten Pracht zu präsentieren. Einige der derart Überfallenen sollen das nicht wirklich schockierend gefunden haben, sondern angeblich sogar so anregend, dass sie der stolzen Frau ihre Begeisterung über diese Formen sogleich tatkräftig bewiesen haben, manche behaupten, nicht nur einmal, sondern regelmäßig.

4. In der Küche

Stümper, Götter und der Kreativitätswahn

Als neuer Gastronom hat man anfangs Schwierigkeiten, gute Küchenchefs zu finden, oder solche, die diese Bezeichnung wirklich verdienen. Erst, wenn du dir einen Namen als Restaurantbetreiber gemacht hast, fangen die besseren Leute an, sich für dich zu interessieren. Seit Anfang 2000 steht bei uns jetzt schon Philippe Lemoine im Borchardt auf dem Kommandodeck, davor hatten sich bestimmt ein Dutzend Küchenchefs versucht, der längste war zwei Jahre da, der kürzeste zwei Tage – und nicht wenige von ihnen hatten sich vorher einen Michelin-Stern erkocht. Und genau die waren kaum bereit, ein Schnitzel zu machen, weil das unter ihrem Niveau war. Die dachten, das ist profaner Mist, so etwas kommt ihnen nicht in die Küche. Das war das Diskussionsniveau vor zwanzig Jahren. Der Kreativitätswahn der Sterneküche hatte so um sich gegriffen, dass viele glaubten, auf dieser Klaviatur spielen zu müssen. Das ließ aber so schnell nach, wie klar wurde, dass viele von genau diesen Läden nicht profitabel arbeiteten.

In Deutschland findest du in den professionellen Küchen die wildesten Gestalten. Lange galt Kochen in der öffentlichen Wahrnehmung als ein eher abseitiger Beruf und war nicht selten tatsächlich ein Sammelbecken für obskure Typen, die von dem ein oder anderen Stoff abhängig waren, Alimente oft gleich in mehreren Fällen zahlen mussten oder denen laufend das Gehalt gepfändet wurde. Heute, da Kochen ein Hobby quer durch alle Schichten und Fernsehsender geworden ist und sich immer mehr Menschen für gesunde Ernährung interessieren, hat sich das deutlich geändert.

Kochen ist ein anspruchsvoller Beruf. Ein ehrgeiziger Chef de Cuisine muss ein ebenso ehrgeiziges und professionelles Team um sich scharen und vor allem auch über einen längeren Zeitraum halten, ohne dass es ihm bald wegen Überforderung, Lustlosigkeit oder Alkohol wegbricht. Ein langsamer, schlaffer Küchenchef wird ein langsames, ehrgeizloses Team aufbauen. Einem weichen Vorturner tanzen sie auf dem Kopf herum, wenn er zu hart ist, flüchten alle und er muss laufend neue Leute anlernen.

Der Küchenchef braucht psychologisches Feingefühl und eine robuste Natur, der das Einstecken und Austeilen nicht fremd ist, weil er und seine Crew grundsätzlich in einer schwierigen Position sind: Wie im Maschinenraum eines U-Boots haben sie nur eine sehr eingeschränkte Wahrnehmung von der Atmosphäre und den Ereignissen ein paar Meter weiter, wenn überhaupt, kriegen sie bloß bruchstückhafte Informationen von den Kellnern, die sie zu Recht als unzuverlässig betrachten. Der Küchenchef muss damit umgehen können.

Er muss auch mit den vorhandenen Bedingungen klarkommen. Was ist das für eine Küche, wie groß ist sie, wie viele Essen sollen in welcher Qualität und in welcher Geschwindigkeit jeden Abend oder Mittag raus – und wie werden die dafür notwendigen Leute bezahlt? Was erwartet der Besitzer für eine Effizienz, wie soll der Wareneinsatz sein – und ist das mit den gewünschten Qualitätszielen vereinbar? Diese große Matrix aus vielen kleinen Gleichungen zu beherrschen, ist die wichtigste Voraussetzung, um von jedem gerne mal eben schnell hinformulierte anspruchsvolle Ziele wirklich dauerhaft realisieren zu können.

Ein guter Küchenchef ist geachtet und gefürchtet. Seine Mitarbeiter und die Kollegen im Service müssen wissen, wenn der explodiert, ist der Spaß vorbei. Du brauchst einen, dem es körperliche Schmerzen bereitet, wenn ein fehlerhaftes Gericht rausgeht. Essen können mal misslingen, aber der Koch darf den Fehler niemals auf Kosten des Gastes kaschieren, indem er etwa das angebrannte Fleisch mit der schwarzen Seite nach unten dreht. In einigen Läden ist das leider tägliche Praxis, weil das eingehaltene Budget wichtiger ist als die Zufriedenheit der Kunden, was kurz- wie mittelfristig geschäftsschädigend ist. Selbst wenn der Küchenchef mal frei hat, müssen die Essen so rausgehen, als ob er danebenstünde. Er muss der Beste, der Klügste und der Verrückteste von allen sein. Er und seine Crew sind das wichtigste Bein, auf dem ein anerkanntes Restaurant steht.

Wir hatten mal einen Chefkoch, nennen wir ihn Igor, das war einer der besten Küchenchefs, die ich bis dahin gehabt hatte. Der schaffte Food Cost von 20 Prozent, das ist der Wert des Wareneinsatzes im Verhältnis zum Umsatz. Diese Größenordnung kann man eigentlich gar nicht erreichen, aber der hat das irgendwie hingekriegt, ohne bei der Qualität Kompromisse einzugehen. Im Gegenteil, er übertraf die Qualität all seiner Vorgänger, selbst derjenigen mit Stern, bei weitem. Dass er nicht einfach war, wussten wir. Igor hatte bei seinem vorherigen Arbeitgeber, einem bekannten Berliner 5-Sterne-Hotel, aus Wut einmal einen Lehrling in eine Mülltonne geschmissen und diese dann zugemacht, was niemand so richtig lustig gefunden hatte – er galt als tickende Zeitbombe.

Eines Abends wurde ich an einem meiner wenigen freien Tage panisch ins Borchardt gerufen. Du musst sofort kommen, in der Küche wird nicht mehr gekocht, kein Essen geht raus, nichts, der Laden ist berstend voll, alle warten, hier ist die Hölle los. Mein Puls kletterte sofort auf mindestens 250, und ich bin losgerast. In so einem Fall braucht es keine komplizierte Fehleranalyse. Wenn nicht der komplette Laden oder auch nur die Küche von einem Selbstmordkommando in die Luft gesprengt worden ist oder ein anderer schrecklicher Unfall alles verwüstet hat, gibt es nur einen einzigen Grund, warum kein Essen mehr fertig wird: Das kann nur am Chef de Cuisine liegen, dem absoluten Herrscher in seinem Reich.

Bei meiner Ankunft war die Situation ein bisschen außer Kontrolle – und der Chefkoch offensichtlich auch. Alle Küchenjungen und Postenköche waren bereits in die Flucht geschlagen, die hatten sich, wie mir im Vorbeilaufen zugerufen wurde, in ihrer Umkleide wie in einem Bunker verbarrikadiert.

In der Küche muss man bei Streitereien wahnsinnig aufpassen, es gibt für Auseinandersetzungen keinen gefährlicheren Ort auf der Welt als eine Küche mitten im Betrieb. Überall hast du perfekte Mordwerkzeuge: Siedende Öle, glühende Herdplatten, kochende Flüssigkeiten, schmale Gänge, scharfe Messer, gusseiserne Pfannen – in brenzligen Situationen ist das eine einzige Waffenkammer, die einen Hitzkopf schon mal zugreifen lässt –, aber selbst ein bisschen Herumgeschubse kann fatale Folgen haben, wenn jemand in der Friteuse landet.

Igor war wirklich nicht gut drauf. Er stand zu allem bereit mitten in der Küche auf seinem Arbeitstisch, das Antlitz heiß und rot, den Irrsinn im Gesicht, in einer Hand schwang er eine kleine Sauteuse wie einen Baseballschläger und schlug damit wie ein Geisteskranker auf unsere schöne Arbeitsplatte, die in Folge bereits deutlich sichtbare Dellen aufwies, was bei der nächsten Hygienekontrolle bestimmt beanstandet werden würde.

Ein Blick in seine Augen signalisierte mir, der will es wissen. Da flackerte diese Mischung aus Irrsinn und Scheißegal-Haltung, die man von Straßenschlägern kennt. Ich lasse mich von einem brachialen Umgangston und körperlichen Drohgebärden nur ungern einschüchtern oder irritieren – ich kenne solche Typen aus meiner Internatszeit und weiß, die kochen auch nur mit Wasser.

Bis ich acht Jahre alt war, wuchs ich behütet im Saarland auf, aber als ich wegen akuter Lustlosigkeit plötzlich schulisch durchhing, haben mich meine Eltern in das katholische Don-Bosco-Internat der Salesianer in Aulhausen bei Rüdesheim gesteckt. Diese Einrichtung war ihr sogar von ministerieller Seite empfohlen worden. Die hatten die besten Absichten. Dort wurden Mittelschicht-Kinder mit straffälligen oder auffälligen Heimkindern im Verhältnis fünfzig-fünfzig gemischt, damit alle voneinander lernen. Der Plan ging voll auf, aber anders als gedacht: Kurz nach meiner Ankunft hatte ich meine erste Schlägerei, und als mich meine Eltern zwei Jahre danach auf eine normale Hauptschule geschickt haben, galt ich selbst als schwer erziehbar. Wenn später ein Lehrer »Ruhe« gerufen hat, habe ich das nicht gehört, weil sie dir im Internat mindestens ein Buch an den Kopf geworfen hätten. Daher weiß ich, wie man sich verändert, wenn man in einer brutalen Umgebung lebt und plötzlich in einer verständnisvolleren Welt landet – du bist für normale Menschen manchmal kaum noch kontrollierbar, weil deine Grenzen anders verlaufen. Und man lernt, dass man auch immer ein bisschen der Held ist, wenn man Scheiße baut, weil das einige beeindruckt.

Wir wurden damals von Patres in Kutten unterrichtet – und geschlagen. Einige benutzten die flache Hand, andere die Fäuste, ein Schüler brach sich die Arme, als ihn mehrere Geistliche die Treppe heruntergetreten hatten. Mir hat einer mal morgens beim Vorsingen aus zehn Meter Entfernung einen schweren Schlüsselbund an den Kopf geworfen. Diese Chorproben vor dem Frühstück waren gefürchtet, weil ein berüchtigter Pater den Gesang kontrollierte, ganz dicht kam der mit seinem Ohr an unsere Münder. Gefiel ihm etwas nicht, schlug er dir ohne Vorwarnung auf den Kopf, manchmal auch ins Gesicht. Heute würde man die natürlich alle sofort anzeigen, damals hat das niemand auch nur erwogen, wir haben bloß versucht, die Tage mit Scheiße bauen zu überstehen.

Wenn man nicht zum Unterricht wollte, musste man sich krankschreiben lassen. Der Krankenpfleger war ein kleiner Typ mit einem langen, schiefen Gesicht voller Bartstoppeln. Ein Zivilist, kein Pater. Der schrieb einen krank, ohne nachzufragen, man musste ihm dafür nur einen Gefallen tun: Er wollte, dass man ihm eine scheuert. Das war seine Art, Buße zu tun, wie er sagte. Erst dachte ich, das kann doch gar nicht sein, aber er kam immer näher, zog seine Brille ab und hielt seine schiefe, lange Visage direkt vor mich hin. Irgendwann habe ich ihm wirklich eine Backpfeife gegeben. Ich dachte, das tue ich jetzt nicht wirklich, das glaube ich nicht, aber der fand das richtig gut. Von da an galt: Er hilft dir, wenn du ihm ein paar scheuerst.

Im Herbst halfen wir den Patres bei der Kartoffelernte. Mein Gegenspieler, ein Schüler namens Stachel, der ohne

Eltern aufwuchs, sammelte dabei heimlich Mäuse in einem Sack, einmal kam er auf fast sechzig. Die hat er danach einzeln – noch lebendig – an die Bäume genagelt. Sechzigmal mit einem langen Nagel mitten durch die Maus. Dabei fallen der die Augen raus – das fand der toll, das hat ihn angetörnt. Andere Mäuse hat er mit Schuhcreme angeschmiert, angezündet und als lebende Fackeln über den Hof rennen lassen, bis sie verbrannten. Der war pervers.

Eine Schlägerei zwischen dem Stachel und mir war für mich die härteste Situation der ganzen Internatszeit. Der war ein Jahr älter und bestimmt einen Kopf größer, aber der unangenehmste Aspekt war ein anderer: Das ganze verdammte Internat stand um uns herum und grölte und feuerte uns an. Das ging Schlag auf Schlag, der mir einen in die Fresse, ich dem einen in die Fresse, immer mit der Faust so hart es ging mitten ins Gesicht. Aber die Schläge waren gar nicht das Problem, sondern die entfesselte Meute und ihre begeisterten Anfeuerungsrufe, wie sie geschrien haben »Stachel« und »Mary«. Irgendwie hatte ich den Eindruck, dass sie mehr auf seiner Seite waren. Enttäuscht hat mich vor allem, dass sie uns so blutrünstig angefeuert haben anstatt zu schlichten, wie das meine Freunde zuhause gemacht hätten.

Diese Erfahrungen waren, wenn man so will, die perfekte Vorbereitung auf Typen wie Igor. Der war für mich wie so ein Internatswiedergänger. Das war einer von den Jungs, die früher immer einen drauf bekommen haben, zu Hause und auf der Straße. Und ab und zu sehnte er sich in seinem nun friedlichen, zivilisierten Leben nach Grenzen, die er einstmals bekämpft hatte, und drehte durch, wenn alle zu pfleglich mit ihm umgingen. Damit kommt so einer manchmal nicht klar –

und dann prügelt er plötzlich mit einer Bratpfanne auf die Arbeitsplatte ein.

Ich habe ihm in die Augen geschaut, bin ruhig, aber sehr entschlossen auf ihn zugegangen und habe nur gesagt: »Du, kein Problem, geh einfach nach Hause, und zwar bitte gleich!« Er spürte, ich bluffe nicht, ich meine das ernst, ich werde nicht nachgeben, vielleicht sogar die Polizei holen, er wird damit nicht durchkommen. Da hat er noch einmal böse geguckt – und weg war er.

Dann bin ich gleich in die Umkleide, wo die anderen aus dem Küchenteam verstört saßen, und habe denen gesagt, wer jetzt geht, braucht gar nicht erst wiederzukommen. Das war zwar nach deutschem Arbeitsrecht nicht wirklich möglich, aber das war in der Sekunde irrelevant. Es ging um die Geste. Wer gehen will, geht sofort und ist draußen. Alle anderen sind herzlich eingeladen, mit mir zusammen jetzt zu kochen, also los jetzt. Die waren, glaube ich, so froh, dass der Druck und der Irre weg waren, dass fast alle mitgekommen sind und weitergearbeitet haben.

Nach drei Stunden fiel mir auf, der Küchenchef muss immer noch irgendwo hier sein. Also bin ich runtergelaufen, um das zu überprüfen. Ich hatte Recht. Der hockte immer noch da und sah aus wie ein Häufchen Elend. Er tat mir fast ein bisschen leid. Wir haben eine Weile geredet und uns noch an Ort und Stelle friedlich voneinander getrennt. Ich habe Igor danach tatsächlich nie wiedergesehen. Eigentlich schade, denn er war nicht nur ein toller Koch, sondern auch ein netter Kerl, der sich aber leider nicht im Griff hatte und die Küche mit einem Exerzierplatz verwechselte – das hatte mich an seinem Stil immer schon gestört. Man könnte sagen, Igor war einer der letzten Vertreter einer weitgehend untergegangenen Epoche, denn diese ganz harten, brutalen und exzentrischen Militärzeiten in den Küchen sind heute vorbei, zum Glück.

*

Unser Küchenchef Philippe Lemoine, ein Franzose, ist ein absoluter Spitzenmann, der bei hervorragenden Adressen in seiner Heimat gelernt hat und mühelos auf Sterne-Niveau kochen kann. Aber Philippe beherrscht etwas, was kaum einer von diesen Zauberern beherrscht, und das ist anspruchsvolle urbane Küche wie die Borchardt-Küche, also täglich Top-Qualität egal in welchen Mengen ohne Chichi zu einem guten Preis-Leistungs-Verhältnis zu produzieren. Ohne Chichi heißt: Ein Schnitzel ist ein Schnitzel, da muss jetzt vorher nicht noch eine Pirouette gedreht oder das Kalbsfleisch neu erfunden werden, das ist Kochen ohne Posen und ohne Einschüchterungsversuche.

Doch einige wollen genau das nicht, denn ein zentrales Vergabekriterium für einen der Michelin-Sterne, die von vielen begehrt werden, ist die so genannte Kreativität. Dieser Punkt hatte mal einen echten Sinn, weil die Initiatoren damit eine seit langer Zeit in gewisser Weise erstarrte Kultur zu Bewegung animieren wollten. Verlasst eure fettigen Pfade, wagt einmal etwas, seid erfinderisch, das war die sinnvolle Idee. Da alles seit Ewigkeiten gleich gekocht wurde, lag der Gedanke nahe, einen gewissen Anreiz zur Veränderung des Althergebrachten zu geben. So muss man die Entstehungsgeschichte des daraus folgenden sturen, gleichförmigen Kreativitätswahns sehen, als Gegenbewegung zur einst herrschenden Gleichförmigkeit. Wenn aber der stete Wandel zum Zwang oder zur Gewohnheit wird, ist er nur noch Selbstzweck und endet irgendwann bei absurden Ideen wie

Kalbsfleisch mit Lakritze. Dieses Kriterium ist, grob gesprochen, nie wieder ernsthaft infrage gestellt worden, obwohl es irgendwann seinen Sinn verloren hat. Also bemühen sich nun landauf, landab ehrgeizige Köche auf Teufel komm raus um Kreativität, nichts anderes als einen Stern oder ewigen Ruhm vor Augen – das kann ja nicht gut gehen. Restaurantführer, Tester und Köche würden sich und allen anderen einen großen Gefallen tun, wenn sie die Kreativitätsmaxime abmildern würden. Mir scheint, es ist mal wieder Zeit für eine neue Gegenbewegung.

Kreativität in der Küche darf kein Selbstzweck sein. Ich möchte keine Inszenierung aus dem Essen machen, nicht den einmaligen Theaterbesuch konstruieren, der nichts mit dem normalen Leben zu tun hat, die Gastronomie muss sich in das normale Leben einfügen und nicht umgekehrt. Der Chef de Cuisine soll nicht für sein Ego arbeiten, sondern für den Gast. Wenn er bemerkt, die Gäste bevorzugen bestimmte Gerichte, soll er sich noch mehr auf die konzentrieren, er soll nicht versuchen, seine Kunden um jeden Preis in eine bestimmte Richtung zu erziehen, die allein seine Eitelkeit befriedigen soll.

Nehmen wir zum Beispiel Kalbsfleisch. Wie soll man jahrein, jahraus das arme Kalb immer wieder neu zubereiten? Und warum? Es gibt natürlich neue Ideen und neue Technologien, die neue Wege eröffnen, aber nicht jedes Jahr und immer wieder. Natürlich eröffnen Innovationen wie Induktion, Holdomaten, Schockfrieren und superheiße Grills etc. neue Möglichkeiten, bestimmt kann flüssiger Stickstoff ganz lustig sein. Oder auch nicht. Aber der Stickstoff ist aus dem Labor nur deswegen in der Küche gelandet, weil unbedingt etwas Neues hermusste, mit dem man berühmt werden konnte.

So landeten alle, die danach strebten, irgendwann bei diesem Molekularküchenunsinn mit seinen explodierenden Geschmackserlebnissen – solche abstrusen Kopfgeburten sind eine logische Folge des unbedingten Kreativitätsgebots, das bleibt ja gar nicht aus. Wer das ernsthaft gutheißt, gerne, aber ohne mich.

Seit ein paar Jahren hat in diesem Zirkus ein dänisches Restaurant die Nase ganz weit vorn. Dänemark als kulinarischer Epochenmacher, das gefällt mir schon fast wieder, das ist als Idee schon so abstrus, dass es originell wirkt. Jetzt pilgert also die globale Gourmetelite ins »Noma« in Kopenhagen, das im März 2012 zwei Sterne bekam und dessen Koch schon ein Jahr zuvor zum besten Koch der Welt gewählt wurde, um sich lebendige Krabben, frittierte Wurzeln oder rohe Wacholderzweige servieren zu lassen, inspiriert von einem Überlebenshandbuch der schwedischen Armee. Im Menü abends für 200 Euro. Da kann ich nur sagen: viel Spaß. Es mag sein, dass für einige Auserwählte dieser Ess-Irrsinn der Gipfel des kulinarischen Erlebnisses ist, dass sich dadurch für einige Menschen Geschmackswelten verändern und Horizonte neu definieren, es können auch alle gerne im heimatlichen Wald an den Wurzeln knabbern und Wasser aus frühlingssaftigen Birkenstämmen schlürfen, aber für mich hat weder das eine noch das andere irgendwas mit gutem Essen oder Gastronomie zu tun.

Es gab und gibt geniale Sterneköche, denen wir in Deutschland viel zu verdanken haben, auch heute gibt es wegweisende Kochkünstler, keine Frage. Aber die Sterneküche insgesamt, als Beurteilungskosmos, scheint mir zu esoterisch zu sein. Das war eine Fehlentwicklung mit Ansage, die man schon lange hat kommen sehen. Wer solche Maßstäbe anlegt, ignoriert automatisch wesentliche Teile der Gastronomie und der Gastbedürfnisse. Daraus entsteht ein Spezialistentum, das sich selbst genügt und befruchtet, aber man kann das auch für sehr elitär oder schlichtweg überflüssig halten, vor allem macht es als Maßstab für die Allgemeinheit keinerlei Sinn, denn damit sind Missverständnisse vorprogrammiert. Und genau das verstehen die meisten Restaurantkritiker nicht. Es ist wie in anderen gesellschaftlichen Bereichen auch: Wenn der gesunde Menschenverstand auf der Strecke bleibt, sind sogleich die Fachidioten zur Stelle – und die sehen oft den Wald vor lauter Bäumen nicht mehr.

Falscher Ehrgeiz führt dazu, dass manche Köche die Gäste eines Restaurants lediglich als ein notwendiges Übel betrachten, als die unvermeidbare dunkle Masse, die sie leider brauchen, damit ihr heller Stern noch heller leuchten möge. Ihre Arbeit ist ein Egotrip, ein Selbstverwirklichungskurs für die zarte Künstlerseele, die in ihnen schlummert und die sich aus einer Laune des Schicksals heraus den Herd als Bühne ihrer Genialität auserkoren hat. Mit solchen kulinarischen Magiern kann man in einen Zirkus gehen oder in eine Freakshow, für anspruchsvolle urbane Gastronomie sind sie verloren.

Es gibt Köche, die lieben beispielsweise Jakobsmuscheln. Und weil sie die so lieben, tauchen die immer wieder auf ihrer Karte auf, ganz unabhängig davon, ob diese tollen Jakobsmuscheln auch so gerne bestellt werden, wie der Koch es sich eigentlich wünschen würde. Anstatt andere Gerichte auszuprobieren, wird dieser Koch immer wieder alle mit seinen Jakobsmuscheln nerven, weil er nicht versteht, dass das Publikum nicht einsieht, was es da verschmäht. Diese Art von unglücklicher Erziehungsarbeit ist so arrogant wie albern, sie geht völlig an der eigentlichen Aufgabe der Küche in einem Restaurant vorbei. Die Egoküchen-Macker sind allerdings eine weit verbreitete Spezies.

Für mich besteht die Herausforderung darin, das scheinbar Normale hervorragend zuzubereiten. Bestellt der Gast Bratkartoffeln mit drei Spiegeleiern, kann man davon ausgehen, dass jemand wie Philippe nicht vor Begeisterung durchdreht und diese Order als Gipfel seiner beruflichen Laufbahn in Erinnerung behalten wird, aber auch wenn das für ihn keine besonders raffinierte Speise ist, wird er sich dafür ins Zeug legen, dass der Gast die besten Bratkartoffeln mit drei super Spiegeleiern bekommt, mit besonders guten Kartoffeln, mit guten Eiern und so abgeschmeckt, dass er noch lange daran denken wird. Denn gute Profis arbeiten eben nicht für ihr Ego, sondern wollen das beste Ergebnis für den Gast. Bevorzugt der Bratkartoffeln mit Spiegeleiern, muss man nicht versuchen, ihn gegen alle Widerstände beispielsweise in die Jacobsmuscheln-Richtung zu drängen.

Aber auch ein echter Profi macht nicht alles mit. Beispielsweise liebt unser Chefkoch hochwertiges Fleisch so sehr, dass ihm Bestellungen wie »medium well« oder gar »durch« körperliches Unbehagen bereiten. Jeder gute Koch der Welt hasst es aus völlig nachvollziehbaren Gründen, ein Filet »durch« zu braten. Weil es die Verschwendung eines edlen Produktes ist, weil man dann erst gar kein zartes Filet bestellen muss. Wenn Sie den Küchenchef nicht vergrätzen wollen, bestellen Sie Ihr Fleisch niemals durch. Interessanterweise sind es meist zwei Arten von Gästen, die »durch« bestellen, weil sie sich vor den »blutigeren« Steak-Varianten ekeln: Jüngere, die in der Regel meist noch zu Hause essen und von dort kaum

Kurzgebratenes kennen – und Ältere, die selten in Restaurants gehen. Der persönliche Beitrag unseres Chefkochs zur mir verhassten Ess-Erziehung ist es daher, tendenziell immer eine Bratstufe unter der bestellten zu bleiben, weil er nicht glauben will, dass sich normale Menschen dem besseren Geschmackserlebnis völlig entziehen können, und weil er hofft, dass sie manchmal nur einen kleinen Stups in die richtige Richtung brauchen. Aber im Notfall – und nur dann – brät sogar er das Steak durch: »Wer unbedingt eine Schuhsohle haben will, kriegt eine.« Et voilà.

*

Die wahren Qualitäten eines Chefkochs zeigen sich aber erst in Ausnahmesituationen. An einem Freitagabend vor vielen Jahren glich der Laden einem Bienenstock, man durfte mit fünfhundert Couverts rechnen, darunter versteht man nicht nur die Hauptspeise, die jemand bestellt, sondern auch die jeweils dazugehörigen Vor- und Nachspeisen. In der Küche brannte die Luft, der ganze Apparat lief auf Höchsttouren, die neue Lüftung tockerte ruhig vor sich hin. Wir waren froh über die Verbesserung, die alten Leitungen hatten öfter nicht richtig gezogen, die Dämpfe und die Hitze hatten der Crew zu schaffen gemacht. Auch die nagelneue, vor einer Woche in Betrieb genommene Installation hatte noch Kinderkrankheiten, aber wir waren bester Dinge.

Wenn in der Küche die Lüftung ausfällt, herrschen da schnell um die 50 Grad, richtig böse, messbare 50 Grad, die normalen Menschen die Luft rauben, es gibt Qualm, es stinkt, es haben sogar schon einmal die Rauchmelder automatisch angeschlagen und die Feuerwehr rückte an, obwohl es nicht brannte. Die umsonst herbeigeeilten Berliner Brandschützer haben sich damals wahrscheinlich gewundert, in was für einer Hitze da gearbeitet wird.

Mitte der Neunziger, als die gesamte Umgebung des Restaurants einer riesigen Baustelle glich, fiel manchmal auch der Strom aus, und zwar komplett. Im Restaurant wirkt das noch ganz gemütlich, wenn überall die Kerzen brennen, am Herd ist dann aber Feierabend. In vielen Küchen wird mit Gas gearbeitet, was den Nachteil hat, dass die Räume viel stärker aufgeheizt werden. Die Umstellung von Gas und Elektro auf Induktion hat die Verhältnisse in unserer Küche entschieden verbessert. Wir haben uns für diese modernere Technologie entschieden, weil die Temperatur mit diesen Herden in der Küche bei Weitem nicht so hoch wird und sie, wenn sie vom richtigen Hersteller sind, zudem sehr viel schneller sind, das ist genau das, was wir brauchen. Aber ohne Strom geht eben nichts mehr. Sehr schnell müssen dann Entscheidungen gefällt werden: Warten? Umsatteln auf kalte Küche? Kerzenschein und Brot allein? Die meisten Gäste fanden gerade diese Abende immer besonders lustig oder romantisch. Der Chef de Cuisine weniger.

Nun aber sollte die Küche also dank der neuen Abzugshaube in eine kühle, rauchfreie Zukunft aufbrechen. Bis zu jenem Freitag, 21 Uhr, als etwas passierte, von dem ich zunächst gar nichts mitbekam, was mir aber später ausführlich berichtet wurde. Plötzlich, ohne jede Vorwarnung, gab es einen Höllenlärm, und die neue Lüftung riss aus der Verankerung, die ganze verdammte Küche schien auseinanderzubrechen. Nur vorne hielt das Gestänge gerade eben noch so. Das war ein ohrenbetäubendes Getöse, das in Windesweile den ganzen Raum erfüllte.

Die neue Installation unter der Decke war topmodern –

und leider fast doppelt so schwer wie die vorherige. Die Schlaumeier hatten an alles gedacht, nur die beste Technologie hatten sie mit bester Absicht herangekarrt, bloß das Gewicht hatte anscheinend niemand berücksichtigt. Zu schade auch. Ohne jede zusätzliche Verstärkung hatten die Handwerker ihr Kunstwerk in dem Altbau angebracht, der dafür wahrlich nicht ausgelegt war.

Der für Fischgerichte verantwortliche Poissionnier stand da, weiß wie eine Wand, das schwere Ding war direkt neben seinem Kopf heruntergekracht. Fassungslos, geschockt, als hätte ihm jemand den Stecker gezogen und das Blut aus den Adern gezapft, es war geradezu erschütternd zu sehen, wie erschüttert der war. Nur zwei, drei Zentimeter weiter und es wäre aus gewesen mit unserem Mann für den Fisch. Alle starrten ihn an. Und mit einer ganz seltsamen Stimme, die kein Kollege je von ihm vernommen hatte, sagte er in die Stille nach dem Knall: »Hier bleibe ich keine Sekunde länger!« Nicht mehr, nicht weniger. Nur diesen einen Satz. Und weg war er, blitzschnell, wie ein Wiesel, gerade stand er da noch, erstarrt, schon hatte er sich in Luft aufgelöst, ein guter Mann, der jahrelang bei uns gewesen war, einfach weg. Wir haben ihn nie wiedergesehen und nie wieder etwas von ihm gehört.

Der Rest verharrte völlig verdattert, einige fingen vorsichtig an zu feixen, »Hurra, wir machen Feierabend!«, aber der Lärm hatte sich noch nicht ganz gelegt, da grübelte unser Küchenchef schon, wie er sofort weiterkochen könnte. So einer kapituliert nicht, solange noch irgendjemand aus dem Team zuckt und atmet und draußen Hunderte von Gästen auf ihre Essen warten. Er informierte weder Restaurantleiter noch Inhaber, sondern sicherte stattdessen notdürftig die Teile der havarierten neuen Abzugshaube gerade so, dass weitergearbeitet werden konnte. Das alles ging blitzschnell, es gab keine merkbare Verzögerung, nichts.

Nachdem der größte Teil der abendlichen Schlacht geschlagen war, kam der Küchenchef herausgeschlendert und bemerkte ganz unaufgeregt, dass man sich wohl noch einmal um die Lüftung kümmern müsse, die sei doch nicht so gut, wie man geglaubt habe. Ich wusste gar nicht, was der meinte, aber er hörte nicht auf, da müsse man noch einiges nachbessern, die Aufhängung, ob das alles so durchdacht sei, er habe seine Zweifel. Langsam war ich etwas genervt und erklärte ihm, das sei eine Toplüftung, nagelneu, teuer – und was er überhaupt wolle. Sagt der seelenruhig, das sei tatsächlich eine erstklassige Lüftung, allerdings sei die Halterung nicht so erstklassig, weswegen die tolle Lüftung vor ein paar Stunden aus der Decke gerissen sei. Ich stürmte sofort in die Küche, wo sich mir ein Bild des Grauens bot. Die Abzugshaube hing windschief über allem, notdürftig abgestützt durch ein paar Metallteile. Der Küchenchef konnte sich ein klitzekleines Grinsen nicht verkneifen.

Im Bauch des U-Boots

Die Kombination aus hohen Ansprüchen, großen Mengen und großer Hitze erzeugt in den Küchen zeitweise eine Stresswelle, die einige Vollprofis erst richtig aufleben lässt und die sie absurfen wie ein Beach Boy einen Brecher vor Hawaii. Wer aber ein dünnes Nervenkostüm hat, zu sensibel und kaum belastbar ist oder zu Selbstmitleid neigt, mag in solchen Momenten keinen Spaß und keine Herausforderung sehen, sondern bloß eine schwarze Wand aus Druck und Qual, die mancher irgendwann nur noch mit Hilfsmitteln wie Alkohol zu bewältigen glaubt. Das kommt in den besten Läden vor, nicht nur bei Kellnern, sondern eben auch am Herd.

Als wir unseren neuen Chef de Cuisine bekamen, wunderte der sich anfangs über den Inhalt des Kühlschranks in der Küche. Da war alles drin, Gin, Wodka, Rum, das ganze harte Programm. Erst hat er noch Witze gemacht, was es denn zu feiern gebe, was man eben so sagt, nur um sehr schnell festzustellen, dass ein, zwei Männer aus seiner Crew abends um zehn bereits schwerst angeheitert waren. Bald zeigte sich, dass der Mann für die Patisserie seinen Job nicht nur trotz erheblicher Alkoholmengen hervorragend erledigte, im Gegenteil, erst nach der ersten Flasche fing er an, sein Genie richtig zu entfalten. Ein anderer Kollege dagegen zeigte deutlich weniger Kondition und war zum Ende der Schicht kaum noch einsetzbar. Selbst morgens um zehn, wenn das Mittagsgeschäft vorbereitet werden musste, waren diese beiden Kandidaten manchmal bereits angeschlagen. Eine erfahrene Truppe kriegt trotzdem einen halbwegs routinierten Betrieb hin, aber so kann man natürlich keine höheren Ansprüche erfüllen, ein Küchenchef mit Ehrgeiz ist da aufgeschmissen. Es dauerte nicht lange, da waren die Drinks aus dem Kühlschrank verschwunden.

Der Griff zu vermeintlichen Hilfsmitteln ist für anfällige Menschen aus so einem Berufsumfeld nicht völlig unnachvollziehbar. Diese Arbeit wirkt für einige wie ein Marathon, nach dessen siegreichem Ende zur Belohnung am nächsten Tag gleich noch einer folgt und darauf noch einer und noch einer und noch einer. Diese Anstrengung reißt an manchen mit großer Macht. Wenn aber dieses Gefühl der Normalzustand wird, ist der Griff zu vermeintlichen Energiespendern nicht mehr weit. Nur heute einmal, denkt der angeschlagene Kollege vielleicht, weil es gerade so besonders hart ist, nicht auf Dauer, das macht doch nichts. Das wirkt so einfach und verlockend – und schon ist es bald Routine und wird bei steigenden Mengen ein handfestes Problem, von dem die Umgebung zunächst einmal gar nichts mitbekommen muss – und er selber auch nicht.

Wie immer bestimmt die Dosis, ob es Gift ist. Jeder trinkt ja ab und zu gerne mal einen, zum Abendessen ein Bier oder einen Wein, manche machen es sich gerne vor dem Fernseher mit ihrer Liebsten und einem Drink gemütlich, in einigen Studien und ganz bestimmt in Weingegenden wird ein halber Liter Wein am Tag praktisch als Medizin gesehen, für andere erfüllt man damit bereits die klassische Definition des Alkoholikers. Doch wir reden hier über riesige Mengen, bei denen die Betroffenen langsam den Bezug zur Realität verlieren, ohne jedoch betrunken zu wirken. Nach außen hin ist deren Problem gar nicht auf den ersten Blick erkennbar, auch nicht für diejenigen, mit denen sie täglich stundenlang auf engstem Raum zusammen sind. Sie lallen nicht, sie wanken nicht, sie reden scheinbar völlig normal, und erst nach einiger Zeit bemerkt man, dass sich da eine Stimme aus einer anderen Realitätsebene meldet und seltsame Dinge verkündet, während der Kollege nach außen hin seinen Job scheinbar normal weiterführt. Wir hatten einmal jemanden im Team, der erzählte plötzlich herum, er mache diesen Job nur im Nebenberuf, eigentlich sei er ja Aktienhändler in London. Da schrillen alle Alarmglocken.

Eine Weile geht das vielleicht gut, dann kommt langsam

der Einbruch, die Gesundheit ist kaputt, die Reserven ausgeschöpft. Der Alkohol zerschießt die bereits Angeschlagenen noch mehr, sie fühlen sich noch kaputter, der Stress erscheint noch monströser, was zu noch mehr Alkohol führt – und schon hast du ein Wrack am Arbeitsplatz.

Es ist aber nicht nur der echte oder vermeintliche Stress, dem einige sich nicht gewachsen fühlen, der in der Gastronomie einige vielleicht schneller zum Alkohol greifen lässt. Der Grund ist oft viel profaner: Der Drink steht praktisch immer vor dir und lächelt dich an. Alkohol ist leicht verfügbar, in der Regel sogar umsonst, allein diese permanente Verfügbarkeit lässt viele eher als unter normalen Umständen zugreifen. Früher wurde das in vielen Häusern auch zu locker gesehen. Ein Drink, das gehörte irgendwie dazu. Alkohol ist heute in unserer Küche Tabu und nur zu besonderen Anlässen erlaubt. Dann kann der Küchenchef eine Runde Bier oder ein Gläschen Champagner ausgeben. Eine Runde, mehr nicht, das gilt auch für die Servicemitarbeiter.

*

Die Küche ist straff durchorganisiert, Disziplin ist das A und O, nicht militärisch, aber hierarchisch, gerne verbunden mit einer gewissen Lockerheit, die von niemandem als Inkonsequenz missverstanden werden darf. Es ist üblich, dass die wichtigsten Posten in der Küche und viele andere Begriffe der täglichen Arbeit aus dem französischen Vokabular stammen, egal wo man auf der Welt ist. Das ist ein spezieller Jargon, der sich international durchgesetzt hat, und das hat einen guten Grund, denn praktisch alles, was wir aus der Küche und der Gastronomie kennen, hat in Frankreich seinen Ursprung und prägt bis heute unsere Sicht der Dinge.

Vor allem am Hofe des französischen Königs und den Schlössern der Adeligen wurde schon lange in größeren Mengen organisiert und professionell gekocht. Als das Ancien Régime und damit die ganze alte Gesellschaftsordnung in der Französischen Revolution zusammenbrach, wurden diese Strukturen zerstört, die Köche und ihre Helfer hatten von heute auf morgen praktisch keine Arbeit oder keine Arbeitgeber mehr, denn viele Adelige wurden geköpft oder flohen ins Ausland. Also sind die frühen Kochprofis ausgeströmt und haben sich selbständig gemacht, zuerst in der Hauptstadt, später auch auf dem Land und in den anderen Städten. Das war die Geburtsstunde der klassischen gehobenen Gastronomie.

Vorher hatten unter anderem auch strenge Zunftregeln enge Grenzen gesetzt, die genau festlegten, was in den Suppenküchen ausgegeben werden durfte und was von den Pastetenbäckern. Die jetzt entstehenden höherwertigen Restaurants unterschieden sich auch durch bestimmte Eigenarten von den bereits existierenden herkömmlichen, sehr einfachen Gaststätten, in denen es nur ein Tagesessen gab. Plötzlich wurden Gäste platziert, essen konnte man praktisch zu jeder Zeit, es gab eine Speisekarte, und die Besucher suchten sich die verschiedenen Gerichte davon aus, also à la carte.

Von den Franzosen haben wir somit nicht nur das Produktionssystem übernommen. Denn bei der Betrachtung des Einflusses der französischen Lebensart geht es nicht allein um das Angebot, sondern auch um die andere Seite, also die Leute, die das Angebot annehmen und zu schätzen wissen. Die Franzosen haben die wichtigsten Regeln der Gastronomie früh verstanden und angenommen. In anderen Teilen der westlichen Welt hat es deutlich länger gedauert, bis es etwa normal war, Gäste zu platzieren und neue Speisen auszuprobieren, oder man die Idee akzeptierte, dass Masse auf dem Teller nicht alles ist.

Alle Großstadtgastronomen in unserer Hemisphäre sind also vor allem durch die französische Küche und die französische Esskultur inspiriert worden. Sei es, weil sie vielleicht wie ich als Kinder dort ihre ersten kulinarischen Erlebnisse gemacht haben, sei es, weil sie als Erwachsene dort völlig neue Erfahrungsräume betreten haben – die Quelle für viele anspruchsvollere gastronomische Ambitionen entspringt genau hier.

In Deutschland und vielen anderen Ländern – etwa England oder Amerika – war die gastronomische Lage lange Zeit furchtbar. Man muss gar nicht weit zurückblicken, um das Ausmaß des Elends etwa in der alten Bundesrepublik erahnen zu können. In den schlimmen Siebzigerjahren kannten viele Deutsche in Restaurants gerade mal Jägerschnitzel, Zigeunerschnitzel, Spaghetti und Sole-Eier, mehr konnte man in den hiesigen Gasthäusern nicht erwarten. Es gab keine ordentliche Ausgeh- und keine verlockende Esskultur. Das alles hat sich erst in den späten Siebziger-, frühen Achtzigerjahren geändert – und von da an langsam bis auf das heutige beachtliche Level entwickelt.

In Deutschland gibt es mittlerweile vor allem in den Großstädten eine gastronomische Vielfalt und eine Restaurantkultur, die früher unvorstellbar gewesen wäre. Die Leute gehen heute viel eher und viel selbstverständlicher aus, sie interessieren sich für neue Gerichte, sie legen mehr Wert auf ordentliche Produkte und hohe Qualität, sie fordern mehr Auswahl und nehmen sich Zeit für ein gastronomisches Erlebnis. In Zukunft werden sich die Menschen noch intensiver mit der Herkunft ihrer Speisen befassen, noch mehr Auswahlmöglichkeiten und Qualität haben wollen und sich vor allem aus ökologischen und qualitativen Gründen noch stärker auf regionale Produkte konzentrieren. Insgesamt ist diese Entwicklung ein großer Fortschritt und eine Gewinn an Lebensart für alle.

Das verstärkte Qualitätsstreben und die Freude am Genuss sind zwei erfreuliche Faktoren, die unsere gastronomische Kultur beeinflussen. Aber es formiert sich auch Widerstand gegen diese hedonistische Moderne. Er tritt nicht als geschlossene Front auf, sondern hebt nur hier und da immer selbstbewusster und leider immer häufiger sein schlecht gelauntes Antlitz – die bärbeißigen Verbots- und Reglementierungsritter sind auf dem Vormarsch, denen fröhliche Menschen suspekt sind und die vermutlich erst dann glücklich sein werden, wenn auch der Letzte nach ihren einzig wahren Regeln und Gesetzen genau so eine freudlose Graue-Maus-Existenz führt wie sie selbst. Ihre Todfeinde sind der Genuss und die Toleranz, den freien Willen kennen sie nur als permanente Bedrohung. Wahrscheinlich ist eine Stadt wie Los Angeles ihr Ideal, wo es ihre amerikanischen Gesinnungsbrüder und -schwestern geschafft haben, aus einem Magneten westlicher Entertainmentkultur eine Stadt zu machen, in der nach 22 Uhr praktisch die Bürgersteige hochgeklappt werden. Die ideologische Verbohrtheit, mit der hierzulande die Debatte über das Rauchverbot geführt wurde, lässt selbst Nichtraucher wie mich nichts Gutes für die Zukunft ahnen. Durch das Nichtrauchen ist die Luft an meinem Arbeitsplatz Restaurant zum Glück viel besser geworden, aber wenn wir über Leben und Zusammenleben reden, kann es nicht nur um den eigenen Vorteil »frische Luft« gehen. Es geht um mehr, auch um die Freiheit des anderen, um »leben und leben lassen«, daraus gewinnt jeder den Vorteil eines besseren Zusammenlebens. Wer andere sein lässt, kann selber sein. Ideologisch verbohrte Puristen haben keinen Mut für solch ein Lebensmodell, das auf Freiheit und Eigenverantwortung basiert, sie wollen Kontrolle – und solche Bestrebungen kollidieren mit den Bedürfnissen des Lebensraums Restaurant. Bald knöpfen sie sich den Alkohol vor, als Nächstes das Fett, dann vielleicht das Fleisch, ihr Missionsgeist ist unermüdlich, man muss auf das Schlimmste gefasst sein.

An dieser Stelle sei gesagt, dass ich absolut nichts gegen Vegetarier oder Veganer oder Diäten habe. Jeder soll essen und machen, was er will, solange er es nicht als Heil bringende Ideologie verkauft und solange er mich und alle anderen mit seinen Überzeugungen bitte in Ruhe lässt. Man kann problemlos ohne Fleisch glücklich werden, persönlich habe ich bis zu meinem fünfzehnten Lebensjahr kein Fleisch gegessen und dabei auch nichts vermisst. Das Argument jedoch, es sei nicht natürlich, dass wir Menschen Fleisch essen, ist natürlich Unsinn, weil wir das seit vielen hunderttausend Jahren machen, aber wenn jemand ethische Probleme damit hat, habe ich großes Verständnis dafür. Andere Lebewesen zu züchten, nur um sie später zu verspeisen, das kann man durchaus seltsam finden. Aber die Konsequenzen aus den daraus gewonnenen Erkenntnissen soll jeder für sich persönlich ziehen – und nicht dem anderen das Steak vom Teller holen wollen.

Im Laufe der Jahre hat es tausende Studien über richtige Ernährung und gesunde Lebensweisen gegeben, viele von denen haben sich fundamental widersprochen, es ist ein schwieriges Thema. Aber simpel betrachtet kann man wohl sagen, dass unser Körper all die hunderttausende Jahre als

Genprint gespeichert hat und sich unsere Lebensbedingungen viel schneller ändern, als unsere Körper es je könnten. Und deshalb ist unser Fleischkonsum, der noch nie so groß war wie in unserer Gesellschaft, ingesamt wahrscheinlich zu hoch.

Neben den Puristen beeinflussen einige andere gesellschaftliche Entwicklungen die gastronomische Kultur ebenfalls in eine bedenkliche Richtung. Der spürbar steigende Leistungsdruck für alle, die Arbeit haben, ist ein Faktor, der die Genussfähigkeit einschränkt. Wer nur noch arbeitet, hat keine Zeit, einen entspannten Abend in einem Restaurant zu genießen, wer dauernd rotiert, aber genug Geld hat, sucht Wege der Nahrungsaufnahme, die mit seinen Effizienzzwängen kompatibel sind. Fast Food ist weiter auf dem Vormarsch.

Auch die rasant wachsende Zahl der Single-Haushalte führt eher zu einer wachsenden Nachfrage nach Fast-Food-Angeboten als zu einem gesteigerten Bedürfnis nach guter Gastronomie.

Der demografische Wandel mit sinkenden Geburtenraten und einer schrumpfenden Bevölkerung trifft unsere Branche selbstverständlich auch. Wenn es weniger Menschen gibt, gibt es auch weniger Gäste und weniger Restaurants. Möglicherweise teilt sich der Markt in Zukunft stärker, als wir das bisher gewohnt sind.

Auf Dauer wird die gute Gastronomie noch teurer, weil es schwieriger werden wird, das dazu benötigte qualifizierte Personal zu rekrutieren. Gleichzeitig wird der preisgünstigere Teil der Branche immer standardisierter auftreten, also mit noch mehr Fast-Food-Läden. In diesem Bereich werden wir zwei unterschiedliche Strömungen beobachten können: Zum einen mehr Mitnahme-Essen der gehobeneren Kategorie, etwas teurer und qualitativ besser, zum anderen noch mehr eher billige und qualitativ weniger anspruchsvolle Angebote.

Restaurants wie das Borchardt wird es auch in fünfzig Jahren noch geben, die Frage ist nur, wie viele davon.

Übrigens hat man den Eindruck, dass ausgerechnet in dem Land, in dem unsere heutige moderne Gastronomie erfunden worden ist, ebendiese gerade ein bisschen abgeschafft wird. Verschärfte Gesetze zur Ausbildung, die Lehrlinge auch in der Gastronomie besser schützen sollen, die früher, wie es hieß, gerade von Sterneköchen gnadenlos ausgebeutet wurden, haben wohl in einigen Küchen dazu geführt, dass weniger ausgebildet wird, was dem Nachwuchs, aber auch den Restaurants gewisse Probleme bereitet. Zudem haben rigorosere und häufigere Alkoholkontrollen vielen Franzosen, die das bislang nicht gewohnt waren, offensichtlich den Spaß an Ausflügen aufs Land etwas verdorben, und traditionell sind die Landgasthäuser das eigentliche Rückgrat der französischen Esskultur. Die Regierung in Paris will mit solchen Maßnahmen die Verkehrssicherheit erhöhen, denn fast jeder dritte Verkehrstote ist dort auf übermäßigen Alkoholkonsum zurückzuführen, in Deutschland nur jeder zehnte. In beiden Ländern gilt die 0,5 Promille-Grenze. Eine Überschreitung dieses Werts kann in Frankreich teuer werden: Zwischen 0,5 und 0,8 Promille werden bis zu 750 Euro fällig, darüber drohen Geldstrafen von bis zu 4500 Euro und auch Bewährungsstrafen. Da aber zu einem guten Essen auch ein guter Wein gehört, bleiben wohl viele lieber zu Hause, als mit der Aussicht aufs Land zu fahren, dort nur wenig trinken zu dürfen. Diese Faktoren plus verschlechterte ökonomische Rahmenbedingungen verändern teilweise die Gastro-Landschaft. Als unser Küchenchef vor ein paar Jahren einmal die Ausbildungsbetriebe seiner Jugend aufsuchen wollte, musste er frustriert feststellen, dass es diese namhaften Traditionsläden allesamt schon nicht mehr gab. Und wenn in zehn Jahren die erfolgreichen Asiaten mal die originale französische Esskultur da erfahren wollen, wo sie ursprünglich entstanden ist, werden sie wahrscheinlich schon Glück haben müssen, wenn sie noch ein paar echte, ursprüngliche gallische Landgasthäuser finden wollen. Und das ausgerechnet im Mutterland der Gastronomie. Das ist schon ein bisschen makaber. Aber die französischen Postenbezeichnungen in der Küche werden überall auf der Welt all diese Wirren überleben, das steht fest.

*

Der Chef de Cuisine, der Küchenchef, ist der Boss, sein Stellvertreter ist der Souschef. Das ist die oberste Kommandoebene. Darunter werden fünf verschiedene so genannte Posten und die dazugehörigen Chef de Partie, die Postenköche, unterschieden, wobei man von jedem guten Chef de Partie eigentlich erwartet, dass er jeden Posten bewältigen kann.

Der Saucier macht das Fleisch und alle Saucen. Der Poissonnier ist für den Fisch verantwortlich, der Entremetier für alle Beilagen und das Gemüse, der Gardemanger macht alle kalten Vorspeisen sowie den Salat, der Patissier das Dessert und alle Süßspeisen. Jeder Chef de Partie – immer abhängig von der Küchengröße natürlich – hat einen Stellvertreter, den Demichef de Partie, dazu gehört möglicherweise noch ein Commis de Cuisine, eine Art Jungkoch.

Wenn alle Posten besetzt sind, tummeln sich pro Schicht bis zu vierzehn Menschen in der Borchardt-Küche, normalerweise arbeiten wir in zwei Schichten, eine für mittags, eine für den Abend, an Großkampftagen braucht es für das Pensum allerdings noch eine dritte Einheit zusätzlich am Tag.

Entgegen mancher Annahmen sind Frauen in Restaurantküchen sehr willkommen, wir beschäftigen mehrere. Sie sind wegen ihres Qualitätsbewusstseins besonders geschätzt, gelten zudem als sehr penibel und mildern an der einen oder anderen Stelle mit ihrer ausgleichenden Art die Atmosphäre in einer archaisch anmutenden Welt möglicherweise etwas ab. Aber egal, wie hart der Umgangston auch sein mag, die Frauen in dem Bereich verstehen sich jederzeit durchzusetzen, da braucht sich niemand Sorgen zu machen.

Auf ein paar Küchen-Quadratmetern sind manchmal bis zu acht verschiedene Nationalitäten versammelt. Geredet wird auf Deutsch, Französisch und Englisch. Der Küchenchef selbst ist ja Franzose, um ihn herum stehen Australier, Afrikaner, Amerikaner und Asiaten, die Mischung ist wichtig, er sucht die perfekte Kultur-Bouillon, wie er das immer nennt. Dieser Pluralismus verhindert eine engstirnige Sicht nach draußen und auf das Essen. Schwarz und weiß, Ost und West, Mann und Frau – eine möglichst heterogene Gruppe, die zu einem verschworenen Team wird, das gemeinsam durch Stress und – manchmal, wenn nicht viel los ist – Langeweile geht.

Tempo und Mengen sind an manchen Tagen so gewaltig, dass selbst normalerweise sehr entspannte Kräfte sich zwischendurch mal im Urschrei üben. Ein erfahrener Kollege aus dem Küchenteam weiß von seinem vorherigen Arbeitsplatz zu berichten, dass es dort durchaus mal vorkam, dass ein entnervter Mitarbeiter im Dauerstress plötzlich schreiend ein Steak an die Wand oder auf den Boden schmetterte. Das sind Wutausbrüche, die sich gegen alle und niemanden richten. Darüber wird nicht gesprochen – und weiter geht's.

Jeden Tag macht der Küchenchef ein kleines Meeting mit den Chef de Partie, bei dem die Karte durchgesprochen wird, von der jedes Mal ein Teil neu entsteht. Im Borchardt sind Schnitzel, Steak, Bouillabaisse, Tatar und Stopfleber Klassiker, die es praktisch immer gibt. Der Rest wird so oft es geht gewechselt, das Ziel ist, saisonale Gerichte zu platzieren und Zutaten zu verwenden, die möglichst aus regionalem Anbau stammen und ordentlich angebaut worden sind.

Bei dem Treffen entscheidet der Küchenchef, was auf der Karte steht und wie die Speisen aussehen sollen. Damit alle genau verstehen, was er meint, malt er die Gerichte mit einem Bleistift auf, wenn es sein muss, jeden Tag neu. Für das große Silvestermenü greift er auch mal auf Buntstifte zurück, grün für Salat, rot für Gemüse und so weiter, aber im Regelfall sind es einfarbige Zeichnungen auf Papier, auf denen er präzise vorgibt, wie der fertige Teller auszusehen hat, welche Form das Fleisch haben soll, wo wie viele Kartoffeln liegen, wie das Gemüse genau angeordnet werden soll, wie viel Soße wohin, nichts bleibt im Ungefähren. Was er malt, ist Gesetz. Alle wissen somit, was sie zu tun haben.

*

Die wichtigsten Säulen, auf denen die Küche einer großstädtischen Gastronomie steht, sind Qualität und Kontinuität. Insbesondere in einem Restaurant wie dem Borchardt, das zum überwiegenden Teil Stammpublikum hat, kann man die Bedeutung dieser Regel gar nicht genug betonen. Denn für Gäste ist die Messlatte immer die Erfahrung des jüngsten Besuches, sie wollen ihr Geschmacks- und Qualitätserlebnis, wenn es denn gut war, genau so wiederholt wissen, wie sie es in Erinnerung haben. Das heißt für die Küche, die Gerichte müssen zu jeder Zeit in der gleichen Perfektion zum Gast gelangen, egal, wer da sitzt und warum er da sitzt, egal zu welcher Tages- oder Jahreszeit. Egal, ob es sich um einen Businesstermin, um eine Goldene Hochzeit, ein Rendezvous oder ein ganz normales Essen handelt, es darf keine Unterschiede geben. Die Gerichte müssen immer absolut identisch aussehen und schmecken, egal, ob sie am jeweiligen Tag erst zwei oder schon zweihundert Mal bestellt wurden. Auch der letzte Besucher hat ein Anrecht auf ein perfektes Essen und soll sich nicht mit minderer Qualität zufriedengeben müssen, nur weil jemand in der Küche vielleicht keine Lust mehr hat, sich auch beim 199. Gericht an diesem Abend Mühe zu geben. Der Gast, insbesondere der Stammgast, will keine Schwankungen erleben, denn Schwankungen enttäuschen Erwartungen, und das frustriert Gäste auf empfindliche Weise.

Die Esslaunen des Publikums bleiben selbst für Profis ein großes Mysterium und fordern ein Maximum an Flexibilität. An manchen Tagen verkaufen die Kellner fast keine Vorspeise, dann gibt es Tage, an denen alle Vorspeisen wollen, viele sogar nur Vorspeisen ohne anschließende Hauptspeisen. Das ist kaum vorhersehbar, und weil trotzdem stets alles frisch sein muss, ist es immer wieder eine verwinkelte Gleichung mit vielen Unbekannten, die der Chef de Cuisine täglich neu kalkulatorisch in den Griff zu bekommen und innerhalb seines Budgets zu lösen hat. Dabei wird erwartet, dass er auch für die unwahrscheinlichsten Entwicklungen gewappnet ist, auch die schlimmste Überraschung darf die Küche nicht aus der Bahn werfen. Failure is not an option, sagt man in der Raumfahrt, im Prinzip gilt genau das Gleiche für Restaurantküchen und deren Chefs.

In größeren Läden wie dem Borchardt gehen während der Hauptstoßzeit, wenn die Stadt und alle Läden voll sind, schon mittags manchmal dreihundert Essen in hektischen neunzig Minuten in den Gastraum. Abends werden diese Zahlen oft übertroffen. Selbst wenn man einen entspannten Tagesausklang erwartet, weil es nur hundertfünfzig Reservierungen gibt, muss die Küche im Notfall auch mit vierhundert Speisen fertigwerden, falls plötzlich die Unabwägbarkeiten der Großstadt noch ein paar Dutzend Spätentschlossene in das Restaurant spült. Das funktioniert nur, wenn alle sehr konzentriert arbeiten. Der Motor darf nicht stottern.

Wer einmal die Gelegenheit hatte, eine hektische Schicht in einer größeren Küche zu beobachten, die U-Boot-Situation, den Druck, die Perfektion, die Präzision und die permanente Atemlosigkeit, der weiß: Das schafft auf Dauer nur eine Mannschaft, die sich an die Regeln hält und zu einer eingeschworenen Gemeinschaft wird, die das Gefühl beflügelt, zu einer besonderen Truppe zu gehören, einer Bruderschaft der Kochkunst, die aus diesem Spirit heraus mit allem fertig wird und ihr zeitweise enormes Pensum erfüllen kann.

Wer dagegen als Koch nur acht Stunden am Tag arbeiten will, womöglich nur tagsüber und obendrein am Wochenende am liebsten gar nicht, der sollte besser seine Karriere in einer Kantine planen, eine Werksküche erfüllt die meisten seiner anspruchslosen Träume. In einem echten Restaurant geht es immer nur darum, ob die nächsten Essen perfekt die Küche verlassen, egal wie spät es ist, egal, wie müde man ist, egal, was vorher schon gelaufen ist und wie viel gearbeitet wurde. Der Löffel fällt erst, wenn der letzte Gast gegangen ist.

Disziplin ist ein wesentlicher Faktor des professionellen Arbeitens. Wenn der Küchenchef für sein Team die Bons annonciert, macht er das so knapp wie möglich, so laut wie möglich. Die Posten sollen die Ansagen nur laut und deutlich wiederholen, damit der Chef de Cuisine weiß, dass er korrekt verstanden worden ist. Geht es um die Vorbereitung und er gibt »Spinat neu« durch, wiederholt der verantwortliche Entremetier »Spinat neu«. Soll ein Stück Fleisch abgerufen werden, antwortet der Saucier auf die Ansage »Steak medium« schlicht »Steak medium kommt«. Es werden keine Witze gemacht, keine originellen Formulierungen erprobt und keine Diskussionen vom Zaun gebrochen, nichts darf die Konzentration stören.

Versteht ein Posten die Annonce des Küchenchefs nicht richtig, was immer mal vorkommen kann, stört das ein bisschen den reibungslosen Ablauf, wer nach dem dritten Mal eine klare Ansage immer noch nicht verstanden hat oder mutwillig nicht versteht oder das alles gerne lieber mal in Ruhe diskutieren würde, lebt gefährlich, denn der Küchenchef ist sofort auf hundertachtzig, wenn jemand nicht richtig dabei ist. Wenn dazu Körperhaltung und Gesichtsausdruck eigentlich nur noch signalisieren: Du kannst mich mal! – ist Gefahr im Verzug. Unser Philippe Lemoine mag tief im Herzen ein Friedensfürst vor dem Herrn sein, aber wehe, ein Mitarbeiter dünstet Desinteresse aus, dann wird er zum Terminator. Einmal kam es mit einem seiner Postenköche, mit dem er seit elf Jahren Schulter an Schulter geschuftet hatte, innerhalb von dreißig Sekunden vor allen zum Bruch. Der hatte ihn trotz wiederholter Warnungen mit seiner provozierenden »Leck mich«-Haltung so genervt, dass er rot sah. Danach war nur noch eine Trennung möglich, wie der Chef de Partie, Profi wie er war, auch sofort selbst einsah.

Fängt ein guter Küchenchef an zu brüllen, hat das fast immer einen Grund, das ist selten aus einer Laune heraus. Die Küche ist ein Ort, an dem die Hierarchie nicht angetastet werden darf. Wer das anders sieht, hat und ist ein Problem und gefährdet die Gesamtkonstruktion.

Selbst so ein kultivierter Mensch wie unser Küchenchef hat in seiner Karriere seine Grenzen manchmal sehr klar definiert. Und auch heute gilt noch, dass alles, was seiner professionellen Taktung vehement widerspricht und das System ins Stocken bringt, für ihn eine Provokation ist, sei es temporäre Arbeitsverweigerung oder eine unkonzentrierte Nachlässigkeit. Bei einer seiner Stationen vor dem Borchardt, so wird noch heute mit großem Respekt behauptet, habe er einmal die Hand von einem besonders nervenden Kollegen über den glühenden Grill gehalten und sei kurz davor gewesen, vor Wut dessen Finger ein wenig anzubraten. Solche Geschichten erzählen sich Köche gerne, sie scheinen sie zu lieben.

Generell ist der Umgang untereinander in den Küchen aber schon lange deutlich zivilisierter als früher und absolut nicht mehr mit den harten Macho-Zeiten von einst vergleichbar, wenngleich auch ein bestimmtes urwüchsiges, archaisches Element weiterlebt, was mit der besonderen Arbeitssituation, einer gewissen Tradition und dem Umstand zu tun hat, dass es trotz einiger Frauen im Kern eine Männerwelt geblieben ist.

Das punktuell rigorose Verhalten des Küchenchefs sichert Ruhe und Konstanz. In vielen schlecht geführten Küchenteams herrscht ein aggressiver Konkurrenzkampf und ein unproduktiver Verdrängungswettbewerb, niemand gönnt dem anderen die Butter auf dem Brot. Ein fieser, kleiner Mehrfrontenkrieg ist die Norm, die viel Energie kostet und alle belastet. Informationen werden nicht weitergegeben, oder es fehlen plötzlich Zutaten, sodass ein Posten nicht rechtzeitig mit seinen Bestellungen fertig wird, wodurch er massiv Ärger mit dem Küchenchef bekommt. Das »Alle gegen alle« ist eine beliebte Spielart am Herd. Aber mit so einer zerfaserten Truppe lassen sich keine Schlachten gewinnen.

Es gibt immer wieder Nachfragen von Leuten, die unbedingt mal die Küche sehen wollen, aber die Antwort heißt generell: Nein! Fängt man das einmal an, kann man den Betrieb gleich einstellen, weil dann einer nach dem anderen herumgeführt werden will. Das ist ein eigenes Reich, dessen Grenzen zu akzeptieren sind. Nur in absoluten Ausnahmefällen, die man an einer Hand abzählen kann, lassen wir Leute mal einen Blick hineinwerfen, sehr enge Freunde des Hauses oder andere Köche vielleicht, die sich fragen, wie man so viele Essen überhaupt bewältigen kann, zumal in einer – für einen Profi – doch nicht übermäßig großen Küche. Für einen Laien dagegen, der an seine Küche zu Hause denkt, ist der Anblick von so einer Produktionsstätte eher ein Schock, den wir vermeiden wollen. Riesige Stapel von Geschirr überall, die Hitze, der Krach, die Hektik – das überfordert die meisten. Und, auch nicht unwichtig: Die Köche hassen es, bei der Arbeit begafft zu werden.

Eine der Ausnahmen, die gerne vorbeischauen durfte, war die österreichische Fernsehköchin Sarah Wiener. Sie wollte wissen, wie unser Wiener Schnitzel entsteht. Das hat der Crew schon etwas geschmeichelt – sie haben es ihr also gezeigt und sie gleich ein Borchardt-Schnitzel machen lassen. Sie war völlig begeistert – und die Jungs von ihr noch mehr.

Ausnahmezustand

Wenn in der Stadt viel los ist, zum Beispiel zur Fashion Week, zur Berlinale oder Ähnlichem, herrscht in der Küche der Ausnahmezustand. Das sind Tage, auf die man sich besonders freut, aber vor denen auch alle Ehrfurcht und großen Respekt haben. Man weiß, es wird hart, man weiß, danach ist man kaputt, aber es gibt kein schöneres Gefühl, als diese Prüfung mit Bravour zu meistern.

Wenn fünfhundert oder gar achthundert Reservierungen vorliegen, spürt man bereits Tage vorher fiebrige Konzentration in der Küche: Ist alles bedacht, alles perfekt vorbereitet, jede Eventualität erwogen und jede mögliche Katastrophe durchdacht worden?

An so einem Tag müssen alle mit Höchstgeschwindigkeit arbeiten, selbst die Spüler müssen schneller spülen. Wichtig ist, dass kein Chaos ausbricht, sich keine Unordnung breitmacht, dann wäre alles verloren. Die Küche gleicht in solchen Momenten einem sorgsam choreografierten Spitzenballett, kraftvoll und elegant zugleich, das nicht aus dem Takt gebracht werden darf, weil allein der ungestörte Rhythmus alle in ihrem vielgliedrigen Nebeneinander unbeschadet durch das lange und hochkomplexe Stück trägt.

Wichtig ist bei einem Großereignis eine effiziente Kartengestaltung. Sie muss etwas kleiner als im Alltag sein, damit die

Küche das Programm organisatorisch überhaupt bewältigen kann. Wenn alles frisch sein soll, darf die Karte nicht dick wie ein Telefonbuch sein. Deswegen wird das Angebot zu Gunsten der etwas weniger aufwändigen Gerichte zurückgefahren. Je mehr Reservierungen, desto kleiner die Auswahl, dann fallen eben zwei, drei kompliziertere Gerichte weg, Côte de Bœuf zum Beispiel. Das ist ein großes, sehr gutes Stück Fleisch für zwei Personen. Das wird tranchiert, am Tisch präsentiert, wieder tranchiert, angerichtet auf zwei Tellern mit verschiedenen Beilagen, das alles braucht viel Zeit, die auch die Kellner an solchen Tagen nicht haben. Allein das 1,2 Kilogramm schwere Stück Fleisch braucht eine halbe Stunde im Ofen extra, bis es fertig ist, das hält den ganzen Betrieb unnötig auf.

Die Herausforderung für den Küchenchef ist es, die Karte immer so zu gestalten, dass es sein Team gerade noch schafft. Sollte die Küche bei laufendem Betrieb feststellen, dass sie ihre Grenzen erreicht hat, nimmt sie im Notfall auch während des Tages oder Abends ein Gericht von der Karte. Das ist aber nur statthaft, wenn die Küche kurz vorm Kollaps ist oder das Produkt Probleme bereitet. Das passiert übrigens immer wieder mal, wenn man mit frischen Produkten arbeitet, auch an ganz normalen Tagen, nicht nur wenn es proppenvoll ist. Einmal hatten wir beispielsweise eine sehr ordentliche Entenleberterrine gemacht. Aber nach einer halben Stunde wurde die plötzlich weicher und weicher, ohne dass jemand den Prozess stoppen konnte. Die ersten Bestellungen verließen die Küche noch normal, aber in kürzester Zeit war klar, das geht überhaupt nicht mehr. Also hat der Küchenchef den Kellnern gesagt, stopp, keine Order mehr annehmen, sagt ihnen, die Terrine sei aus. »Und wenn sie fragen, warum? Darum!«

Manchmal erlebt man bei Riesenevents trotz jahrelanger

Erfahrung einen Engpass, der noch nie da war und den man deswegen auch nie erwartet hat. Vor einigen Jahren sind uns während einer Berlinale-Nacht tatsächlich die Teller ausgegangen, zum allerersten Mal überhaupt. Im Borchardt ist jederzeit so viel Geschirr unterwegs, dass eigentlich immer genug Reserve übrig sein sollte. Und dann plötzlich: kein einziger Teller mehr da. Eine Riesenkatastrophe. Ohne Teller kannst du die Arbeit einstellen. Über tausend im Bestand und kein einziger frei, weil der Laden überquillt. Sardineneng sitzen und stehen die Gäste da, Hunderte, ein ununterbrochenes Kommen und Gehen – und dann hast du keine Teller mehr. Sensationell. Und natürlich irgendwie auch überaus peinlich. Wir hatten einfach niemals damit gerechnet, dass uns die ausgehen können, so schnell konnte man die einfach nicht sauber kriegen, obwohl wir zusätzlich zu den Maschinen auch noch mit der Hand gespült haben. Nach dieser Nacht haben wir den Bestand auf zweitausend erhöht.

Daran sieht man, dass selbst bei vermeintlichen Routine-Einsätzen, die man sicher im Griff zu haben glaubt, an unverdächtigen Stellen unvermittelt kritische Punkte sichtbar werden können, wo zuvor noch nie welche zu entdecken gewesen waren – und sei es beim Geschirr. Es wird eben nie langweilig.

Am Geschirr lässt sich nebenbei bemerkt auch ganz gut zeigen, mit was für bizarren bürokratischen Vorschriften jedes Restaurant zu kämpfen hat. Bevor die schmutzigen Teller, Tassen und Schüsseln in die Geschirrspülmaschinen gestellt werden, müssen sie vorgereinigt werden. Das heißt, die Essensreste werden abgeschabt und die Teller mittels Handbrause vorgespült. Damit entfernt man die Eiweißreste der Speisen. Das geht ausschließlich mit kaltem Wasser. Warmes oder sogar heißes Wasser, wie es die meisten von zu Hause kennen, löst das Eiweiß nicht, im Gegenteil, dadurch wird es in den Teller eingebrannt, tief und fest, und dann geht es nicht mehr ab. Die Vorwäsche darf deswegen unbedingt nur mit kaltem Wasser erfolgen, sonst kann man sie gleich vergessen. In der Spülmaschine dagegen braucht es anschließend Wassertemperaturen von etwa 95 Grad, hier und nur hier, muss das Wasser so heiß wie möglich sein, vor allem im Nachspülgang.

Manche Spüler brauchen eine gewisse Zeit, bis sie das mit dem kalten Wasser verinnerlicht haben. Wenn sie neu sind, denken sie wie mancher Laie draußen, je heißer, desto besser, wird sich schon irgendwie auflösen oder wegbrennen. Nur wenn es richtig brutzelt, kriege ich doch den ganzen Siff weg, das ist oft die Devise, die trotz bester Absichten zu einem unbefriedigenden Spülresultat führt.

Wie wohl kaum anders zu erwarten, gibt es eine völlig sinnlose Vorschrift der deutschen Behörden für diesen Posten in der Küche, was zur Verwirrung beiträgt. Die Bürokratie in ihrer grenzenlosen Weisheit verlangt ausgerechnet an der Stelle, an der heißes Wasser nicht nur überflüssig, sondern sogar schädlich ist, nach bester deutscher Ämterlogik – beziehungsweise mittlerweile nach meist noch schlimmerer EU-Logik – selbstverständlich auch einen extra Heißwasserzufluss. Dass so mancher Novize denkt, heißes Wasser ist bestimmt richtig, sonst wäre hier ja keins, ist niemandem zu verdenken, die herrschende Bestimmung lässt kaum einen anderen Schluss zu.

Macht man die fürsorglichen Beamten bei Kontrollen vor Ort darauf aufmerksam, zucken die nur hilflos mit den Schultern, weil sie natürlich auch wissen, dass hier nur kaltes Wasser hilft, das sind ja in ihrem Fach Experten, die Regeln können sie trotzdem nicht ändern. Man ist beinahe versucht, nach solchen Prüfungen den Heißwasserzugang sogleich abzuklemmen, damit nicht irgendeine Aushilfe aus Versehen wieder mit dem Siedeprogramm an die Teller geht und die Eiweißreste in der Vorwäsche einmal schön heiß auf dem Porzellan verewigt – der aufmerksame Beobachter sieht das den falsch behandelten Tellern leider auch an. Das ist zwar hygienisch kein Problem, aber trotzdem nicht schön.

Seit vielen Jahren schwören wir übrigens vor allem auf unsere afrikanischen Spüler, die der Küchenchef liebevoll seine »Afrikanische Mafia« nennt, weil sie so perfekt organisiert sind, dass man immer nur mit jeweils einem reden muss, egal mit wem, der dann alle informiert. Sie sind extrem fleißig, absolut zuverlässig und sehr loyal. Kann einer von ihnen kurzfristig nicht, weil er krank geworden oder plötzlich verhindert ist, organisieren die anderen aus eigenem Antrieb sofort eine Aushilfe, und zwar eine, die alle erforderlichen Papiere hat, weil sie wissen, dass etwas anderes nicht akzeptiert wird. Auch bei längeren Abwesenheiten Einzelner steht adäquater Ersatz immer bereit, wenn nötig auch in Gruppenstärke, das ist wirklich phänomenal.

Sehr viele von diesen netten Jungs haben deutsche Freundinnen, von denen wiederum sehr viele sehr blond sind. Das wissen wir nicht, weil sie stolz ihre Fotos herumzeigen, sondern aus diversen Treffen mit diesen Partnerinnen, denn wenn es irgendwas zu besprechen gibt, tauchen die oft auf und wollen alles für unsere Spüler regeln. Das ist nicht bei allen der Fall, aber doch bei vielen. Daran haben wir uns schnell gewöhnt. Das läuft alles sehr professionell und problemlos ab, und wenn sich die Jungs sicherer fühlen, wenn das ihre Frauen in ihrem Namen verhandeln, soll uns das nur recht sein.

In der Küche sprechen sie leicht spöttisch von der »Show«, die die Kellner »draußen« aufführen müssen. Das Lächeln, das Freundlichsein, das leicht Exaltierte, das die Servicekräfte zu einem gewissen Maße mitbringen sollten, halten die Küchenleute für mehr als nur leicht bedenklich. Sie verstehen zwar, dass diese Eigenschaften zur Stellenbeschreibung im Gastraum gehören, aber sie selbst würden das nie machen wollen. Auf der Bühne vor Publikum braucht es andere Talente als hinten im Maschinenraum. Nach Meinung der Köche sind Kellner halbseidene und unseriöse Gestalten, die ohne Zögern ihre eigene Mutter verkaufen und ihr dabei auch noch gut zureden würden.

Aber der eine Teil funktioniert keine Sekunde ohne den anderen – auch wenn das gerne verdrängt wird. Die Küche ist vor allem von den Informationen der Kellner abhängig. Wenn der Küchenchef dreihundert oder vierhundert Essen an einem Abend rausschickt und praktisch keine Reklamation erhält, war das ein sehr guter Abend und das beste Feedback, das er sich wünschen kann. Sind zusätzlich die Teller leer, hat er wohl alles richtig gemacht. Gibt es Probleme oder kommt ein Gericht halb zurück, will der Chefkoch sofort wissen, was los war. Meist ist etwas zu groß, das Wiener Schnitzel etwa, Frauen mit kleinen Mägen kapitulieren regelmäßig davor, aber da der Chef de Cuisine nicht sieht, wer was bestellt hat, fragt er nach.

In der Hektik des Geschehens kann die Küche nicht kontrollieren und beurteilen, ob die Servicekräfte die Dinge aus dem Gastraum korrekt vermitteln, ob sie die Lage angemessen beurteilen und ob eventuelle Beschwerden tatsächlich im

Essen begründet sind – oder ob nicht der Kellner die Bestellung verbockt hat und sich jetzt hinter dem Gast versteckt, genauso wie er draußen vor dem Gast alle auftauchenden Probleme möglicherweise auf die Küche abwälzt: Hätte das Steak beispielsweise medium sein sollen, aber der Kellner hat aus Versehen durch boniert, wird er am Tisch eventuell behaupten: »Sorry, aber ich hatte es richtig gemacht, die in der Küche waren es.« Und in der Küche wird er womöglich sagen: »Keine Ahnung, was der Gast hat, jetzt ist ihm das Fleisch doch zu durch.«

Da die Kontrollmöglichkeiten der Küchencrew nicht zuletzt wegen der fehlenden Zeit begrenzt sind und sie generell die Fehler der Kellner ausbaden muss, weil also die Küche in diesem Spiel objektiv benachteiligt ist, sind die meisten Küchenchefs schnell latent oder offen aggressiv und würden mindestens einmal im Monat gerne einen Ritualmord an einer Servicekraft verüben.

Ein Kellner verfolgt manchmal seine eigenen Interessen. Er wird beispielsweise versuchen, möglichst jeden Sonderwunsch zu erfüllen, nicht zuletzt, weil er sich dadurch ein höheres Trinkgeld verspricht. Möchte der Gast ein Gericht anders als auf der Karte aufgeführt, ist der Kellner gerne bereit, diese Abweichung zu ermöglichen, das bedeutet für ihn keine Mehrarbeit, er gibt die Wünsche ja lediglich weiter. Ist die Küche aber bereits ausgelastet, erhöht jeder Sonderwunsch, jede Abweichung von der Norm, die der Servicemann nach hinten durchreicht, den Druck am Herd, weil er zusätzliche Schritte bedeutet. Ein guter Kellner sollte merken, wann die Küche am Limit arbeitet, und versuchen, in einem solchen Moment die besonderen Begehrlichkeiten besser zu managen.

Haben die Köche den Eindruck, ein Kellner missachtet ihre Ansagen und Bitten und setzt immer noch einen drauf, kann es passieren, dass unser Küchenchef plötzlich wie eine Rakete hinter dem Pass hervorgeschossen kommt und den Kollegen zusammenstaucht oder aus der Küche schmeißt. Wer die Nöte der Küche ignoriert, wer öfter Bestellungen falsch weitergibt, wer Essen regelmäßig zu spät abruft und wer den falschen Ton anschlägt, macht sich extrem unbeliebt. Und das kann weitreichende Konsequenzen haben.

Eskaliert die Lage, wird die Küche nach den Gesetzen ihrer eigenen Wahrscheinlichkeitsrechnung und Relativitätstheorie (relativer Anteil der »falschen«, also irgendwie beanstandeten Bestellungen des einen Kellners im Verhältnis zu den der anderen) gegen einen solchen nachlässigen oder faulen Kollegen zurückschlagen und der Servicekraft das Leben sehr schwer machen: Ihre Bestellungen werden nicht mehr oder nur noch sehr schleppend bearbeitet, Teile ihrer Order werden falsch verstanden oder schlichtweg vergessen, Gerichte an den gewünschten Bratstufen vorbeiproduziert, Kleinigkeiten fehlen; oder man lässt den Kellner hängen, etwa wenn er bei einer größeren Runde ein Essen vergessen hat und darauf drängt, dass die Küche diese Bestellung schnell vorzieht, damit der eine Gast sein Gericht nicht viel später als alle anderen bekommt, und die Küche sich damit extra viel Zeit lässt – es ist eine wirksame Politik der kleinen Nadelstiche, denn der Kellner muss jedes Malheur dem Gast erklären, was der nicht lustig findet und was in der Regel die Trinkgeldhöhe dieses Mitarbeiters beeinflusst. Aber wer so viele Fehler macht und sich partout nicht verbessern will, der versaut auch den Menschen am Tisch den Abend, er ist für alle eine Belastung – und wird deshalb im Team nicht lange überleben.

Fühlt sich die Küche zu einem bestimmten Zeitpunkt generell zu sehr unter Druck, könnte sie versucht sein, Bons einfach wegzuschmeißen und somit ganze Bestellungen zu ignorieren. Werden sie gefragt, behaupten sie unschuldig, bei ihnen sei gar kein Bon angekommen, der sei gar nicht gedruckt worden. Das ist gängige Praxis. In unseren Läden haben wir diese Möglichkeit ausgeschaltet: Im System erscheint sofort ein grüner Haken hinter der Bestellung, wenn der Drucker den Bon ausspuckt. Natürlich gibt es immer mal die Möglichkeit, dass sich die Rolle aufwickelt, aber dann ist trotzdem der Bon nachweisbar. In Küchen mit anderen Bestellsystemen gehört das Verleugnen dieser Belege mit zu den normalen Tricks aus der sehr großen Trick-Kiste.

*

Die Arbeit in der Küche ist in keinster Weise mit dem Kochen am heimischen Herd vergleichbar. Jeder Teller, jedes Gericht, das rausgeht, ist das Ergebnis eines genau abgestimmten, höchst arbeitsteiligen Produktionsprozesses. Jeder Posten steuert seinen Teil dazu bei: der Saucier das Fleisch, der Entremetier die Beilagen, der Gardemanger den Salat. Die Kunst ist es, dass alle auf den Punkt genau für diesen einen Teller die beste Qualität abliefern, in der Sekunde, in der er vor ihnen steht, insbesondere, wenn mehrere Essen für einen bestimmten Tisch zeitgleich fertig werden müssen.

Ist der Teller fertig, muss er schnellstmöglich zum Gast. Eine besonders brenzlige Situation aus Küchensicht entsteht deswegen vor allem, wenn die fertigen Essen nicht abgeholt werden. Die Teller stehen dann am Pass unter Warmhaltelampen, um von den Kellnern zu den Tischen getragen zu werden. Die Klingel des Küchenchefs ist das Signal für den

Service, die Bestellungen jetzt abzuholen. Jede Verzögerung bedeutet unweigerlich einen Qualitätsverlust der zubereiteten Speisen – die Temperatur stimmt nicht mehr, das Fleisch und schneller noch der Fisch werden trockener, die Optik verändert sich. Das führt zu großem und nachvollziehbarem Frust bei den Köchen. Denn wenn die sich beispielsweise bemüht haben, den verlangten Fisch auf den Punkt genau zu braten, wir nennen das »in der Mitte glasig«, was eine hohe Konzentration und ein feines Fingerspitzengefühl erfordert, da man ja nicht in den Fisch hineinsehen kann, und wenn sie dann merken, dass das Ergebnis ihrer Bemühungen verloren am Pass steht und weiter durchzieht, wenn also klar wird, dass die ganze vorherige Anstrengung, ihre Arbeit an diesem Fisch durch diese Verzögerung praktisch umsonst war und sie sich das punktgenaue Braten hätten sparen können, dann werden die natürlich wütend. In den Anfangsjahren ist Philippe in solchen Situationen ein, zwei Mal richtig ausgeflippt und hat irgendwann einen ganzen Schwung Teller am Pass mit einer einzigen Wischbewegung auf den Boden geräumt. Schnitzel, Steaks, Bouillabaisse, egal, alles stürzte auf die Fliesen, ein Riesenlärm, ein Schock, aber die Message hatten alle kapiert.

Stapeln sich die Teller am Pass, hat die Küche noch ein anderes radikales Mittel, die Kellner auf Trab zu bringen: Der Koch stellt praktisch den Betrieb ein. Nach dem Motto, wenn ihr es nicht mehr schafft, unsere fertigen Essen zum Gast zu bringen, brauchen wir auch keine weiteren Bestellungen zu bearbeiten. Dann machen sie einfach ihren Drucker aus und nehmen keine Bons für neue Bestellungen mehr entgegen. Das heißt für die Kellner, die das erst nach einiger Zeit merken, noch mehr Stress, unzufriedene Gäste und bye-

bye Trinkgeld. Für den Service und den Laden keine schöne Situation. Dann hüpfen alle herum wie aufgeregte Hühner, bis auch dem Allerletzten klar wird, dass der Pass schleunigst abgeräumt werden muss. Bringt der Service die Küche in so eine Notlage und ich bekomme das mit, sorge ich mit aller Macht dafür, dass die Essen zu den Tischen kommen. Was nutzt die effizienteste und beste Küche, wenn nichts zum eigentlichen Adressaten getragen wird?

Wie in allen großen Läden üblich, haben wir bei uns extra die Position des Passmanns besetzt, der auch deeskalierend wirkt. Normalerweise steht auf der Küchenseite der Küchenchef und auf der anderen der jeweilige Kellner. Bei uns steht dort dieser Mittelsmann, damit Kellner und Küchenchef nicht direkt miteinander reden müssen, ihre Kommunikation muss auf das Allernötigste reduziert werden, jedes Wort zu viel stört, für Geschwätz ist an diesem neuralgischen Punkt keine Zeit und kein Platz. Der Passmann sortiert die Bons, bevor sie in die Küche gehen, nur er redet in der Regel mit den Kellnern und dem Küchenchef. Er sorgt auch dafür, dass Tische mit mehreren Personen ihr Essen gleichzeitig kriegen. Er muss alle Spielchen kennen, er muss den Überblick behalten, er muss die Küche vor falschen Anschuldigungen von Kellnerseite schützen. Da aber jeder in der Kette weiß, dass jede noch so kleine Reklamation gemeldet werden muss und von uns bis in das letzte Glied verfolgt wird, mindert das schon erheblich die Bereitschaft, Storys zu erfinden. Es ist allen bekannt, dass wir im Zweifelsfall auch mal direkt beim Gast nachfragen.

Wenn man das nicht so organisiert, gehen die sich schnell mal gegenseitig an die Gurgel. An vollen Abenden haben wir mehr als ein Dutzend Leute im Service draußen und genauso viele in der Küche, das ergibt die theoretische Möglichkeit von sehr vielen Missverständnissen und Schuldzuweisungen, an deren Ende ohne solch einen Puffer nur ein Ergebnis stehen würde: Sodom und Gomorrha. Der Passmann organisiert, moderiert und lenkt die Energie in produktivere Bahnen.

5. Die Gäste

Gut mischen, richtig platzieren

Ein gutes Restaurant ist ein besonderer sozialer Raum, wie man ihn selten findet. Hier sitzen nicht nur Hungrige und Durstige auf wenigen Quadratmetern nebeneinander, sondern zugleich Normale und Verrückte, Hoch- und Tiefstapler, Erfolgreiche und Erfolglose, Intellektuelle und Geldzähler, Künstler und Biedermänner. Menschen, die sich sonst vielleicht eher selten oder auf jeden Fall selten *bewusst* treffen würden, Zirkel, die einander eigentlich meiden, Vertreter von Altersstufen, die woanders kaum Berührungspunkte haben, Berufsgruppen, die sich vielleicht gegenseitig verachten – so entsteht eine Mischung, die jeden Abend das Zeug zu neuem Romanstoff hat. Tragödie, Drama, Komödie, Kammerspiel, es ist alles da, man muss nur genau hinschauen. Wer die kleinen Zeichen zu lesen versteht, wer Gesten und Blicke richtig einschätzen kann, wer genau hinhört, der lernt hier alles über die menschliche Spezies, von Genuss und Freude, Gier und Hochmut bis hin zu Freundschaft und Hinterlist.

Es gibt Gäste, die alleine essen gehen, weil sie Spaß an einer lebhaften Kulisse haben, auch wenn sie selbst ihr Alleinsein beim Essen genießen, die gehören natürlich auch dazu. Wer aber ein Restaurant aufsucht, um möglichst abgeschottet zu sein, und an diesem Tag keinen Menschen sehen will, der ist zumindest bei uns falsch, dafür gibt es möglicherweise andere Läden, wo man dieses Ziel besser erreichen kann. Ideal ist, wenn jede Partei mit sich beschäftigt ist, aber trotzdem jederzeit Kommunikation zwischen den Tischen entstehen kann, das ist die Grundlage für ein besonderes Restauranterlebnis. Jeder muss auf seine Art etwas zum Gesamtarrangement beisteuern, nicht bloß konsumieren: Wenn du Leute hast, die andere nur anstarren oder wie tote Fische am Tisch sitzen, ohne sich zu unterhalten, entsteht eine unangenehme Atmosphäre.

Natürlich spielen auch im Gastraum die Gesetze der Echtwelt eine gewisse Rolle, etwas anderes anzunehmen wäre naiv. Trotzdem definiert das Restaurant automatisch eine neue Wirklichkeit, in der Wahrnehmungen und Relevanzen verschoben werden, das Restaurant fordert, wenn man so will, spezifische Eigenschaften von seinen Gästen, die jeder mitbringen oder meinetwegen auch entwickeln kann, ungeachtet seiner Herkunft und Ausbildung, das macht es so spannend. Denn auch wer »draußen« ein angesehener oder gar bekannter Mensch sein mag, muss »drinnen« deswegen nicht unbedingt ein Stimmungsaufheller sein. Man kann es vielleicht mit der Situation bei einem privaten Dinner vergleichen: Was habe ich als normaler Gast davon, wenn neben mir am Tisch, sagen wir, ein berühmter Künstler sitzt, der aber leider ausgerechnet an diesem Abend schlechte Laune hat und eine Ausstrahlung wie ein Stück Beton – habe ich dann eine gute Zeit, hebt das meine Stimmung irgendwie? Würde ich nicht automatisch lieber am anderen Tischende sitzen, bei denen, die sich glänzend zu amüsieren scheinen, von denen gute Stimmung ausgeht, ein ansteckender euphorischer Zauber, auch wenn ich sie nicht kenne? Genauso ist es in einem Restaurant. Und deswegen werden hier die Karten jedes Mal neu gemischt.

An einem typischen Abend hast du vielleicht an einem Tisch den gut aussehenden Charmeur, der auf jeder Party erscheint und stadtbekannt ist und sich mit Titeln und Taten schmückt, von denen niemand weiß, was sie genau wert sind. Aber der sieht gut aus, der ist lustig, der weiß, wie man sich zu benehmen hat und wie man Frauen um den Finger wickelt. Er strahlt so einen Optimismus und so einen Tatendrang aus, dass niemand ahnt, wie gerne er mehr Einfluss hätte und wie sehr er sich nach der Anerkennung von denen sehnt, die ihn bei vielen Events ihrerseits heimlich um seine jugendliche Ausstrahlung und seine Wirkung auf Frauen beneiden. Ab und zu taucht unser Charmeur vielleicht in einem Boulevard-Medium auf, hier und da schafft er es, sich ins Bild zu rücken, auf jedem größeren Event sieht man ihn in der Nähe der Kameras, nahezu jeder kennt ihn, jeder grüßt ihn, er gehört dazu wie nur wenige sonst. Er selbst jedoch weiß, dass er im Grunde damit noch nirgendwo angekommen ist. Aber im Restaurant zählt das kaum noch, denn hier trumpft er mit seinem ansteckenden Humor und seiner Lässigkeit auf, hier ist er der glänzende Unterhalter, der mit Leichtigkeit und Witz fasziniert. Immer wieder sieht man ihn mit sehr attraktiven Frauen, mit klugen Frauen, mit Frauen, die nicht selten genau für die Männer arbeiten, von denen unser Charmeur gerne einer wäre.

Und ein paar Tische weiter sitzt vielleicht einer, auf dessen Wort man wirklich hört, ein schlauer Kopf, der von außen betrachtet alles hat, was zu einem erfolgreichen und auch erfüllten Leben gehört. Unauffällig mustert er ab und zu den Charmeur, den er ob seiner offensichtlichen sozialen Gaben und der attraktiven Begleitung aufrichtig beneidet. Gerne wäre er manchmal ein bisschen wie der, ein bisschen lustiger, ein bisschen lockerer – beliebt bei den Frauen.

Zwischen den beiden Männern liegen Luftlinie nur ein paar Meter aber vielleicht diverse unerfüllte Träume. Ein gutes Restaurant braucht den einen genau wie den anderen und behandelt beide gleich gut. Denn nur aus diesem Gemisch, aus dieser latenten Spannung, aus diesem Nebeneinander entsteht manchmal eben exakt die Stimmung, die aus einem ganz normalen Abend plötzlich einen besonderen macht.

Das Wichtigste ist deshalb immer die Mischung der Gäste, nichts ist schlimmer als Homogenität, nichts ist tödlicher für die Atmosphäre in einem Restaurant. Manche mögen lieber gleichförmige Umfelder, mich langweilt das zu Tode. Zu viele Anzugträger sind genauso falsch wie zu viele Tätowierte. Und wenn man einen gewissen Überhang an einem Abend nicht vermeiden kann, kommt alles darauf an, wo man wen hinsetzt, damit diese eine Gruppe nicht das Bild oder das Geschehen dominiert. Am besten ist ein buntes Gemisch, sozusagen von Alice Schwarzer bis Dolly Buster. Ich möchte in keinem Laden sitzen, in dem du nur Politiker hast, oder nur Künstler oder nur Blondinen – oder überhaupt keine. Es muss ein Abbild des echten Lebens sein, und da gehören Politiker und Künstler genauso zu wie Freaks und Normalos, Manager und Blondinen. Jeder Eindruck von Gleichförmigkeit, von Enge, von Begrenzung sollte vermieden werden, das führt sofort zu Beklemmungen und zu einer engstirnigen Wohnzimmeratmosphäre, die einem Gefühl von urbaner Gastronomie widerspricht. Aus jeder Ecke etwas, das ist die ideale Situation.

Ich weiß, wovon ich rede, denn ich habe die unterschiedlichen Welten und Szenen kennengelernt, da bin ich auf Schlaue und Stumpfköpfe gestoßen, auf Idioten und Freunde,

Punks und Prolls, ich habe eine Kfz-Lehre gemacht, war für diverse Studiengänge eingeschrieben, ich lebte mit Hippies auf einem Bauernhof und habe in Bielefeld kurzzeitig in einer Knacki-WG gewohnt. Mein Fazit aus diesen sehr unterschiedlichen Erfahrungen ist einfach: Ob jemand okay ist, ob man mit jemandem gut auskommt, ist in 99,9 Prozent der Fälle eine Charakterfrage oder Herzensangelegenheit, nur zweitrangig eine Bildungsfrage, ganz bestimmt aber keine Status- oder Geldfrage. In jeder Szene, wenn man sie denn so nennen will, gibt es den gleichen Prozentsatz an Netten, an Schleimern, an Zuverlässigen, an Hilfsbereiten, das lernt man schnell. Schwierig sind Monokulturen, egal ob du eine Knacki-Monokultur hast oder eine Punker-Monokultur oder eine Schickimicki-Monokultur, du musst interessante Typen aus jedem Lebensbereich im Laden haben, das ist für alle ein Gewinn.

Berlin bietet sich für diese Idee von Gastronomie an wie kaum eine andere deutsche Stadt, weil Toleranz und Heterogenität hier zu Hause sind. Hier kannst du mit einem Anzug in einen Punk-Laden gehen, ohne sofort angepöbelt zu werden, hier mischen sich soziale Schichten viel schneller als anderswo, hier spielen Alter, Beruf und Geld weniger eine Rolle. Entscheidend ist nur, ob die anderen dich mögen oder nicht. Die andernorts übliche und langweilige Standardfrage, mit der Fremde deine Verwertbarkeit für ihr Leben testen wollen: »Was machst du so beruflich?«, hört man in Berlin eher seltener. Zumindest war das lange so und ist in weiten Teilen der Stadt auch immer noch so.

In den vergangenen Jahren hat es auch in Berlin stellenweise Tendenzen zu ein bisschen mehr Chichi, ein bisschen mehr Dünkel und ein bisschen mehr Abschottung gegeben, vielleicht weil sich manche Zugezogene nach einer Atmosphäre sehnen, die sie von Zuhause kennen, aber der Kern von Berlin, die Offenheit, die Neugier, die Toleranz, also der eigentliche Spirit, um den uns viele beneiden und wegen dem viele überhaupt nur hierherkommen, der wird das alles überstehen.

Völlig falsch ist es, bei der Gäste-Mischung nur auf den Umsatz zu schielen, das wird schnell sehr langweilig und kontraproduktiv. Wer so denkt, sollte seinen Laden gleich wieder zu machen. Entweder haben alle eine gute Zeit, dann kommt der Umsatz irgendwann sowieso automatisch, oder etwas stimmt nicht, dann läuft es eh nicht. Wer weniger konsumiert, steuert aber mit seiner Art vielleicht viel mehr zum Gesamtarrangement des Abends bei als eine Truppe, die zu einem Geschäftsessen gezwungen worden ist, auf das im Grunde genommen keiner von ihnen Lust hat, und die sich und alle anderen bei teuerstem Champagner unter Umständen tödlich langweilt und deswegen nur herumglotzt, um zu sehen, ob an den anderen Tischen mehr los ist als bei ihnen.

Im Borchardt sind wir grundsätzlich und aus tiefster Überzeugung offen, nur so kriegen wir die Atmosphäre hin, die uns allen Spaß macht, das ist Gastronomie nach unserem Geschmack. Wer zum Essen kommt, kommt hier immer rein. Wer nur zum Gaffen kommt, eher nicht. Wer in Ballonseide vor der Tür steht oder vorne nach Pommes rot-weiß fragt, ist hier möglicherweise im falschen Lokal und wird sich ohnehin nicht so wohl fühlen, allerdings kommt es wirklich, und das meine ich völlig ernst, auf den Einzelfall an.

Die oft gestellte Frage »Habt ihr viele Touristen?« würde ich ja gerne beantworten, wenn ich sie denn verstehen würde. Für einen echten Hardcore-Szene-Berliner, der selbst womöglich gerade erst hierher gezogen ist, sind Touristen oft ein Feindbild. Warum das so ist, keine Ahnung. Und was ist überhaupt ein Tourist? Gehört jemand wie der Architekt Helmut Jahn, der in Chicago lebt, aber in Berlin eine Wohnung hat, auch dazu? In der Hauptstadt gibt es wie in jeder richtigen Großstadt sehr viele polyglotte Existenzen, die zwischen zwei oder drei Welten pendeln und die trotzdem unsere Stammgäste sein können. Wenn man in mehreren Städten lebt, schätzt man es sehr, wenn man einen Ort hat, an dem man sich zu Hause fühlt. Das kennt man von sich selbst, wenn man mal länger als nur ein paar Tage weg war oder woanders gelebt hat. Ein Stammrestaurant ist ein wichtiger sozialer Anker für jede Art von Heimatgefühl. So gesehen haben wir auch Stammgäste, die nicht permanent in Berlin leben, aber auf die der klassische Begriff Tourist ganz bestimmt nicht zutrifft.

Was wir in der Regel vermeiden, sind jede Art von großen Gruppen, weil Gruppen das feine soziale Gefüge durch schiere Präsenz augenblicklich zum Kippen bringen können. Sobald eine bestimmte Anzahl von Personen den Raum dominiert, fühlen sich alle anderen unwohler und in ihrer eigenen Freiheit beeinträchtigt. Unter Gruppen verstehen wir nicht zwei, drei befreundete Familien, die zusammen ausgehen, oder ein paar Freunde, die zusammen essen, wir meinen Gruppen, die von ihrer Zusammensetzung her wie ein Block wirken, der stört. Von solchen Ansammlungen geht meist eine seltsame Dynamik aus, weil sie dazu tendieren, Räume zu dominieren, sei es nun eine geballte Ansammlung stiller Versicherungsvertreter oder eine enthemmte Horde Kegelbrüder, die sich wie einst auf dem Pausenhof fühlen. In einem großen Biergarten mag das nicht auffallen, auf der begrenzten Fläche eines Restaurants tut man sich und den anderen Gästen den größten Gefallen, wenn man keine Gruppen zulässt.

Das Borchardt liegt in keiner richtigen Lauflage und ist vielleicht auch nicht unbedingt einladend – die Gardinen sind zu, du siehst nichts, da muss man schon reinwollen. Wir haben je nach Abend zwischen fünfzig und achtzig Prozent Stammkunden. Anonyme Zielgruppen waren nie mein Ideal. Stammgäste und solche, die auf Empfehlung kommen, das ist hauptsächlich unsere Klientel. Aber schon der Raum und die Atmosphäre locken sowieso nur ein bestimmtes Publikum an.

Im Borchardt ist alles auf die Gäste ausgerichtet, das ist der Kern unseres Konzepts – Leute. Darauf fokussieren wir uns, darauf fokussiert sich der Raum, die Einrichtung, alles. Das gastronomische Konzept ist französisch, Vorbild sind die großen Pariser Brasserien wie das legendäre La Coupole, das aber leider schon länger auf Talfahrt ist, seit es von der Flo-Gruppe übernommen worden ist. Wohl alle größeren gastronomischen Einrichtungen in den Metropolen weltweit haben sich daran orientiert, zumindest die frankophilen. Unsere Einrichtung ist aber eher deutsch-kühl, das einzige emotionale Element sind die roten Bezüge. Nichts soll von den Leuten ablenken, weder Kunst an den Wänden noch andere Deko oder das Licht, es gibt keinen Schnickschnack, bloß weiße Tischdecken und schlichte Bänke. Oberhalb der Schulter sieht man praktisch nur die anderen Gäste – wobei die Messingstangen den direkten Blick in die Augen erschweren, abhängig von der eigenen Größe natürlich.

Hier fühlt man sich wohl, wenn man urban gestrickt ist, wenn man Gesellschaft gewohnt ist und mag und neben dem

Essen das Leben inmitten der vielen anderen genießen will. Das ist ein grundsätzlich anderer Ansatz als der urdeutsche Wunsch nach Gemütlichkeit, nach romantischer Abgeschiedenheit und Besinnlichkeit. Deswegen wollen wir auch kein heimeliges, sanft umschmeichelndes Licht, das sich mancher vielleicht wünschen mag, heimelig soll es nicht sein, nicht im klassischen Sinne gemütlich oder urig, das wäre das Gegenteil von großstädtischer Atmosphäre.

Schon öfter gab es übrigens Beschwerden über die angeblich karge Beleuchtung. Die sei furchtbar, heißt es manchmal, meist von Frauen, die sich nicht vorteilhaft ausgeleuchtet fühlen. Wir haben nur indirektes Licht, das in Messing reflektiert wird, dadurch ist es eigentlich sehr warm. Aber bei indirektem Licht gibt es auch einen gewissen Breieffekt, das mag manche irritieren. Licht ist generell sehr wichtig für die Atmosphäre, seine genaue Abstimmung von zentraler Bedeutung. Wir arbeiten mit Lichtcomputern und verschiedenen vorprogrammierten Beleuchtungsstufen, mit denen wir auf die jeweils aktuellen Lichtverhältnisse reagieren können. Klar ist also auch: Wer es lieber kuschelig mag, bleibt automatisch draußen.

Bei uns lenkt zur Hauptzeit auch keine Musik von den Menschen ab. Nur in Ausnahmefällen, etwa wenn es nachmittags leerer ist, läuft die Anlage, damit sich niemand belauscht fühlt. Sobald das übliche Grundtosen anschwillt, verzichten wir darauf, denn entweder ist der Sound so leise, dass ihn niemand hört, oder so laut, dass er sich unangenehm in den Vordergrund drängt. Eine Zeit lang lief immer eine Carla-Bruni-CD, manche sagen, gefühlte zehn Jahre. Nach der Hochzeit mit Sarkozy haben wir sie eliminiert. Es folgten Amy Winehouse und auch mal Michael Bublé oder Till Brönner, seit zwei Jahren ist eine CD von Club des Belugas unser Dauerbrenner.

Die Leute merken instinktiv, das ist ihr Ort – oder er ist es eben nicht. Trotzdem heißt das nicht automatisch, dass jeder, der vor der Tür steht, auch zu einer idealen Mischung passt. Nervige, unverschämte und unerwünschte Gäste gehören bestimmt nicht dazu.

Es gibt Restaurants, die stellen aus Hilflosigkeit präventiv überall Reserviert-Schilder auf, obwohl gar nicht reserviert ist, weil sie glauben, damit eine praktische Ausrede für Gäste zu haben, die sie abweisen wollen. Aber wer mit solchen Schildern arbeitet, bringt den Gast in eine peinliche Situation, weil der sich schroff vor den Kopf gestoßen fühlt. Für viele Gastronomen ist diese Art der Politik die Folge ihrer eigenen Organisationsnöte: Sie haben zu wenig Kellner oder tatsächlich zu viele Reservierungen, auf jeden Fall aber offensichtlich keine Zeit und keinen Willen, dem einzelnen Gast zu erklären, warum für ihn gerade überhaupt kein Tisch oder nicht der gewünschte verfügbar ist. Ein Reserviert-Schild ist die uncharmante und platte Lösung, durch die sich der Abgewiesene völlig zu Recht zu Beiwerk degradiert fühlt, weil es ihm intuitiv zeigt, dass der Gastronom diese Situation nicht aus Kundensicht betrachtet. Das Reserviert-Schild ist ein Dokument des Scheiterns. Man muss jemandem anders klarmachen können, dass Tische nicht verfügbar sind, und zwar so nett und zuvorkommend, dass niemand vor den Kopf gestoßen wird.

Wir sehen beispielsweise in unseren Räumen nicht so gerne irgendwelche obskuren Faktoten oder peinliche It-Leute, die phasenweise durch den Boulevard geschleppt werden. Stehen die plötzlich vor der Tür, versuchen wir, solche Situationen möglichst charmant zu lösen. Die Art, wie du mit Leuten redest und wie du auftrittst, ist dabei schon für sich effizient – und im Notfall findest du eben die Reservierung nicht. Schwieriger wird es, wenn plötzlich ein Stammgast mit einem Diktator vor der Tür steht, dann muss man feinfühlig und flexibel reagieren. Je nach Lage der Dinge ändern sich eben die Koordinaten, was gerade passt.

Einmal war zwar kein Diktator, aber ein weltweit bekannter Kampfstar zu Gast: Jean-Claude Van Damme saß hier, und irgendein Radiosender hatte das mitbekommen und sofort durchgegeben: »Hallo Mädels, eure Chance, der Superman im Borchardt!« Das dauerte nicht lange, da hatten wir hier gut ein Dutzend sehr blonde Blondinen sitzen, die nicht gerade zu unserem Stammpublikum zählen, die aber – was für uns entscheidend war und weswegen wir ganz entspannt geblieben sind – nicht nach Autogrammen gefragt haben. Irgendwie hatten sie es geschafft, an den immer größer werdenden Tisch ihres Idols zu gelangen. Sie waren total verzückt und hibbelig, ihren Star neben sich zu sehen, und eher süß als nervig. Und unser Superman fand es auch sehr, sehr lustig. Die Mädchen waren schließlich so locker, da entstand sogar eine super Stimmung, deswegen wurde das für alle Beteiligten ein unerwartet guter Abend. Er war sogar derart angetan von seinen Verehrerinnen, dass wir den leisen Verdacht hatten, sein Adlatus habe möglicherweise höchstselbst bei der Radiostation angerufen, um auf diese Weise das »blonde Dessert« für den Abend sicherzustellen, was ihm zweifelsohne mehr als gelungen war.

Im Restaurant treffen nicht nur unterschiedliche Menschen, sondern auch deren teilweise höchst unterschiedliche Vorstellungen von »richtigem Benehmen« und den damit verbundenen Ritualen aufeinander. So gibt es eine bestimmte Gruppe von Männern, die insbesondere in Begleitung von Frauen, die sie unbedingt beeindrucken wollen, gerne ein Verhalten an den Tag legen, von dem sie selbst annehmen, es gehöre zu einem »Gentleman« dazu. Und oft ist es ein bestimmter Typus Frau, der sich von solch einer Etikette tatsächlich beeindrucken lässt, weil auch sie glaubt, das gehöre zu »feinem Benehmen« dazu.

Zu absurden Situationen führt die alte Benimmregel, dass alle Männer aufstehen, wenn eine Frau den Tisch verlässt, etwa um auf die Toilette zu gehen. Nur noch ein paar wenige Jüngere finden das schick, sich so zu verhalten. Das kann für den Beobachter äußerst unterhaltend sein. Denn sitzen mehrere Männer und Frauen an so einem Tisch, artet das schnell in absurd anmutende Ballettvorführungen aus. Steht die erste Frau auf, erheben sich alle Männer. Aber noch während sie sich wieder setzen wollen, fällt Frau Nummer zwei natürlich in letzter Sekunde ein, dass sie auch aufs Klo muss oder aber die andere auf gar keinen Fall alleine gehen lassen kann. Also eilt sie ihrer Freundin hinterher, was zur sofortigen Wiederaufstehbewegung der armen Männer führt, die möglicherweise auch noch für Frau Nummer drei und vier ein wenig rauf- und runterzucken müssen. Manchmal sieht man in solchen Runden ein paar arme, gequält dreinblickende Frauen, denen diese ganze Vorführung so peinlich ist, dass sie sich erst gar nicht trauen, auf die Toilette zu gehen, weil sie nicht eine erneute Komplikationswelle in Gang setzen wollen. Und während der eine Teil der Gruppe sich also im lustigen Auf-

und-nieder-immer-wieder versucht, sitzen diese Frauen mit zunehmend verkrampften Gesichtsausdrücken daneben – das ist ein beeindruckendes zivilisatorisches Schauspiel.

Andere Frauen sind besessen davon, das jeweils gerade topaktuelle Tuch des gerade angesagtesten Labels, sei es beispielsweise Hermès oder Chanel, für 400 oder 500 Euro möglichst als Erste zu haben und abends ausführen zu können. In meinem alten Laden in Westberlin hatte einer unserer Gäste darauf einmal die adäquate Antwort. Das war ein Unternehmer mit eigener Modefirma. Der hatte das richtige Tuch immer als Erster, weil er in dem Business die besten Verbindungen hatte. Dem machte es eine diebische Freude, das heiß begehrte Tuch seinem kleinen hässlichen Dackel umzubinden und den Köter damit durch den Laden laufen zu lassen, zum großen Entsetzen all dieser Frauen, die dafür getötet hätten, besonders jetzt diesen Dackel, und die nun aber hilflos mit ansehen mussten, wie ihr Objekt der Begierde an einem behaarten Hundehals spazieren geführt wurde. Das war ganz große Kunst.

Für die Restaurantleiter ist es wichtig, dass sie bestimmte Gäste erkennen, denn auch wenn unser Credo ist, dass wir alle gleich behandeln, macht es die Arbeit leichter, wenn man bestimmte Leute sofort erkennt, damit man von vorneherein besser auf ihre Bedürfnisse eingehen kann. Dazu gehört für prominente Besucher möglicherweise der Wunsch nach etwas Ruhe und Privatheit, also einem diskreteren Tisch oder einer Platzierung nicht direkt neben einer Journalistenrunde. Aber selbst, wenn die Mitarbeiter topinformiert sind, sich in Politik, Wirtschaft und Gesellschaft bestens auskennen, alle relevanten Medien konsumieren und zusammen ein wandelndes Who-is-who sind, kann es immer wieder passieren, dass jemand falsch eingeschätzt oder nicht erkannt wird, oft weniger mit dramatischen als vielmehr eher lustigen oder auch ein bisschen peinlichen Konsequenzen.

Einmal kam ein unauffälliger älterer Mann alleine ohne Reservierung ins sehr volle Restaurant, der Restaurantleiter zögerte einen Augenblick lang, ob er den überhaupt platzieren kann oder nicht, fand aber schließlich einen Platz für ihn. Die ganze Zeit war er sich nicht sicher, ob er den schon einmal irgendwo gesehen hatte oder wie er den jetzt einordnen sollte, aber sosehr er auch sein Hirn zermarterte, er kam nicht drauf, vielleicht, so dachte er sich, verwechselte er den auch mit jemanden. Denn außer, dass er nicht mehr der Allerjüngste war und ihn sehr sympathisch anlächelte, fiel an ihm nichts Besonderes auf. Der aß in Ruhe, ein netter, unauffälliger Gast, der nach dem Essen dem Kellner seine Kreditkarte in die Hand drückte, auf der unten der Name eingeprägt war, natürlich, und als der Kellner dem Restaurantleiter im Vorbeigehen zuraunte, wie der Gast, den sie nicht erkannt hatten, hieß, kam der sehr lange nicht darüber hinweg, dass er es tatsächlich geschafft hatte, Henry Kissinger nicht zu erkennen.

Ähnlich erging es dem Mann, dem ein etwas verwirrter und etwas übereifriger Barkeeper, der damit seine Kompetenzen überschritt, weil der Restaurantleiter gerade nicht am Platz war, nachmittags mal an der Tür sehr entschlossen klarmachte, dass er mit dem Freizeitoutfit, das er anhatte – eine kurze Hose mit Sweatshirt –, unter keinen Umständen in den Laden käme. Das ist aus mehreren Gründen nicht ideal, wie man sagen könnte. Denn zum einen sind wir keine spießigen Kleidungskontrolleure, die irgendwem vorschreiben, wie er gefälligst auszusehen hat, zweitens wird es auch dadurch nicht besser, dass es ein Gast ist, der vielleicht schon einmal da war, dann allerdings in einer dem Kollegen genehmen Hose. Aber Mario Barth nahm die Szene mit Humor.

Erst den Mann nicht erkennen, dann wegen der Kleidung unfreundlich abblitzen lassen und ihm das auch noch sagen – das sind Sternstunden der Gastronomie, die einen davor bewahren, sich auch nur eine Sekunde lang auf irgendeinem vermeintlichen Erfolg auszuruhen. Gerade wenn du glaubst, jetzt läuft es doch ganz gut, kommt irgendwer mit so einer Geschichte um die Ecke, und du kannst noch einmal ganz von vorne anfangen.

*

Neben der richtigen Gästemischung ist die Platzierung ein entscheidender Faktor, hier muss man sehr sensibel und mit großer Vorsicht vorgehen. Selbst wenn man seine absolute Wunschmischung im Raum versammelt hat, kann alles schiefgehen, wenn die falschen Gäste nebeneinandersitzen oder sich bestimmte Menschen benachteiligt oder, noch schlimmer, gestört fühlen. Auch hier kann nichts Fingerspitzengefühl, Erfahrung und Intuition ersetzen, aber ein paar grobe Richtlinien lassen sich schon benennen.

Kommt ein Mann alleine zum Essen, kann man den ruhig neben eine allein speisende Frau setzen. Aber zwei junge, gut aussehende Frauen kann man nicht einfach neben einen einzelnen Mann setzen, weil der sie möglicherweise nach einer Weile ansprechen wird, vielleicht sehr charming, vielleicht aber auch sehr aufdringlich, wogegen sich gerade jüngere Frauen meistens nicht entsprechend genug wehren können, womit du den beiden Freundinnen, die sich einmal in Ruhe unterhalten wollten, möglicherweise den kompletten Abend versaust.

Wenn du zwei Männer an einem Tisch hast und eine Frau erscheint alleine, von der du den Eindruck hast, die langweilt sich möglicherweise und hat nichts gegen ein bisschen Unterhaltung, dann ist das aber andersherum eventuell eine gute Idee, die genau neben die beiden Männer zu platzieren. Will sie aber bewusst alleine ihre Ruhe haben und die Restaurantkulisse genießen, könnte die Tischwahl absolut falsch sein. Hier zeigen sich die Qualitäten eines Restaurantleiters, der das alles in Sekundenbruchteilen erfühlen und beurteilen muss. Die guten entwickeln einen siebten Sinn für ihre Gäste und deren Bedürfnisse – und können im Zweifelsfall sogar sehen, wer mit wem verabredet ist, ohne dass ihnen das jemand gesagt hat.

Auch normale und entspannte Menschen fühlen sich durch laute, auftrumpfende Besucher, die einmal richtig Spaß haben wollen, mit an Sicherheit grenzender Wahrscheinlichkeit extrem genervt, sodass man die möglichst weit voneinander weg positionieren sollte, wobei man eine solche Klientel, ob »Touristen« oder Einheimische, im besten Fall erst gar nicht in die Nähe irgendeines Tisches lassen sollte, weil sie sich bei uns sowieso nicht wohl fühlen würde.

*

Ein Restaurant wie das Borchardt bewegt sich nicht in einem luftleeren Raum, wir sind immer auch ein Spiegel der Gesellschaft. Wer als Extrem-Depp oder Arschloch auftritt, egal ob bekannt oder unbekannt, den versuchen wir uns vom Hals zu halten. Was aber zum Glück unter zehntausend Gästen vielleicht nur einmal vorkommt. Wir prüfen selbstverständlich keine rechtlichen Fragen; ob jemand ein krummes Ding gedreht hat oder nicht, das können und wollen wir nicht beurteilen, aber wir können natürlich aus unserer Perspektive sagen, ob jemand okay ist oder eher nicht. Und wer in unseren Augen nicht in Ordnung ist, aber trotzdem auftaucht, sollte bitte nicht den Eindruck erwecken wollen, er habe bei uns irgendwelche Privilegien. Oft sind es aber gerade solche Leute, die es immer wieder probieren.

Es war vor nicht allzu langer Zeit, ein guter Tag, viele spannende Leute in der Stadt, auch bei uns, das Restaurant brummte, die Leute drängelten sich teilweise schon zu viert an kleinen Tischen, als ich mitten in dem Trubel an exponierter Stelle einen der windigsten Unsympathen der Republik samt nervtötender Begleitung sitzen sah. Zu zweit an einem Sechsertisch. Der Mann hatte sich mit dubiosen Machenschaften in Wirtschaft und Politik einen mehr als zweifelhaften Ruf erworben und drängte trotzdem oder gerade deswegen wie kaum ein anderer mit seiner auch nicht ganz unbekannten Frau in das Licht der Öffentlichkeit. Die beiden thronten in dem proppenvollen Raum entspannt an ihrem großen Tisch und schauten – wohl im vollen Bewusstsein ihrer vermeintlichen Prominenz – huldvoll und leicht angeödet auf das gedrängte Volk. Der Anblick war eine einzige Zumutung und ein unglaublicher Fehler des überforderten Ersatzrestaurantleiters.

Der war an diesem Abend übrigens auf einen billigen Trick hereingefallen. Das Paar hatte natürlich für sechs Personen reserviert und bei seiner Ankunft gleich darauf verwiesen, dass die anderen vier in Kürze kämen, was unser treuherziger Mann an der Tür leider auch geglaubt und nicht als Taktik durchschaut hatte. Es kam, wie es kommen musste, »überraschenderweise« tauchten die anderen nicht mehr auf. So viel

Naivität von unserem Restaurantleiter war fast rührend. Es gibt immer wieder Gäste, die diese Masche (»Unsere Freunde verspäten sich nur ein bisschen«) ausprobieren, weil sie sich dadurch einen größeren und auffälligeren Tisch erhoffen. Spätestens, wenn sie anfangen, ohne die angeblich noch Kommenden ihr Essen zu bestellen, entscheiden wir, was wir tun. Ist es voll, setzen wir sie um, weil wir den Platz brauchen, ist es leer, gibt es keinen Grund dafür.

Wenn aber der Laden aus allen Nähten platzt, ist eine derartige Platzierung eine Beleidigung für alle anderen. Zum einen, weil die Tischwahl unter den gegebenen Umständen wie eine bevorzugte Behandlung aussieht, die wir unabhängig von der Person für niemanden wollen. Zum anderen wirkte in diesem Fall die scheinbare Privilegierung des selbstgefälligen Gernegroß auch noch so, als wären wir solidarisch mit ihm. Wir haben einfach ein paar Plätze, von denen manche glauben, dass sie besonders wichtig seien, weil die Blicke der Eintretenden praktisch automatisch auf diesen Bereich fallen. Und Menschen wie Mr Unsympath gehören zu der Spezies, die auf solche Dinge größten Wert legt und tatsächlich glaubt, sie könnte durch eine bestimmte Platzierung Bedeutung demonstrieren. Denn selbstverständlich war der nicht zufällig hier und hatte sich nicht einfach so um diesen Platz bemüht, dieser Schritt in die Öffentlichkeit in diesen für ihn harten Zeiten war offensichtlich Teil seiner ganz persönlichen PR-Arbeit, der wollte wahrscheinlich ganz bewusst ein bisschen Flagge zeigen, auch bei uns.

Unsere Sympathien für jemanden – oder Antipathien wie diesem Fall von Mr Unsympath – hängen übrigens nicht davon ab, ob derjenige gerade in der Öffentlichkeit umstritten ist oder nicht. Es gibt einfach nassforsche Nachvornedrängler, auf die man lieber verzichten würde, und es gibt andererseits Figuren, die in der öffentlichen Wahrnehmung als »umstritten« gelten, die wir aber bei allen möglichen inhaltlichen Differenzen gerne als Gäste haben, einfach weil sie in Ordnung sind. Überhaupt sind wir mit unseren Stammgästen solidarisch, egal, wie gerade ihr aktueller Wert in der Presse oder Gesellschaft ist. Als Gastgeber fühlen wir uns den Menschen verpflichtet, nicht ihren Funktionen. Im Gegensatz zu der österreichischen oder italienischen Gastronomie, die gerne den Gast mal zum »Professore« oder »Dottore« befördert, gilt diese Art der Huldigung in der deutschen wie auch in der französischen Gastronomie zum Glück nicht viel. Wer mal oben war und plötzlich in der Versenkung verschwindet oder aus der Mode kommt, wird selbstverständlich weiterhin behandelt wie immer. Wen wir »vorher« gerne als Gast hatten, haben wir »nachher« auch gerne als Gast. Loyalität ist ein Wert, den wir großschreiben.

*

Es gibt immer ein, zwei Figuren, die sich an keine Regeln halten wollen und dir deswegen ab und zu Kummer machen, wir nennen solche Leute intern »nicht-Restaurant-kompatibel«. Dazu gehört auch ein Gast, den wir einfach mal als Mr Big bezeichnen wollen – das passt ganz gut, weil dieser spezielle Mensch auch stellvertretend für einen bestimmten Typus gesehen werden kann, der in Restaurants immer wieder mal nervt. In unserem Fall ist es jemand, der bekannt dafür ist, dass er den ganz großen Auftritt liebt, und von dem sich seit seinen Börsenaktivitäten diverse Menschen betrogen fühlen, wie uns Betroffene erzählen, wenn sie bei uns zu Gast sind. Wir sind dabei natürlich neutral. Wir wissen nichts und wollen nichts wissen. Solange sich die Mr Bigs an die Regeln halten, werden sie mir zwar nicht sympathischer, sind mir aber zumindest egal, allerdings schaffen sie es immer wieder, schlechte Laune zu verbreiten, und die kriege ich, wenn ich merke, dass jemand unsere Gäste als Staffage missbraucht.

An einem Abend hatte lovely Mr Big telefonisch einen Tisch reserviert und einen ganz bestimmten verlangt. Bei der Annahme der Reservierung war damit bereits ein eklatanter, unverzeihlicher Fehler gemacht worden, denn: Bei uns kann man keine bestimmten Tische reservieren, das machen wir niemals. Wir machen das nicht, weil wir ein Restaurant sind, in dem Leben herrscht, kein Laden, dessen Plätze nur einmal am Abend besetzt werden. Wir leben vom Wechsel, davon, dass Leute kommen und gehen, hier muss man nicht vier Jahre im Voraus reservieren oder beten, um einen Tisch zu bekommen, und wenn trotz Reservierung mal jemand nicht erscheint, ist das auch kein Beinbruch, und wenn jemand ohne Reservierung kommt, finden wir für den auch noch einen Platz.

Normalerweise ist unser Procedere so: Sagen wir, jemand hat einen Tisch für vier Personen um 20 Uhr reserviert. Dann schauen wir, dass um 20 Uhr möglichst ein Tisch für vier verfügbar ist. Wenn wir sehen, dass in einer Ecke in ein paar Minuten ein Vierer frei wird, ist das der Tisch, den das Quartett gleich bekommen wird. Sollten aber die erwarteten vier Leute um zehn nach acht noch nicht da sein, wird der freie Tisch von der nächsten Gruppe besetzt, und die Reservierer kriegen nach ihrem Eintreffen den Vierer, der dann frei wird. Würden wir bestimmte Tische reservieren, funktionierte dieses Prinzip nicht mehr. Im Übrigen kann ich den Wunsch nach einem bestimmten Tisch absolut nicht nachvollziehen, das ist nicht unsere Art von Dienstleistung. Wir verkaufen Essen, keine Tische.

Die Ernsthaftigkeit dieser Regel wird dadurch unterstrichen, dass wir in gut zwanzig Jahren genau eine Ausnahme zugelassen haben. Der Einzige, der immer denselben Tisch bekommen hat, obwohl er gar nicht darauf bestand, war der leider inzwischen verstorbene Bernd Eichinger. Irgendwie war ihm dieser eine Tisch »am Bein festgewachsen«, wie wir das nennen, irgendwie wurde er immer wieder da platziert, das hatte sich so ergeben, und als uns das auffiel, haben wir beschlossen, beim Eichinger lassen wir das so.

Unser Mr Big hatte von Anfang an das Ziel einer festen Tischvergabe verfolgt, aber darauf sind wir natürlich nie eingegangen, wie immer. Nur an diesem Abend hatte sich der Restaurantleiter anscheinend einschüchtern lassen und ihm einen bestimmten, etwas auffälligeren Tisch reserviert, wo ihn, so hoffte Mr Big, alle sofort sehen und mehr beachten würden.

Es war wieder mal viel los in der ganzen Stadt, jede Menge gute Leute, auch Prominente, waren unterwegs, an unserem Tresen amüsierten sich bereits viele Wartende, deswegen fiel mir bei meinem Eintreffen sofort der eine große leere Tisch auf, der, wie ich vom Restaurantleiter erfuhr, unglaublicherweise tatsächlich für Mr Big freigehalten wurde, der aber leider erst später käme, wie er mit großem Bedauern telefonisch mitgeteilt habe. Ich entschied auf der Stelle, dass der Tisch sofort vergeben wird. Und so geschah es.

Das Perfide an der Aktion war das taktische Kalkül von Mr Big. Der kam ja nicht einfach so zu spät, weil seine Uhr falsch ging oder er einen unerwartet langen Geschäftstermin hatte oder seine Geliebte noch mit ihrer Frisur kämpfte – nein, das Zuspätkommen war Teil seiner sorgfältig ausgetüftelten Show. Deswegen hatte er seit 20 Uhr alle zehn Minuten angerufen, um zu sagen, er werde gleich auflaufen, nur noch ein paar Augenblicke, er sei praktisch schon unterwegs, gleich schon trete er durch die Tür, man solle auf keinen Fall den Tisch weggeben, bloß um die voraussichtliche Ankunftszeit mit großer Entschuldigungsgeste kurz darauf in einem erneuten Anruf noch mal ein paar Minuten nach hinten zu verlegen. Dieses eigentlich leicht durchschaubare Spiel hatte der überforderte Restaurantleiter an diesem Abend leider eben nicht durchschaut, weshalb es sich schon beachtliche neunzig Minuten hinzog, mittlerweile war es halb zehn. Der Plan war natürlich, genau dann im brechend vollen Restaurant aufzutauchen und zu dem einzigen noch freien Tisch zu schreiten, wenn alle entweder schon beim Essen sind oder noch warten, damit er einen möglichst großen Hoppla-hier-kommt-Mr-Big-Auftritt hatte.

Vorne am Tresen standen, wie gesagt, bereits sehr viele Gäste, unterhielten sich gut gelaunt und warteten auf ihre Platzierung, darunter auch zwei sehr bekannte Moderatoren. Es ist wie überall sonst auch im Leben: Die sympathischen Leute machen nie Theater, die Unsympathen umso mehr.

Kommt also Mr Big herein, sieht, dass »sein« Tisch besetzt ist, und brüllt sofort den Restaurantleiter an: »Wieso ist mein Tisch nicht frei?!« Und das in einem Ton und in einer Lautstärke, dass sich trotz des Lärms im Raum an der Bar mehrere Köpfe automatisch zu ihm drehten.

Die beiden Moderatoren kannten den anscheinend flüchtig und grinsten nur in seine Richtung: »Hey, Mr Big, entspann dich mal!«

Aber das hat der gar nicht mehr registriert, so wütend war er. Mr Big stand offensichtlich kurz vor einer lebensbedrohlichen Implosion, hat sich umgedreht, ist aus dem Lokal gestürmt und ward sehr lange nicht mehr bei uns gesehen, was wir nicht mit dem kleinsten Hauch des Bedauerns, sondern mit einer gewissen Dankbarkeit registriert haben.

Aber er hat seine selbst gewählte Quarantäne leider nicht durchgehalten und ist irgendwann wiedergekommen. Immerhin: Auf einen bestimmten Tisch besteht Mr Big seit diesem Abend nicht mehr.

*

Als ein bekannter Immobilienentwickler neu in Berlin war, kam er einmal zu uns und war, obwohl er nicht reserviert hatte, mit dem Tisch unzufrieden, der ihm vom Restaurantleiter im ansonsten vollen Laden zugewiesen worden war. Also sprach er mich direkt an. Der Tisch ginge ja gar nicht, hier wolle er nicht bleiben, ob er nicht einen anderen haben könnte, wie es denn mit dem da vorne sei? Leider saßen an dem Ort seines Begehrens mehrere Gäste. »Der ist aber besetzt«, habe ich ihm geantwortet. Erstaunt blickte er mich an und sagte: »Ja, ist das denn ein Problem?« Es dauerte ein paar Zehntelsekunden, bis ich kapiert hatte, dass der tatsächlich erwartete, ich würde die Leute für ihn von ihrem Tisch wegbitten, damit er dort sitzen kann. Ich habe mich einfach umgedreht und bin gegangen. Solche Gäste braucht kein Mensch.

Auch wenn man das nicht immer nachvollziehen kann, für einige Menschen sind diese Fragen offensichtlich wichtig: Wo sitzen die, wo sitzen wir, wie werden die behandelt, wie werden wir behandelt? Um hier keine schlechte Stimmung aufkommen zu lassen, gibt es nur eine ganz selbstverständliche Regel: zu allen gleich freundlich zu sein, niemanden bewusst benachteiligen. Zumindest muss man das versuchen, denn am Ende zahlt jeder für sein Schnitzel den gleichen Preis. Das sehen einige Unsympathen natürlich anders, weil sie glauben, für sie gelten besondere Regeln, weil sie den vermeintlich »besseren« Tisch auch als Botschaft an die anderen verstanden wissen wollen. So eine Einstellung sorgt aber augenblicklich für eine unentspannte Atmosphäre. Wer am Rad drehen will und das Borchardt für die richtige Bühne dafür hält, ist bei uns bald unten durch. Zum Glück sind es nur einige Ausnahmen, die sich so verhalten, die allermeisten Gäste sind völlig entspannt, was ihre Tischwahl angeht.

*

Um bei der Platzierung das bestmögliche Ergebnis für alle zu erzielen, verlange ich von den Restaurantleitern, dass sie ganz normal am Leben in dieser Gesellschaft und dieser Republik in dem Sinne teilnehmen, dass sie mehr als nur den Hauch einer Ahnung davon haben, was gerade in der Stadt und im Land passiert, damit sie bestimmte Leute ungefähr einordnen können, manchmal auch deren Verhältnis untereinander. Wer sich gerade scheiden lässt oder vor Gericht bekriegt, wer sich politisch gegenseitig in die Pfanne haut oder übereinander schlimme Sachen in diversen Medien gesagt hat, sollte beim Essen vielleicht nicht direkt nebeneinandersitzen, das muss man daher besser wissen, sonst bringt man sich und andere möglicherweise in schwierige Situationen. Um hier den Überblick zu halten, reicht ganz bestimmt nicht die Lektüre der Klatschpresse, auch die Qualitätsmedien gehören zur Pflichtinformation. Ich kann nicht in so einem Laden arbeiten und mich nicht auskennen. Oft geht es einfach um die richtige Intuition und simplen Menschenverstand. Setzen beide Sensorien aus, kommt es zu unvergesslichen Momenten.

Kürzlich war ein Bundespolitiker zum Essen da, von dem wir wissen, dass er gerne seine Ruhe hat. Der Laden war voll, alle waren mit sich selbst beschäftigt, niemand beachtete unseren Gast. Auf einmal stand der bereits erwähnte Mr Big mit seiner höchst aufreizend angezogenen Begleitung in der Tür. Mir ist in der Regel völlig egal, wer was anzieht, aber manchmal eben auch nicht. Und zu meinem großen Entsetzen setzt der Restaurantleiter dieses Duo direkt neben den Tisch des Politikers.

Wer Mr Big und seinen Ruf kennt oder ihn sogar schon erlebt hat, wer ein klitzekleines bisschen sensibel ist, ahnt, nein, weiß, nein, muss wissen, dass diese Entscheidung entsetzlich falsch ist, weil der Kerl so unverfroren ist, dass er den Politiker einfach ansprechen wird, weil er vielleicht hofft, dass es ihn weiterbringt, obwohl es allen Beteiligten unangenehm und peinlich ist, aber er irgendwie stets zu glauben scheint, er könne es sich erlauben. Sein Ego lässt offenkundig keine Vernunft zu. Manchmal hat man den Eindruck, dass bei ihm dort, wo andere normales menschliches Verhalten gespeichert haben, ein dauerhafter Kurzschluss herrscht und er sich selbst einfach nicht unter Kontrolle hat. Ein guter Restaurantleiter erfasst das instinktiv, ein schlechter weiß es aus leidvoller Erfahrung.

Solche Momente tun mir körperlich weh, es ist eine Art von brennender Verzweiflung, die sich breitmacht, weil ich den Fehler, den unverzeihlichen Monsterfehler, wie unter einer Lupe vergrößert vor mir sehe und weiß, dass ich nichts dagegen machen kann, weil die Entscheidung unwiderruflich gefallen ist, die eindeutig falsche Entscheidung. Ich kann ja schlecht aufstehen und sagen: »Sorry, war ein Versehen, hat mein Mitarbeiter nicht so gemeint, eigentlich wollte er Sie möglichst weit weg von Ihrer möglichen Zielperson setzen.« Also war ich ab diesem Zeitpunkt nervös, weil ich wusste, das wird nicht gut gehen. Ich kenne meine Pappenheimer. Es war klar, der wird es schaffen, diese für ihn einmalige Situation so auszunutzen, dass ich mich in Grund und Boden ärgern oder schämen werde.

Der Restaurantleiter sah mein Entsetzen und erahnte augenblicklich das Unheil, das er mit seiner Entscheidung in die Wege geleitet hatte, er wusste, er war zu weich gewesen, er hätte ihn abwehren oder anders platzieren müssen, in solchen schwierigen Fällen muss man hart bleiben und eindeutige Prioritäten setzen. Der Restaurantleiter hat nicht nur das Hausrecht, er hat auch die Hauspflicht. Auch dieser Quälgeist hat den Platz zu akzeptieren, der frei ist, oder er muss gehen, das wäre hier die bessere Option gewesen. Immer vor dem Hintergrund, dass der Kerl schon in der Vergangenheit wie kaum ein anderer genervt und Leute gequält hat, uns, andere Gäste, die ganze Welt, da hat man höflich zu bleiben, keine Frage, aber auch sehr, sehr bestimmt.

Aber schon nahm das Unglück seinen Lauf. Mr Big sprang auf und quatschte ohne jede Hemmung den armen Menschen am Nebentisch an, schüttelte ihm sogar die Hand und wollte gar nicht mehr aufhören mit seinem Gerede. Es ist geradezu mitleiderregend, wie brutal dessen soziale Kompetenzen verödet sind.

Wenn ein prominenter Gast auf diese Art und Weise angegangen wird, hat er ein ganz besonders gemeines Problem, eben weil er prominent ist. Jeder normale Mensch weiß, dass auch ein Showstar, ein bekannter Trainer, ein Bundestagsabgeordneter oder ein Regierungsmitglied das Recht auf Privatsphäre hat und ihn vielleicht nicht jeder Fan oder Wähler zu jeder beliebigen Zeit an jedem beliebigen Ort einfach mal ansprechen sollte, vor allem nicht beim Essen in einem Restaurant. Aber hält sich jemand nicht daran, wird der Prominente in so einer Situation also trotzdem schamlos von der Seite angesprochen, kann er dem aufdringlichen Störenfried nicht einfach die kalte Schulter zeigen, weil das eventuell als unhöflich, arrogant oder unverhältnismäßig schroff ausgelegt werden könnte. Dem Prominenten sind deswegen die Hände gebunden – er muss immer freundlich bleiben, ob er will oder nicht. Solche Art von Belästigungen kommt bei uns so gut wie nie vor. Außer eben einer wie Mr Big sitzt am Nebentisch – und der Restaurantleiter kriegt es nicht rechtzeitig mit oder vergisst für einen Augenblick die drohenden Konsequenzen für den armen Gast.

Das Einzige, was man in diesem Fall machen kann, ist, sich danebenzustellen und durch schiere Präsenz so viel Gift wie möglich zu versprühen. Ich sage nichts, ich zeige keine Reaktion auf das Geschwätz des Störenfrieds, ich dränge mich, soweit das unauffällig geht, geradezu körperlich dazwischen, alles in der Hoffnung, dass noch irgendwo im Oberstübchen des Betroffenen in der Abteilung »Menschliche Belange« ein klitzekleines Lämpchen glimmt oder er vom Licht der späten Erkenntnis getroffen wird.

Das ist bei jemandem wie Mr Big praktisch ausgeschlossen, hier führt nur Hartnäckigkeit zum Ziel. Da muss man zur schmutzigen Bombe werden, die ohne Explosion schon so viel Gift verbreitet, dass man damit ganze Landstriche ausrotten könnte: Körperhaltung, Mimik und Aura dürfen in solchen Augenblicken auch für Menschen, die auf der sozialen Leitung stehen, unmissverständlich nur die eine Botschaft ausdrücken: »Weg hier!« Und das hat an diesem Abend dann selbst Mr Big nach wenigen Minuten doch noch verstanden und sich wieder an seinen eigenen Tisch gesetzt.

Viel reden, wenig sagen

Ein Restaurant ist kein privater, sondern ein öffentlicher Ort, an dem aber Privatheit möglich sein muss, und zwar für alle, darin sehen wir unseren Job. Wir versuchen, ihn zu einem geschützten öffentlichen Platz zu machen. Das oberste Gebot im Umgang mit Gästen ist deshalb Diskretion. Wir wissen nichts, wir sehen nichts, wir sagen nichts, das aber sehr charmant, sehr freundlich, sehr bestimmt. Mit wem unsere Gäste warum bei uns speisen, geht uns nichts an – und Dritte schon gar nicht. Wir werden misstrauisch, weichen aus, blocken ab, stellen uns dumm und lügen, lügen, lügen.

Minimale Ausnahmen erlaube ich mir persönlich nur bei internationalen Stars, denen man mit kleinen Bemerkungen nicht zu nahe tritt, wenn beispielsweise ihr Restaurantbesuch ohnehin schon in der Zeitung stand, das Gleiche gilt für ehemalige Würdenträger oder aktuelle, bei denen es eh schon breitgetreten wurde, wie das etwa bei Obamas Besuch der Fall war.

Was passiert, wenn man diese klassische Grundregel einmal aus Versehen kurz vergisst, haben wir leider in den Anfangsjahren einmal erleben dürfen: Eine Mitarbeiterin nahm einen Anruf im Gastraum entgegen und wurde von einer Frau gefragt, ob ihr Ehemann anwesend sei, was nach kurzer Suche sehr naiv bejaht wurde. Mit wem er da sei, fasste die Anruferin nach, was auch sehr unschuldig und wahrheitsgemäß beantwortet wurde: mit einer Frau. Das Ende vom Lied soll eine Scheidung gewesen sein.

Fragen nach einem bestimmten Gast, ob persönlich oder am Telefon, beantworten wir grundsätzlich nicht, nach deren Begleitung erst recht nicht, es sei denn, wir haben von dem anwesenden Gast explizit einen Hinweis auf einen möglichen Frager oder Anrufer erhalten. Uns gehen private Verwicklungen nichts an, wir sind nicht der verlängerte Arm für Beziehungs- oder Ehespionage, wir ergreifen keine Partei, wir sind kein Bewegungsmelder für Zeitgenossen, die ein Interesse an bestimmten Mitmenschen haben, prominent oder nicht. Was manche Leute alles wissen wollen, man fasst es nicht. Ob der oder der schon einmal da war oder gerade da ist, ob das da vorne nicht der und der sei, keine Frage ist zu indiskret, als dass sie nicht schon einmal gestellt worden wäre. Darauf gibt es für Kellner und Restaurantleiter eigentlich auch immer nur eine Antwort: »Weiß ich nicht, kenne ich nicht, habe ich nicht«, lügen halt.

Zum Schutz unserer Gäste gehört auch, dass wir keine Gaffer wollen. Darunter verstehen wir Leute, die nichts mit sich selbst anfangen können, nur andere anstarren und durch ihr Verhalten die gute Stimmung der Umsitzenden aufsaugen – intern nennen wir solche Typen übrigens »Schwarze Löcher«. Ihre Anwesenheit verbreitet schlechte Stimmung und verdirbt allen anderen derart die Laune, dass wir so ein Verhalten höflich, aber sehr entschieden unterbinden. Auch wer sich in Jacke und Mantel an den Tresen stellt, um mit ein paar Kumpels die Anwesenden abzuchecken, als sei er auf einer Kieztour, ist bei uns offensichtlich falsch.

Diskretion heißt, dass sich das Restaurant zurücknimmt. Die Gäste werden an der Tür nicht mit Bussi-Bussi-Attacken verschreckt, der Küchenchef schreitet nicht gönnerhaft durch die Gänge oder grüßt huldvoll die Gäste. Natürlich wird ab und zu nach dem Chef de Cuisine verlangt, weil ihm jemand persönlich danken will, aber das passt weder zu unserem Laden noch zu unserem Küchenchef. Einzig der Finanzguru George Soros hat es einmal geschafft, den Kellner dazu zu bringen, den Küchenchef an seinen Tisch zu holen. Das blieb nicht ohne Folgen: Zwei Wochen später hatte er ein Jobangebot auf dem Tisch für eine Stelle in New York, Soros wollte unseren Franzosen über den großen Teich locken, mit einem verlockenden Angebot, wie es nur wenige in ihrem Leben bekommen, als Privatkoch für einen echten Big Player – aber Philippe will in keinem goldenen Käfig verschimmeln, der liebt die echte Gastronomie, die Action, das Adrenalin, die Gäste. Also blieb er.

Zum Schutz der Privatsphäre beantworten wir nicht nur keine Fragen nach Gästen, sondern haben noch ein paar zusätzliche Regeln aufgestellt, die für alle Mitarbeiter strikt verbindlich sind. Kellner müssen um jeden Preis verhindern, dass Gäste nach Autogrammen gefragt werden. Jeder Servicemitarbeiter ist angehalten, das strengstens zu überwachen. Solche Autogrammabsichten kündigen sich in der Regel an. Da wird herübergeglotzt, da wird getuschelt und mit den Fingern gezeigt, das muss der Kellner sehen und sofort einschreiten, da kennen wir kein Pardon. Das Gleiche gilt für Aufnahmen im Restaurant: Andere Gäste dürfen nicht fotografiert werden. Auf dieses Fotografierverbot legen wir großen Wert. Wer andere mit seiner Kamera oder sonst wie belästigt, muss das Lokal verlassen. Autogramme werden übrigens, wenn überhaupt, meist von Kindern oder Heranwachsenden erfragt, die mit ihren Eltern hier essen, aber solche Fan-Begehrlichkeiten haben wir zum Glück selten.

Gerade amerikanische Stars können anfangs manchmal gar nicht glauben, wie unaufgeregt die Berliner in einem Restaurant in ihrer Anwesenheit bleiben, niemand hält den Atem an, niemand starrt herüber, das sind sie nicht wirklich gewohnt.

Jack Nicholson hat einmal ein paar Tage in der Hauptstadt verbracht und war vier oder fünf Abende hintereinander bei uns, alle haben ihn in Ruhe gelassen. Man konnte förmlich spüren, wie sich Nicholson zunehmend entspannte. An einem der letzten Abende kam er von der Toilette zurück, der Schalk saß ihm im Nacken, eine gewisse Angriffslust funkelte in seinen Augen, der wollte es wissen. Er schaute grinsend in den Raum, und anstatt einfach zu seinem Platz zurückzugehen, fing er an, im leichten Wiegeschritt durch die Gänge zu tänzeln, so beschwingt, so anmutig, so mitreißend, dass ihm innerhalb kürzester Zeit alle zuschauten und einige sogar begeistert »Bravo« riefen. Er lächelte zufrieden, deutete eine knappe Verbeugung an, setzte sich wieder – und das war's. Danach ging alles wieder seinen normalen Lauf.

Tom Cruise hat etwas länger gebraucht, bis er dem Frieden traute. Während der Dreharbeiten zu »Walküre« war er mehrere Wochen im Lande und regelmäßig im Borchardt. Er gilt als besonders scheu und hat sich während seiner ersten Essen in einem extra Raum, hinten über den Innenhof, unserer so genannten Sommerbar, regelrecht verschanzt. Weil es so warm war, hat seine Entourage irgendwann die Türen zum vollbesetzten Hof geöffnet, wo alle anderen Gäste speisten. Es passierte: nichts. Niemand kümmerte sich um den Schauspieler. Das hat den so beruhigt, dass er bald schon völlig normal mit seiner damaligen Frau mitten im Restaurant saß und seinen Spaß hatte.

Grundsätzlich halten wir es also geheim und informieren niemanden, dass jemand Bekanntes da ist oder sich angekündigt hat. Wer unerkannt in das Restaurant gelangen will, braucht im Zweifelsfalle auch nicht vorne durch den normalen Eingang gehen, sondern kann durch einen Hintereingang oder das benachbarte Regent Hotel zu uns gelangen. Davon machen manchmal auch Gäste Gebrauch, die gar nicht dort untergekommen sind. Das ist eine sehr angenehme Kooperation mit den Kollegen vom Hotel.

Es gibt aber Situationen, beispielsweise bei Premierenfeiern, in denen bestimmte Gäste die Medien ausdrücklich erwünschen und sie diese Organe entweder selbst kontaktieren oder wir das für sie erledigen. Dann gibt es auf dem Bürgersteig oder der Straße vor dem Eingang die Möglichkeit zu Aufnahmen, die von beiden Seiten, den Stars und den Zeitungen, gewollt sind. Das Fotografierverbot drinnen ist davon aber stets unberührt. Bei einigen Veranstaltungen schützen wir den Innenraum zusätzlich, in dem wir die Scheiben zur Straße hin abkleben, um unbemerkte »Abschüsse« durch die Fensterfront zu verhindern.

Die besten Absichten, ein Restaurant zu einem Ort der Diskretion machen zu wollen, könnten natürlich durch schwatzsüchtige Mitarbeiter zunichtegemacht werden. Die Kellner in einem bekannten Westberliner Laden waren lange dafür berüchtigt, dass sie Geschichten über ihre Gäste an Journalisten ausplaudern, wogegen offensichtlich niemand einschritt. Nicht gerade die beste Art, Diskretion zu sichern. Wir hatten nur einmal so einen Fall in der Belegschaft, den wir relativ rasch identifizieren konnten. Der Kellner wurde sofort abgemahnt und musste eine entsprechende Verpflichtung unterschreiben. Das hat seine Wirkung bis heute nicht verfehlt.

Es stand allerdings mal eine Geschichte in einer kleineren Boulevardzeitung, in der man erfuhr, an welchem Tisch im Borchardt ein bekannter Politiker einen berühmten Schauspieler kennengelernt hat. Das klang sehr nach Insiderinformationen direkt aus dem Restaurant. Und da gab es kein Leugnen, genau so war's. Aber das hatte einen besonderen Grund.

Der damalige Chef der Zeitung hat einmal eine Mitarbeiterin bei uns anrufen lassen, die in seinem Namen behauptete, er habe eines Abends hier mit einem Stammgast gegessen und der sei mitten im Borchardt unter Anwesenheit von drei so genannten Zeugen beim Verspeisen seines Salates fast an einer Krampe, wie man sie zum Festtackern von Salatkisten verwendet, elendig erstickt. Das sei doch eine schlimme Geschichte, nach der die Öffentlichkeit logischerweise giere, bestimmt nicht angenehm für das Restaurant, aber nur sehr schwer könne man diese wichtigen Informationen unterdrücken, es sei denn …

Es gibt in sehr seltenen Fällen selbst in Restaurants, die alle Sicherheitsvorschriften erfüllen und ein äußerstes Maß an Vorsicht walten lassen, unangenehme Unfälle, deren Wahrscheinlichkeit jedoch derart gering ist, dass man wohl eher auf der Straße von einem herunterfliegenden Blumentopf getroffen wird. Aber man kann natürlich nie zu 100 Prozent und rigoros ausschließen, dass theoretisch mal irgendwann so eine blöde Krampe unbemerkt zwischen zwei Blättern steckt und jemand draufbeißt. So wie sich selbst in einem gut gewaschenen Salat übrigens in absoluten Ausnahmefällen auch mal ein Käfer finden kann. Das ist nicht schön, andererseits heißt das auch, an dem Salat wurde nicht alles tot gespritzt. Das versucht man natürlich unter allen Umständen zu vermeiden, aber ehrlicherweise können immer wieder mal trotz aller Vorsicht durch menschliche Fehler Missgeschicke wie Krampe und Käfer und Ähnliches passieren.

Also erschien die Story praktisch als Preis dafür, dass diese Zeitung nicht die Geschichte brachte, wie dieser Stammgast angeblich einmal beinahe an einer Salat-Krampe im Borchardt erstickt ist. Ob die Geschichte mit der Krampe stimmte oder erfunden war, konnten wir auf die Schnelle nicht überprüfen – und das war der anderen Seite, wie wir gleich ahnten, im Zweifelsfalle ja auch egal, deswegen haben wir die Kröte geschluckt, wenngleich sehr widerwillig. Andererseits wurde dadurch auch nicht mehr bekannt, als jeder normale Beobachter hätte feststellen können – außer, dass noch ein Foto von dem konkreten Tisch gebracht wurde. Peinlich war mir das natürlich trotzdem.

*

Als Inhaber bist du – wie andere Mitarbeiter des Restaurants auch – für viele Gäste ein natürlicher Ansprechpartner, von dem sie begrüßt werden wollen oder den sie gerne begrüßen. Wir reden also über eine sehr große Zahl von Menschen, mit denen man sich austauscht, und das wegen der vielen Stammgäste mehr oder weniger regelmäßig. Du musst dir sehr genau überlegen, wie du kommunizieren willst, wenn es über die üblichen Floskeln à la »Wie geht's?« hinausgehen soll. Wobei ich wirklich überhaupt nichts gegen Floskeln als Mittel der Verständigung habe, im Gegenteil, es ist auch völlig egal, ob sie nun ernst gemeint sind oder nur so dahingeplappert, sie können sehr sinnvoll sein und haben deswegen durchaus ihre Berechtigung. Denn selbstverständlich haben die allermeisten klar denkenden Menschen bei schnellen, flüchtigen Begegnungen im Restaurantgang keine Lust darauf, mit dir mal eben zwischen Tür und Angel ernste oder intime Probleme zu erörtern, niemand will über den letzten Todesfall in der Familie reden, den hartnäckigen Nahostkonflikt lösen oder gar den wahren Sinn des Lebens diskutieren – und man selbst will das natürlich auch nicht. Es geht oft lediglich darum, dem anderen Wohlwollen, Freundlichkeit oder Sympathie zu vermitteln, und genau diese Funktion können Floskeln durchaus erfüllen. Wer aus nicht nachvollziehbaren Gründen in diesem Moment dem anderen ein echtes Gespräch aufdrängen will, hat sowieso nichts verstanden. Man schiebt sich aneinander vorbei, grüßt kurz, fragt: »Wie geht's?«, schiebt weiter. In vielen Augenblicken reicht das völlig, der Abend nimmt seinen Lauf, niemand fühlt sich düpiert, gestört oder ignoriert. Als anerkanntes soziales Schmiermittel reichen solche Standardfloskeln fast immer. Hier macht der Ton die Musik: Wenn das Gegenüber merkt, dass sie aus einer freundlichen, interessierten Haltung heraus fallen, dass sie der kurzen Kontaktaufnahme dienen, wird sich jeder nett angesprochen fühlen. Wenn man jedoch spürt, dass der Benutzer der Floskeln dabei eigentlich abwesend und völlig desinteressiert ist, fühlt sich durch die Standardformulierungen praktisch jeder gleich abgewatscht und schlecht behandelt.

Generell sind ernste Themen nichts für die kleine unverbindliche Unterhaltung zwischendurch. Das heißt aber nicht, dass sie immer und bei jedem unpassend sind. Selbst schwierigste Bereiche sind sogar unter den unruhigen Bedingungen eines Restaurants verhandelbar – wenn das Gegenüber darin geübt ist. Es gibt sehr viele Menschen, die es gewohnt sind, sich an solchen öffentlichen Orten aufzuhalten und sich von den vielen Reizen nicht ablenken lassen. Diese Gespräche sind deswegen nicht schlechter, nur weil sie kürzer sind oder weil die Beteiligten gleichzeitig den Blick ein wenig im Raum streifen lassen. Andere macht das wahnsinnig, wenn sie sich beim Sprechen nicht andauernd tief in die Augen blicken können oder durch Leute oder Gespräche am Nebentisch abgelenkt werden oder ein bestimmtes Thema nicht in aller wissenschaftlichen Ernsthaftigkeit abhandeln können. Aber erstens würde das die meisten Menschen am Tisch eh zu Tode langweilen, zweitens werden die meisten Gespräche der meisten Menschen in der Regel bei größerer Dauer selten in der Substanz gehaltvoller, ganz bestimmt aber würde der eitle Anteil steigen. So gesehen helfen Restaurantbedingungen allen, sich ein wenig zu fokussieren.

In seltenen Fällen gibt es tatsächlich Gäste, die einen plötzlich mit härtesten und tragischsten Details aus ihrem intimsten Privatleben überraschen, aber das kommt relativ selten vor. Einmal hat mir jemand ohne Vorwarnung inmitten eines lockeren Geplänkels gesagt: »Und jetzt ist vor ein paar Tagen auch noch meine Frau gestorben.« Und schon ist man in einer unangenehmen Situation. Denn, um Himmels willen, was will man da sagen? »Oh, das ist aber schade«? Oder: »Schlimm, das tut mir leid«? »Wird schon wieder – gibt ja noch viele andere«? »Wir müssen irgendwann alle sterben«? In so einem Moment ist jede Reaktion unangemessen, dem kann man nicht wirklich helfen, jeder Satz klingt falsch, jedes Schweigen auch, um einen herum warten hundert andere Gäste auf einen gut gelaunten Inhaber, also nichts wie raus aus der Situation.

Doch das sind zum Glück seltenste Ausnahmen, denn es bedarf schon einer ganz besonderen Persönlichkeitsstruktur, wenn jemand einem Gastronomen, mit dem er nicht wirklich befreundet ist, etwas von dieser Tragweite en passant im Restaurant erzählt. Oder aber man ist befreundet und derjenige spricht einen als Freund an, der zufälligerweise auch Gastronom ist, das ist natürlich etwas völlig anderes. Aber dieser Freund würde möglicherweise auch einen anderen Ort und einen anderen Zeitpunkt für die Übermittlung einer solch schwerwiegenden Nachricht wählen als dein volles Lokal.

Klar ist aber auch, dass man noch eine zusätzliche Gesprächsebene braucht, wenn man in dieser Umgebung praktisch jeden Tag acht bis zwölf Stunden verbringt und es für einen selbst nicht zu öde oder anstrengend werden soll. Ich nenne diese Ebene Hardcore-Kommunikation, das ist die gehobene Stufe für Menschen, die andauernd mit vielen anderen kommunizieren müssen und sich bei den üblichen Sprechkonventionen manchmal zu Tode langweilen, Kommunikation für Profis, wenn man so will. Dabei kann alles und nichts gesagt werden, der dümmste oder der schwierigste Inhalt wird in manchmal nur scheinbar sinnloser, manchmal tatsächlich sinnloser Verpackung vermittelt, es wird kommuniziert, ohne dass die konkreten Worte immer von Bedeutung wären, der Subtext ist viel entscheidender, Tonfall, Mimik und Situation spielen eine zentrale Rolle. Es gibt einen genialen Witz, der das Wesen dieser für viele eher gewöhnungsbedürftigen Unterhaltungsform bestens illustriert:

»Was macht ihr?«

»Wir spielen Quartett.«

»Ach, ihr seid zu dritt?«

»Nein, hier ist nur mein Bruder.«

»Ach, du hast eine Schwester?«

»Nein wir sind zu viert.«

Das klingt vielleicht ein bisschen verworren, ist aber trotzdem auf eine verdrehte Weise wirklich sehr lustig, das ist, wenn man so will, Unterhaltung für Fortgeschrittene. Wenn die mal zustande kommt, macht sie mir immer ausgesprochen Spaß.

Wichtig ist nur, in jeder Sekunde professionell und angemessen höflich zu sein. Man kann auch völlig absurde Sachen erzählen, solange sie nicht völlig bezuglos sind – oder den anderen mit Anspielungen umzingeln. Und wenn er dann sagt: »Wie, das habe ich doch gar nicht gesagt?!«, sagst du: »Ach, ich auch nicht.« Entweder er findet das lustig oder doof, auf jeden Fall ist er so perplex, dass man schon weiter ist, und alles ist in Ordnung. Wenn man ein Gespräch, das zu lange werden droht, derart abkürzt, nimmt einem das niemand wirklich übel.

Um Leute aus der Reserve zu locken oder ein bisschen spielerisch zu provozieren, eignen sich Themen von Politik über Kindheitserlebnisse bis Sex. Die allermeisten gehen sofort drauf ein oder amüsieren sich zumindest darüber. Wenn man sich verkalkuliert und gleich merkt, auweia, das gefällt denen jetzt aber gar nicht oder ist denen sogar richtig zuwider, ist man schnell weg, bevor es allen zu peinlich werden kann.

Außerdem sind die meisten relativ robust. Als Wirt hat man ohnehin einen besonderen Bonus, so fällt der mögliche Eklat aus und man kann getrost weiterziehen.

Wichtig ist, rasch ein Gespür für die richtige Situation und den Gesprächspartner zu entwickeln. Einem Gast, der für seine Humorlosigkeit bekannt ist, werde ich nicht den Quartett-Witz erzählen, ein Spruch über Sex wäre eventuell auch falsch oder unangebracht. Oder er war bei seinem letzten Besuch alleine vielleicht sehr wohl angebracht, jetzt aber, wo er in Begleitung seiner Angebeteten am Tisch sitzt, vielleicht eher nicht. Man möchte zwar in einigen Fällen sein Gegenüber provozieren, aber immer nur als freundliches, unverbindliches Kommunikationsangebot.

Quasselstrippen und Nervtöter

Ab und zu gibt es Leute, die nicht normal mit dir reden, sondern sich wie ein Korkenzieher in dich reinbohren wollen. Entweder, indem sie dir sagen, wie schlimm alles wieder ist, oder genau andersherum, indem sie dir sagen, wie toll mal wieder alles ist; sie loben dich mit den besten Absichten für Dinge, die ganz selbstverständlich sind. Manche warten nur auf die Gelegenheit, dir endlich einmal sagen zu können, wie so ein Laden eigentlich sein sollte, wie man den führen müsste und wie die Speisenkarte aussehen sollte, ungefragt quatschen die auf dich ein, wenn man sie nicht stoppt gerne stundenlang oder an mehreren Tagen mit neuem Anlauf und gleich bleibender Energie, immer das volle Programm. Insbesondere in neuen Restaurants sitzen diese Typen sofort in einer Ecke, um dich mit ihren Schlaubergervorträgen von der Arbeit abzuhalten.

Ich sage den Restaurantleitern immer, dass sie zwischen sich und solchen Gästen eine Wand hochziehen müssen; sobald sie anfangen, ihre Litanei abzuspulen, muss man sagen: »Tut mir leid…« – und gehen. Auf gar keinen Fall diskutieren, auf keinen Fall rechtfertigen, nichts. Gibt es eine Reklamation, ist das etwas völlig anderes, aber diesen Gästen geht es nicht um eine konkrete Beschwerde, sondern darum, dich mit ihren ungefragten Referaten zu beglücken. Das braucht kein Mensch, das bringt dich nicht weiter, es macht das Restaurant nicht besser, es verschwendet Zeit und kostet Nerven, also muss man da sofort weg, egal wie.

Bei seriöseren Zeitgenossen, die mir unbedingt etwas sehr Wichtiges erzählen wollen oder denen schon ins Gesicht geschrieben steht, dass man gleich um eine ausufernde Grundsatzdiskussion nicht herumkommen wird, bleibt im Extremfall nur die charmant eingeleitete Flucht, mit Ausreden, die auf Grund deiner Position jeder sofort versteht. »Entschuldigung, ich muss mal eben in die Küche« oder »Sorry, aber ich werde da vorne kurz gebraucht«. In vielen Fällen ist es auch nur halb gelogen, an irgendeiner Ecke gibt es immer etwas zu tun. Das oberste Ziel bleibt stets: Nicht festquatschen, nicht festnageln lassen, nicht in die großen dunklen ernsten Untiefen abtauchen. Mittlerweile merke ich nach einer Tausendstelsekunde, ob mein Gegenüber lediglich einen freundlichen Austausch will oder ob jemand ein Problem hat, das er jetzt ausgerechnet an mir auslassen muss. Das kann nur schiefgehen oder zu viel Zeit kosten, beides will und muss ich als Gastronom vermeiden.

Mir geht es als Inhaber auch nicht anders als anderen Menschen, mit einigen hast du Lust zu kommunizieren, mit anderen weniger, trotzdem will und muss ich zu jedem Gast höflich sein, das ist selbstverständlich, aber nicht immer leicht. Eines Abends verließ ein mir unbekanntes Pärchen gerade das Lokal, als ich vorne an der Tür stand, also fragte ich sie, wie es ihnen gefallen hat. Darauf hatte der Mann nur gewartet. Ich hätte drauf wetten können, schon als der sich von hinten näherte und ich sein erwartungsfrohes Gesicht bei meinem Anblick aufblitzen sah, schrillten alle meine Alarmglocken: »Der zwingt dir gleich ein Gespräch auf.« Leider war es bereits zu spät, ich konnte ihm nicht mehr entkommen. Der Laden brummte, an der Bar warteten sie in Doppelreihe, alle Tische voll, aber der wollte sich jetzt mal richtig schön unterhalten.

»Sagen Sie«, fing der also ganz gemütlich im rheinischen Singsang an, während sich hinter ihm Gäste stauten, die ebenfalls den Laden verlassen wollten, »wir wollen demnächst nach Berlin ziehen. Wo kauft man sich denn hier am besten eine schöne Immobilie?«

Ich sagte sehr freundlich, dass ich mich in keinster Weise auskennen würde. Das beeindruckte den nicht. Auch nicht, dass wir hin und her geschoben wurden, weil die Wartenden hinter ihm an die frische Luft wollten.

»Was hätten Sie denn für Tipps für uns, Sie kennen sich doch bestimmt bestens aus…?!«

Ich presste nur eine Wiederholung raus: Ich sei der Falsche, würde mich null auskennen und leider auch nicht richtig dafür interessieren.

Aber das kümmerte den absolut nicht. »Wen kann ich denn am besten mal ansprechen, Sie sind doch ein wichtiger Mann und kennen die richtigen Leute!«

Mir blieb nur noch die Notbremse. Ein »Sorry« und weg war ich Richtung Küche.

Früher, als wir alle noch nicht so konsequent waren, hatten wir bestimmte Zeichen vereinbart, mit denen man elegant aus Situationen mit solchen Quasselstrippen gerettet werden konnte, dann wurde man schnell zum Telefon gerufen oder man musste ganz dringend etwas am Tresen klären. Das brauchen wir schon lange nicht mehr, wenn es zu zäh oder nervend wird, ist man weg, fertig. Höflich, aber bestimmt, das geht immer.

Man ist ja eigentlich so erzogen, dass man nicht mitten im Satz eine Unterhaltung abbricht, alles in dir wehrt sich gegen diese Methode, zu schroff, zu fies scheint diese Art von Umgang zu sein, nur um dann relativ schnell festzustellen, nichts geht einfacher und problemloser als das, freundlich ohne große Umstände raus, zack, es ist ganz simpel. Wenn du später an den vorschnell Verlassenen vorbeigehst, lächelst du sie an, wenn sie dich wieder ansprechen, ignorierst du das und tust so, als hättest du es nicht gehört, aber immer ganz nett, kein Stress, keine Konfrontation, dann eskaliert es nicht, niemand fühlt sich schlecht behandelt, du hast niemanden an der Backe, den du nicht an der Backe haben willst, perfekt. Sobald du komisch reagierst, sobald auch nur ein Hauch von Aggression zu spüren ist, von Abneigung oder Genervtheit, haben sie einen Anlass oder Anker, an dem sie sich festhalten und abarbeiten können, dann kippt die Stimmung, und es wird schwieriger, aber wenn du offensiv freundlich bist, dann ist dieser heikle Moment bald vergessen.

Die oberste Regel in der Kommunikation mit dem Gast lautet generell: keine Konfrontation. Und wenn man einen Gast abweisen muss oder seine Wünsche nicht erfüllen kann, muss man ihm unbedingt doppelt aufmerksam begegnen. Je unangenehmer der Gast, desto freundlicher sollte man sein.

Die nächstwichtige Regel lautet: Man darf niemanden zur Diskussion einladen, wo es nichts zu diskutieren gibt. Wenn man an einem heißen Tag drinnen nicht bedient, weil alles Personal draußen eingesetzt wird, kann ein Gast, der sich nach drinnen verirrt hat und dort gerne bestellen würde, nicht mit der Floskel abgespeist werden: »Eigentlich bedienen wir heute drinnen nicht.« Denn was soll der Angesprochene davon halten? Was bedeutet hier »eigentlich«? Da scheint doch ein Hintertürchen offen zu sein. Jeder Mensch, ganz bestimmt aber Deutsche – Franzosen vielleicht eher nicht, weil die mit solchen Regeln groß geworden sind – wird sofort fragen: Wieso denn nicht? Und schon gibt es Rückfragen und nervtötende Gespräche, für die man in einem vollen Laden keine Zeit hat und die durch eine schlauere Wortwahl und Gesprächsführung hätten vermieden werden können.

Wer klar bleibt, wird sich erst gar nicht in solche Situationen bringen, sondern besser sagen: »Sorry, heute wird nur draußen bedient, ich würde mich wahnsinnig gerne um Sie kümmern, geht aber gerade nicht, wenn Sie wollen, sorge ich gerne dafür, dass Sie so schnell es geht den nächsten freien Tisch draußen bekommen.« Bloß nicht gleich schlechte Stimmung durch ein offensives Nein aufbauen. Es darf aber auch nicht anbiedernd sein, es muss sachlich, freundlich und nachvollziehbar bleiben. Wenn so geantwortet wird, hat jeder für die Situation Verständnis, allein notorische Querulanten regen sich dann möglicherweise noch auf, und die kann man getrost stehen lassen. Aber grundsätzlich sind fast alle für vernünftig vorgetragene Argumente zugänglich, und jeder wird sich gut behandelt fühlen, obwohl das Ergebnis wie vorher ist: Der Gast wird drinnen nicht bedient, und draußen ist noch kein Tisch für ihn frei.

Man kann die Bedeutung von sprachlichen Feinheiten im Austausch mit den Gästen gar nicht genug betonen. Wenige falsche oder überflüssige, leicht dahingeplapperte Floskeln, und schon wird ohne Anlass eine suboptimale Stimmung aufgebaut. Oft ist es schiere Gedankenlosigkeit, die bei den Gästen ein schlechtes Gefühl erzeugt.

Betritt jemand einen vollen Laden und verlangt nach einem Tisch und der Restaurantleiter antwortet ihm: »Aber ich habe nur noch den da«, hat man sofort ein bisschen dicke Luft. Denn was in Teufels Namen soll der arme, bis eben noch gut gelaunte neue Gast in dem Moment auch denken, außer, dass der Tisch offensichtlich von minderer Qualität ist, weil sich der Restaurantleiter bereits für ihn entschuldigt, bevor er überhaupt Platz genommen hat. Schon gibt es die ersten Vorbehalte, und alles wegen einer nutzlosen Formulierung. Die reflexartig ausgesprochene Floskel »nur noch« suggeriert eine unbedingt zu vermeidende negative Bewertung. Wenn der Restaurantleiter dem Gast so begegnet, ist die Wahrscheinlichkeit groß, dass er Deutscher oder hier aufgewachsen ist, denn unsere Landsleute neigen dazu, zunächst das Problem in den Vordergrund zu stellen. Das mag für Ingenieure eine hervorragende Eigenschaft sein, aber nicht für Mitarbeiter eines Restaurants.

Das Gegenteil ist auch nicht viel besser, die italienische Herangehensweise, wo oft ein bisschen zu laut und ein bisschen zu euphorisch maßlos übertrieben wird: »Ahhh, Dottore, für

Sie haben wir ganz besonders tolle Tisch da vorne!« Und das wird auch behauptet, wenn der Tisch fast in der Toilette steht. Das zelebrieren gerne Kiez-Italiener, deren Inhaber in Wahrheit meistens ohnehin keine Italiener, sondern Araber oder Türken sind, in grotesker Form. Jeder, der nicht schnell genug wegzuckt, wird umarmt und begrüßt wie ein lange vermisstes Familienmitglied, am besten noch mit intensivem Körperkontakt. Mag sein, dass sie damit den ein oder anderen Gast in dem ein oder anderen so genannten Szeneladen beeindrucken, aber dieses nervende Geheuchel will man normalerweise natürlich nicht ertragen müssen, weil man sofort ahnt und sieht, dass vom Gestus bis zum tollen Tisch alles übertrieben ist. Die beste Art ist die schnörkellose: Sie wollen einen Tisch? Gerne. Bitte schön, Ihr Tisch. Fertig.

Mit Klarheit und Freundlichkeit kann man die meisten Situationen souverän meistern. Wenn man das einmal verstanden hat, fällt vieles leichter. Das bedeutet allerdings nicht, dass man bei hoffnungslosen Fällen nicht auch noch andere Register ziehen muss, weil einem keine andere Wahl gelassen wird.

Vor nicht allzu langer Zeit saß jemand in der Nähe der Bar, der, so wurde schnell klar, Ärger wollte. Schon als ich den Laden betrat, witterte ich das Ungemach, das von ihm und seiner Begleitung ausging. Zu betont selbstbewusst, zu laut, zu blöd. Keine gute Kombination. Er war ein kleiner Mann mit Stirnglatze, der versucht hatte, das augenfällige Haar-Elend auf seinem großen Kopf mit ein paar unvorteilhaft gelegten Strähnen zu kaschieren, neben ihm saß eine Frau, der er offenbar nach ein paar Gläsern Wein imponieren wollte. Der Mann machte auf ganz wichtig, angeblich war er Gastro-Kritiker, und zwar, wie er behauptete, von einem besonders superwichtigen Magazin. Ganz offensichtlich nicht aus Berlin, das war schnell klar. Beide sprachen so laut, dass auch der Koch in der Küche noch seinen Teil zu ihrer Unterhaltung hätte beisteuern können.

In einem Akt gedankenloser Arglosigkeit hatte ich mich unweit ihres Tisches an den Tresen gestellt, um mit dem Barmann zu sprechen. Das war seine Chance, er ging gleich zum Angriff über. »Da steht er!«, rief er hinter meinem Rücken und, offensichtlich in meine Richtung: »Hey, hallo«.

Jeden höflichen Ansatz meinerseits, diese Unverschämtheit zu ignorieren, machte er zunichte, indem er es gleich noch ein, zwei Mal wiederholte.

Ich drehte mich um und erklärte ihm kurz: »Der Kellner kommt gleich, Moment noch, bitte.«

Sagte der, lauter werdend: »Ich will keinen Kellner, ich will mit Ihnen reden!«

Ich: »Tut mir leid, ich bin im Gespräch.«

Da führte er sich auf wie Rumpelstilzchen: Was ich mir für einen Ton erlaube, unerhört sei das, das lasse er sich nicht bieten, so könne man ihm nicht kommen etc. pp. Der herbeigeeilte Restaurantleiter hat ihn kurz beruhigen können und darauf verwiesen, dass er gerne mit ihm reden könne, nicht aber mit mir, weil ich im Dienst sei.

Minuten später erschien eine Verabredung von mir, unglücklicherweise saßen wir in unmittelbarer Nähe von Rumpelstilzchen. Wir hatten uns praktisch gerade erst niedergelassen, da quatschte der einfach einen meiner Gäste von der Seite an, was der denn von dem Laden halte und davon, wie man hier behandelt werde.

Und als ich noch überlegte, wie darauf zu reagieren sei, ranzte er schon wieder gegen mich, sodass ich ihm in aller

Schärfe beschieden habe: »Jetzt ist es aber genug mit Ihren Mätzchen. Entweder Sie benehmen sich jetzt angemessen, oder Sie verlassen bitte das Restaurant!« Der Satz wirkte auf ihn wie eine einzige Gewaltandrohung.

Dieses Signal schaffte es erfreulicherweise durch die verschlungenen Windungen seines Großhirns, und er merkte: Vorsicht, das steht auf der Kippe. Bald verlangte er die Rechnung und ging Richtung Tür, nicht ohne beim Verlassen des Restaurants noch einmal laut zu pöbeln: »Scheißladen!«

Bei solchen Leuten ist Höflichkeit leider nur eine stumpfe Waffe, mit der man nicht weiterkommt. Es gibt immer wieder Menschen, die denken, sie kaufen mit dem Schnitzel den Inhaber gleich mit.

Reklamationen

Mit großer Sachlichkeit und Zurückhaltung lässt sich das potentiell heikle Thema Reklamationen relativ unaufgeregt behandeln. Die Grundregel für Mitarbeiter lautet hier: Beschwerden jeglicher Art sofort an Restaurantleiter und Küche weiterleiten, die das gegebenenfalls genauestens untersuchen, keine Diskussionen mit dem Gast, keine unkonkreten Rückfragen. Denn so ein Vorgehen löst das Problem nicht, sondern sorgt eher für eine Eskalation und schlechte Stimmung, die sich möglicherweise auch noch ausbreitet.

Grundsätzlich sind Reklamationen ein wichtiges Feedback zur Qualitätsoptimierung. Da die meisten Menschen einen schönen Abend im Restaurant verbringen wollen, schrecken sie selbst vor noch so berechtigten Beschwerden zurück. Als

Gastronom ist man aber für jeden Hinweis und jede aufrichtige Meinung dankbar. Deswegen ist es umso wichtiger, dass der Kellner einen Gast, der sich offenbar ernsthaft beschweren will, eher noch dazu ermuntert und diesen ausführlich zu Wort kommen lässt, damit die Quelle des Unmuts präzise erkannt und anschließend beseitigt werden kann. Meist merkt man schnell an der Exaktheit einzelner Mängelpunkte, dass wirklich etwas schiefgelaufen ist, der Gast hat einen echten, sachlichen Grund für sein Vorgehen, er ist aufrichtig, es geht ihm um die Sache. Übrigens neigen gerade routinierte Restaurantbesucher, die oft essen gehen und die wir intern »Profi-Gäste« nennen, weit seltener dazu, sich offensiv zu beschweren. Die ziehen aus unbefriedigenden Essen oder unerfreulichen Aufenthalten meist gleich sehr viel radikalere Konsequenzen: Sie kommen einfach nicht wieder.

Man darf aber nicht die Verlockung unterschätzen, die Reklamationen in einem Restaurant für bestimmte Charaktere darstellen, die danach dürsten, sich vor anderen profilieren zu können. In der Praxis sind es nahezu ausschließlich Männer, die richtig Stress machen. Dabei sind drei Grundtypen zu unterscheiden.

Es gibt den Angeber, der vor seiner meist weiblichen Begleitung glänzen will, es gibt den unterdrückten Frustbolzen, der unbedingt Dampf ablassen muss, und zuletzt gibt es noch den notorischen Querulanten, dem Ärger sein liebstes Lebenselixier ist.

Beschwerdeführer aus diesen drei Kategorien warten nur darauf, dass ihnen jemand das Startsignal für den sehnlichst herbeigewünschten Auftritt gibt. Sie sind geradezu enttäuscht, wenn nach ihrem ersten kritischen Einwurf kein nennenswerter Widerstand artikuliert wird, weil sich ihre geplante Show dadurch eventuell nicht richtig entfalten kann. Sie gieren deswegen geradezu nach Rückfragen des Kellners oder des Restaurantleiters – diesen Gefallen sollte man ihnen auf keinen Fall tun. Das Ziel ist vielmehr die sofortige Deeskalation.

Beschwerdetyp Angeber: Sie spielen sich vor ihrer weiblichen Begleitung aus meist nichtigem Grund möglichst lautstark gegenüber dem Kellner oder Restaurantleiter auf und müssten uns für unser diplomatisches Verhalten geradezu dankbar sein, denn in den allermeisten Fällen hasst es die Frau, wenn der Mann ihnen den Abend durch allzu forsches und übertrieben aggressives Auftreten versaut. Diese Typen glauben, sie könnten sich dadurch interessant machen, doch nach jahrzehntelangen Beobachtungen kann man mit größter Sicherheit feststellen: Das Gegenteil ist der Fall, diese Männer demontieren sich selbst. Denn viel mehr noch als ihre Begleiter genießen Frauen generell den Restaurantbesuch als einen Eintritt in eine andere, schöne Welt, als einen Auftritt auf einer Bühne, die für sie etwas ganz Besonderes ist. In dieser Stimmung wollen sie Harmonie und Integration, ganz aufgehen möchten sie in diesem Gefühlszauber – und sich nicht für einen adrenalingesteuerten Neandertaler an ihrer Seite schämen müssen. Sollte ihr Traumtyp sich bei ihrem ersten Date so aufführen, werden sich die meisten Frauen ein zweites Treffen sehr genau überlegen, denn solche Männer sind sehr, sehr anstrengend und haben meist zu viele schwere Gepäckstücke im großen Psycho-Rucksack.

Beschwerdetyp Frustbolzen: Es gibt Männer, denen eine möglicherweise völlig berechtigte Kritik nur der willkommene Anlass ist, einmal richtig Dampf abzulassen. Vor nicht allzu langer Zeit hatten wir abends ein paar Herren im Laden, die trotz mehrfachen Nachfragens gut eine Stunde auf ihr Essen warten mussten. Und als es kam, waren die Speisen auch noch vertauscht. Darüber beschwerte sich einer aus der Gruppe sehr aufgebracht und sehr böse beim Verlassen des Restaurants. Der Grund des absolut unverzeihlichen Fehlers war schnell klar: Der Restaurantleiter hatte keinen Ersatz für zwei kurzfristig erkrankte Kellner besorgt und einer eigentlich sehr zuverlässigen Kollegin ein viel zu großes Revier zugeteilt. Die hatte sich rechtzeitig und mehrfach während des Abends beim Restaurantleiter beschwert, aber der hatte nicht reagiert, schon ging alles schief. Ich nahm die Beschwerde zur Kenntnis, entschuldigte mich in aller Form und bot der kleinen Gesellschaft einen Drink aufs Haus an der Theke an, den sie nicht annahmen, da sie schon auf dem Weg nach draußen waren. Der Beschwerdeführer aber steigerte sich in seinen Furor hinein, wie sofort klar war, meine Entschuldigung nahm er überhaupt nicht wahr. An dem Tisch sei auch der Vorstand der XY-Versicherung gewesen, deswegen sei unser Fehler noch unverzeihlicher. Ich erwiderte ihm: »Sie haben völlig Recht mit Ihrer Beschwerde, das war schlechter Service, für den ich mich nur entschuldigen kann, egal ob mit Vorstand oder ohne.« Wenn ich so weitermachen würde, könnten wir bald dichtmachen oder hätten nur noch »Fuzzi-Schauspieler« hier rumsitzen, stieß er wütend hervor. Ich entgegnete nichts, was soll man da auch sagen? Der hatte den point of no return bereits hinter sich gelassen und war für Worte oder Argumente nicht mehr erreichbar. Seinen Begleitern war das bereits sichtlich unangenehm, und sie drängten ihn, endlich nach draußen zu gehen. Aber er war noch nicht fertig. Stattdessen fügte er sehr laut und scharf hinzu: »Ich kann Ihnen nur einen Rat geben: Schauen Sie sich mal eine Woche den Betrieb in der Sansibar an, dann wissen Sie vielleicht, wie es geht!« Daraufhin konnte ich mir die Bemerkung nicht verkneifen: »Wissen Sie, ich bin seit dreißig Jahren in dem Geschäft, wenn ich es bis jetzt nicht kann, wird mir die eine Woche Sansibar auch nichts mehr bringen. Und ansonsten: einen schönen Abend noch!« Seine Gäste guckten ob seines Ausbruchs nur noch peinlich berührt.

Der Beschwerdetyp Frustbolzen meldet sich gerne auch schriftlich und schlägt manchmal los, bevor überhaupt die Fakten geklärt sind. Häufig sind es endlose Schreiben über mehrere Seiten, in denen es um Bagatellen geht, wie bei einem Rechtsanwalt, der uns einmal schrieb, weil angeblich seine Kreditkarte doppelt belastet worden sei. Kreditkarten sind ein Thema für sich. Jedes Unternehmen mit Kundenverkehr, jeder Friseur, jeder Verkäufer, jeder Kellner kann theoretisch mit der Nummer der abgegebenen Karte Schindluder betreiben, das ist technisch nicht zu verhindern. Wer kriminell ist, merkt sich die Nummer und bucht nach der regulären Bezahlung noch einmal einen Betrag ab, das geht ja auch über die manuelle Nummerneingabe. Dann nimmt sich die betrügende Person, der Friseur, der Verkäufer, der Kellner, den Betrag aus seinem Barumsatz und hat die Summe cash in der Hand. Jeder, dem man seine Kreditkarte gibt, kann das theoretisch machen, aber trotzdem passiert es absolut selten, bei uns in mehr als zwanzig Jahren genau einmal. Wer so handelt, wird nicht nur fristlos entlassen, sondern müsste auch erhebliche strafrechtliche Konsequenzen fürchten. Der Rechtsanwalt hatte uns in einem Ton geschrieben, der so aggressiv und nicht lösungsorientiert war, dass man sofort spürte, der hat doch ein ganz anderes Problem. Da wurde wild gedroht und geschimpft. Am Ende, nach einem nervtötendem Hin und Her, stellte sich heraus, dass er seine eigene Abrechnung nicht verstanden hatte und alles von unserer Seite korrekt war. Er hat einfach an dem Tag einen Prügelknaben für irgendwas gesucht. Im Dienstleistungsgewerbe muss man mit so etwas leben – das lässt sich nicht verhindern.

Beschwerdetyp Querulant: Es gibt glücklicherweise nur wenige von ihnen, aber wenn sie auftauchen, wird es schnell unangenehm. Sie brauchen manchmal noch nicht einmal einen sachlich begründeten Anlass, um die Stimme des Unmuts zu erheben. Sie quälen dich mit Beobachtungen von Kleinigkeiten, von denen man manchmal nicht weiß, ob sie stimmen oder erfunden sind. Einer vermisste einmal parfümierte Seife auf der Toilette. Ein anderer hielt mich einfach mal am Arm fest, was ich eh nicht leiden kann, und sagte: »Auf Ihrer Toilette…« Ich unterbrach ihn gleich: »…ich weiß, da fehlen die Papierhandtücher.« Er schüttelte den Kopf. »Nein, ein Mann und eine Frau sind zusammen auf einer Toilettenkabine verschwunden, anscheinend, um Sex zu haben!« Seine Stimme und sein Gesichtsausdruck spiegelten Empörung wider, erwartungsvoll starrte er mich an. »Na, wenn sie verschwunden sind, ist ja gut, dann sind sie ja weg«, antwortete ich, um ihn loszuwerden, und ließ ihn im Gang stehen, »oder sind sie in die Kabine eines Unbeteiligten eingedrungen?« Es gab offensichtlich keinen Grund einzugreifen, niemand war geschädigt oder belästigt worden. Damit verstießen sie gegen kein Gesetz, es war ihre Privatsache, die mich nicht interessierte – solange sie dabei die Tür zumachten. Ich bin kein Herbergsvater. Und ich lege auch keine parfümierte Seife aus.

Für Angeber und Querulaten ist Wein ein beliebtes Reklamationsfeld. Hier gibt es einige Leute, wieder ausnahmslos Männer, die sich als besonders geschulte Experten profilieren wollen. Bei einigen von ihnen korkt die erste Flasche praktisch immer, auch wenn der Wein okay ist, das finden die irgendwie gut, weil sie damit ihre besonders feine Hochleistungsnase unter Beweis stellen können, und das ist eine besondere Herausforderung für den Kellner. Er muss nach der zweiten Flasche die Weinsorte wechseln. Es gibt aber tatsächlich extreme Kandidaten, die lassen wirklich vier, fünf Flaschen aufziehen. Zum Glück haben wir solche Gäste praktisch nie, man trifft sie eher in bestimmten Angeberläden, wo auch Ferrari- oder Porsche-Schlüsselanhänger gerne demonstrativ auf den Tisch gelegt werden, egal, ob der Besitzer den dazugehörigen Wagen wirklich hat oder nicht.

Manchmal wollen Gäste den Wein zurückgehen lassen, weil er ihnen nicht schmeckt, obwohl sie ihn bestellt haben und er weder korkt noch gekippt ist. Das geht grundsätzlich nicht. Von einem Restaurantbesucher wird erwartet, dass er weiß, was er ordert, ähnlich wie sich ein Jeanskäufer im Nachhinein eigentlich auch nicht darüber beklagen kann, dass er keine Cordhose erworben hat, wobei der Umtausch der Hose meist kein Problem, eine einmal geöffnete Flasche dagegen verloren ist. Allerdings kommt es bei unerfahrenen Gästen in seltenen Fällen zu dem Missverständnis, dass sie glauben, das Ritual bei der Bestellung der Flasche, das Zeigen des Etiketts und das Probieren des ersten Glases, diene tatsächlich dem Testen des Weines. Dabei soll damit alleine die Richtigkeit der Bestellung überprüft werden. Ist es der Wein und der Jahrgang, den der Gast wollte? Da ist ein wichtiger Punkt, denn bei einigen Tropfen bedeuten unterschiedliche Jahrgänge höchst unterschiedliche Preise. Jedes Missverständnis muss daher vor dem Entwerten der Flasche, also vor dem Öffnen, ausgeschlossen werden. Und das erste Glas soll sicherstellen, dass der Wein nicht korkt. Für den Kellner gilt dabei übrigens die Regel: Es probiert immer derjenige, der bestellt hat. Nur bei einer größeren Runde kann er eventuell die Frage stellen, wer kosten will.

Sollte der Wein Kork haben, sollte man in jedem Fall reklamieren, selbst wenn man sich nicht sicher ist oder zu den schüchternen Gästen gehört, die sich am liebsten gar nicht beschweren würden, nicht mal, wenn es berechtigt ist, denn es gibt wenige Dinge, die bei einem Essen schlimmer sind als der ätzende Geschmack eines korkenden Weins.

Das Kork-Problem tritt immer weniger bei Weinen auf, die eher jung getrunken werden, denn hier hat sich meist der Schraubverschluss durchgesetzt, zudem haben generell immer weniger Flaschen echte Kork-Korken. Aber es gibt natürlich auch Probleme mit dem Wein, die man nicht beim ersten Riechen oder nach dem ersten Glas sofort feststellt, da muss man vorsichtig sein mit vorschnellen Urteilen. Manchmal haben Flaschen Frost abbekommen oder sind falsch gelagert worden, das kann jederzeit passieren, dann hat die Flasche tatsächlich ein Problem, auch wenn es nicht der Korken ist.

Das Reden mit Leuten ist ein wichtiger Aspekt meiner Arbeit. Am Tag lerne ich im Durchschnitt zwischen zehn und fünfzehn Leuten kennen, das sind mindestens 3500 im Jahr, also mehr als 100 000 in dreißig Jahren Gastronomie. Für viele ist es eine flüchtige Begegnung, die sie genauso schnell vergessen wie ich. Für andere ist es eine angenehme Begegnung, an die sie sich genauso gerne erinnern wie ich. Aber einige wenige, mit denen man auch einmal irgendwann Hände geschüttelt und meist gar nicht mehr geredet oder gemacht hat, glauben plötzlich, etwas über dich erzählen zu können, vielleicht meinen sie, das macht sie interessanter, vielleicht wollen sie auch nur etwas zu erzählen haben oder in einem langweiligen Moment die Lücke füllen, ohne sich etwas Besonderes dabei zu denken. Egal aus welchen Motiven, manchmal reden Menschen gut über dich, die das gar nicht beurteilen können, manchmal reden welche schlecht über dich, die das genauso wenig beurteilen können, noch öfter aber werden einfach die verwunderlichsten Storys in Umlauf gebracht, in denen ich schon alles war: vom Alkoholiker bis zum Nymphomanen, vom Drogenabhängigen bis zum Freigänger.

Es gab Leute, die ich nicht kannte und nie getroffen habe, die behaupteten, sie hätten mir Wohnungen vermietet, andere wollen von Taxifahrern gehört haben, dass sie mich regelmäßig in den Puff fahren – obwohl ich kein Freund von Prostituierten bin … Keine Geschichte ist zu blöd, keine Übertreibung zu grotesk, alles wird brennend heiß weitererzählt, topsecret, ganz wichtig, jetzt sofort. Aber als Inhaber eines Restaurants bist du eine einfache und naheliegende Projektionsfläche, dieses Schicksal teile ich mit fast all meinen Kollegen.

Tatsache ist, dass Leute, die über dich reden, in Wirklichkeit nur über sich selbst reden.

Auf die Gerüchte und öden Klatschgeschichten gibt es nur eine richtige Antwort: Forget it. Was immer erzählt und behauptet wird: Es ist völlig wurscht. Gerüchte sind wie das Hintergrundrauschen im All, waren immer da, werden immer da sein, das ist halt so. Jede Bekämpfung erreicht das Gegenteil, man äußert sich am besten gar nicht zu ihnen. Du kannst sie eh nicht verhindern oder unterbinden, wozu also aufregen? Das wäre die reinste Energieverschwendung.

Aber auch wenn man das Gerede generell ignorieren sollte, bedeutet das nicht, Klatschmäulern die Absolution zu erteilen. Wer Gerüchte über mich streut, den kenne ich nicht mehr, den ignoriere ich. Den identifizierten Dreckschleudern wird klar kommuniziert, dass ihr Verhalten erkannt worden ist und verurteilt wird, aber mehr so en passant, man übersieht sie einfach und zwar konsequent. Das ist die wirksamste Waffe, die man hat. Von mir gibt es keinerlei Beachtung für Menschen, die hinter meinem Rücken schlecht über mich reden.

Das ist, um es mal etwas unemotionaler zu betrachten, integraler Teil des Business und der Arbeit in der Öffentlichkeit. Anfangs versteht man überhaupt nicht, wie Menschen sich damit beschäftigen können, nach einer gewissen Zeit lernt man das als eine Art lästiges, aber unvermeidbares Nebengeräusch zu akzeptieren.

Ist der Klatsch nicht nur privat und fängt an, festere Formen anzunehmen, die spürbar das eigentliche Geschäft zu berühren beginnen, muss man in Ausnahmefällen doch einschreiten. Im Focus stand einmal an auffälliger Stelle, dass der damalige Chef der Deutschen Bank, Josef Ackermann, behauptet habe, er sei Teilhaber vom Borchardt. Offenbar ist er Miteigentümer der Immobilie, in der sich das Borchardt befindet, aber ganz bestimmt nicht am Restaurant selbst beteiligt. Das wurde aber nach dem Erscheinen von mehreren Publikationen wiederholt, daraufhin haben uns viele Leute gefragt, ob das stimmt. Als wir merkten, wie schnell das Kreise zog, haben wir uns die Mühe gemacht, all diese Zeitungen anzurufen, auf den Fehler aufmerksam zu machen und darum zu bitten, den Sachverhalt wenn möglich an anderer Stelle geradezurücken. Dem sind viele nachgekommen. Ein Jahr später wurde die Behauptung im Manager Magazin plötzlich einfach wiederholt, ohne auch nur einmal bei uns nachzufragen oder die Richtigstellungen in den diversen Blättern zu beachten. Daraufhin haben wir, was wir normalerweise ungern machen, unseren Anwalt eingeschaltet, um eine Gegendarstellung zu veranlassen.

*

Das Restaurant ist Teil des normalen Lebens und zugleich doch nicht das normale Leben. Die Grundlage der hier entstehenden Verbindungen zwischen Gästen einerseits und Kellnern, Restaurantleitern und Besitzern andererseits ist im Kern eine angenehme Geschäftsbeziehung, mitunter vielleicht eine freundschaftliche Geschäftsbeziehung, die aber in der Regel nicht mit echter Freundschaft verwechselt werden darf. Doch es gibt immer wieder Mitarbeiter oder auch Inhaber, die dieser Illusion aufsitzen, genauso wie es immer wieder Gäste gibt, die glauben, das Restaurant sei ein Familienersatz, auf den sie sich verlassen können. Natürlich mögen sich die Menschen, die sich hier auf dieser freundlichen, wenngleich professionellen Ebene treffen, aber das Verhältnis ist ähnlich belastbar wie die Familienzugehörigkeit bei einer täglichen

TV-Soap: Wenn die Kiste ausgeschaltet wird, ist Schluss. Es ist hilfreich, sich das immer wieder vor Augen zu führen.

Das Restaurant ist auch ein Ort, in dem sich viele Zweckgemeinschaften bilden und treffen, die für eine begrenzte Zeit in einem klar abgesteckten Raum ein gemeinsames Ziel verfolgen: einen schönen Abend zu verbringen und Spaß zu haben mit Menschen, die gar nicht mehr als das von einem wollen – was von vielen als äußerst befreiend empfunden wird, weil sie in diesem Ambiente und diesem Rahmen genau diese entspannte Unverbindlichkeit suchen. Ich liebe diese Zweckbündnisse, auch wenn man von den anderen nicht das ganze Bild erkennt, das sich hinter ihrem Restaurant-Ich verbirgt. Das ist meist auch nicht notwendig, aber einige verwechseln diese Ausnahmesituation mit einer echten, tiefer gehenden Verbundenheit. Wer diesem Irrglauben aufsitzt, muss enttäuscht werden.

Ich kannte mal jemanden, der mittlerweile seit zehn Jahren in Dahlem auf dem Friedhof liegt. Das war ein netter Kerl, umgänglich, mit einem intelligenten Humor und sehr gesellig, wie der Zufall wollte ein Saarländer wie ich selbst. Mit dem hatte ich viele Abende verbracht und lustige Dinge erlebt, aber wie wenig ich den tatsächlich gekannt hatte, wurde mir erst auf seiner Beerdigung bewusst.

Ich kam zu spät zur Trauerfeier, weil ich ausgerechnet am Vorabend leider ein bisschen abgestürzt und somit noch mit der Bewältigung eines amtlichen Katers beschäftigt war. Die Verspätung war mir unangenehm, gerade bei einer Beerdigung, bei *seiner* Beerdigung. Wie sich alle zu dir umdrehen, weil sie dich kommen hören, und du automatisch ganz hinten stehst, weil sonst nirgends mehr Platz ist, und sich dann ohne Vorwarnung die ganze Gemeinde in Bewegung setzt, weil der

Gottesdienst vorbei ist, und du, bevor du überhaupt angemessen reagieren kannst, plötzlich als einer der Ersten hinter dem Sarg mitgehst, obwohl du da gar nicht hingehörst, nur weil du an einer ungünstigen Stelle standest. Aber du kannst auch nicht mehr weg, weil das noch mehr Aufsehen erregen würde, also läufst du weiter, umgeben von Menschen, die du alle nicht kennst, Familienmitglieder wahrscheinlich, die sich fragen, wer du bist und warum du hier vorne läufst. Also lässt du dich unauffällig und peinlich berührt nach hinten fallen, um möglichst rasch die Entfernung zwischen dir und dem Sarg zu vergrößern, damit du nicht so auffällst, du, der Verkaterte inmitten der Trauernden.

Das war ein guter Kumpel von mir gewesen, vielleicht hatte ich ihn auch schon als Freund gesehen, aber wie sich am Tag seiner Beerdigung herausstellte, wäre das der falsche Begriff gewesen, viel zu hoch gegriffen, denn er traf nicht das Wesen unserer Beziehung, die praktisch nur in dem Sonderraum Restaurant und den meist damit verbundenen Abendstunden existierte und vielleicht auch nur dort bestehen, überleben und entwickelt werden konnte. Er war dabei, als wir in der Nacht des Mauerfalls mit ein paar Mitarbeitern und Gästen meines damaligen Charlottenburger Restaurants am Brandenburger Tor über die Mauer gestiegen und in den Osten gestürmt sind, der hat alles mitgemacht, das Prinzip war stets: Wenn du da bist, bist du dabei, wenn du nicht da bist, eben nicht. Es gab keine Verabredungen, keine Pläne, keine Termine – eine freie und manchmal durchaus intensive Verbindung, vereint in herzlicher Unverbindlichkeit, das ist der Kern vieler Kontakte, die im Restaurant entstehen.

Der eigene Alltag spielt kaum eine Rolle in der Beziehung untereinander, denn man erlebt gemeinsam keine Normalität, der Informationsbedarf ist daher gering, es wird einfach nicht drüber geredet. Dieser Aspekt fehlt nicht, er würde stören, denn man ist ja zusammen, weil man sich an einem Ort getroffen hat, an dem man vielleicht bewusst ein bisschen Urlaub von diesem Alltag machen will, das ist ja auch ein Grund, warum viele ein Restaurant aufsuchen, weil sie sich neben dem Essen noch andere Eindrücke wünschen, Abwechslung, Zerstreuung, Spaß – und Menschen.

Mein Kumpel war genau einer von dieser Sorte. Ein gut gekleideter, aufgeräumter, präsenter Mann, nie plump, immer charmant und bei den Frauen daher sehr beliebt. Er kam ins Lokal, manchmal haben wir einfach bloß zusammen gegessen, manchmal haben wir uns auch zusammen betrunken und aufregende Sachen erlebt, gelegentlich sind wir später weitergezogen und haben noch aufregendere Sachen erlebt, wenn es passte auch mal bis zum nächsten Morgen, das und nichts anderes war der Wesenskern unserer Beziehung. Er tauchte immer irgendwann in der Stadt auf, blieb für zwei, drei Monate, nur um dann plötzlich für einen ähnlich langen Zeitraum wieder weg zu sein.

Wohin und warum er jeweils verschwand, wusste ich nicht, er wollte nicht darüber reden, wie sofort klar wurde, als ich ihn einmal danach fragte, aber es gab auch keine Notwendigkeit, darüber zu sprechen, im Gegenteil, das Nichterklärenmüssen ist ein so angenehmes wie sinnvolles Element solcher Verbindungen. Man drängt niemanden zu Offenbarungen, und viele Menschen sind dankbar, wenn ihnen derartige Fragen erspart bleiben und sie einfach da anknüpfen können, wo sie beim letzten Essen im Restaurant aufgehört haben. Vielleicht ist dieser Geist in Berlin besonders stark ausgeprägt, wo du die besten Abende verbringen kannst, ohne dass jemand wissen will, was du machst oder wo du herkommst. Es ist eine nicht zu unterschätzende Freiheit, die dich schnell irgendwo reinkommen lässt, die aber auch dazu führt, dass du genauso schnell wieder draußen bist.

Mein Kumpel kam und ging, bald hatten wir uns an diesen Rhythmus gewöhnt. Aber auf einmal blieb er sehr lange weg. So lange, dass es auffiel, weil wir das noch nicht erlebt hatten. Er kam nie wieder. Er hatte sich umgebracht.

Und dort, auf der Beerdigung, auf der ich zu weit vorne stand und mit meinem Kater zu kämpfen hatte, erkannte ich: Ich hatte viele lustige Stunden mit dem verbracht, aber ich wusste eigentlich nichts von ihm. Gar nichts. Wir, der Gast und der Wirt, hatten uns gemocht, aber ich kannte praktisch nur den Restaurantbesucher. Der Rest: unbekannt.

Das wurde mir klar, als der Pfarrer mit seiner Rede anfing. Der Geistliche war offenbar seit seiner Kindheit eng mit dem Toten befreundet gewesen und kannte dessen Familie bestens. Der wusste also genau, über wen er da sprach, das war keine der 08/15-Ansprachen, die sich arme Würdenträger manchmal aus ein paar Informationsschnipseln zusammenrühren müssen, was einen als Teilnehmer einer solchen Beerdigung immer etwas peinlich berührt, wenn man den Toten besser gekannt hat. Dieser Pfarrer hielt eine flammende Rede auf einen Freund, den er jahrelang begleitet hatte und der ihm ein wirklich wichtiger Mensch gewesen war, von dem er gewusst hatte, was ihn bewegte und beschäftigte, durch jeden Satz schimmerte das enge Band, das diese beiden Lebensmenschen offensichtlich verbunden hatte. Seine Ansprache hat mich bewegt wie nur wenige Ansprachen in meinem Leben. Jedes Wort brachte für mich eine neue Erkenntnis.

Ich hatte weder gewusst, dass mein Kumpel mit einem

Pfarrer befreundet war, noch dass er an Religion irgendein Interesse gehabt hatte, was man aus dieser Freundschaft möglicherweise schließen konnte, vielleicht aber auch nicht – ich war zu Besuch in einer fremden Welt. Mein lustiger Charmeur entpuppte sich in dieser Rede als jemand Unbekanntes, dem, so schilderte es der Geistliche, wohl die fehlende Anerkennung des verbissen ehrgeizigen, strengen, aber dennoch über alles geliebten Vaters schon früh das seelische Rückgrat gebrochen hatte. Zeitlebens habe er deswegen an Depressionen gelitten, offensichtlich an wirklich heftigen, schlimmen Depressionen. Und in den Zeiten, in denen er ohne jede Erklärung verschwand, war er anscheinend immer wieder in diesen schwarzen Löchern versunken. Umgebracht hatte er sich wohl wegen Geldsorgen, die aber gar keine echten waren, sondern von ihm, einem smarten Geschäftsmann in einer boomenden Branche, nur so empfunden worden waren. Ein echtes Drama.

Dieser tragische Fall ist leider Teil einer bestürzenden Erfahrung: Die meisten Todesfälle, die ich bisher in meinem engeren und erweiterten Bekanntenkreis mitbekommen habe, waren nicht Unfälle oder Krankheiten, sondern Selbstmorde. Allein in Berlin sind es drei gewesen, jedes Mal war von Geldsorgen die Rede. Eine Depression ist eine schlimme und oft genug unerkannte Krankheit, die Menschen manchmal zum Selbstmord treibt – und die nicht selten harte Atmosphäre der Leistungsgesellschaft, die Geld und Erfolg fordert, trägt bestimmt auch ihren Teil dazu bei, sensiblen Menschen das Leben schwerer zu machen. Auch deswegen bin ich meinen Eltern im Nachhinein dankbar, dass sie Geld und materielle Dinge generell immer strikt vom Rest des Lebens getrennt haben. Das scheint mir eine gesunde und hilfreiche Einstellung zu sein.

Und während der Rede des Pfarrers auf dieser Beerdigung, ermattet am Sarg des Menschen, den ich vorher teilweise zu kennen glaubte, über den ich aber gar nichts gewusst hatte, wurde mir in aller Deutlichkeit noch einmal klar, dass es doch immer eine besondere Plattform mit ganz eigenen Regeln ist, auf der man den Menschen in einem Restaurant begegnet. Auch wenn man sich auf einer gemeinsamen Wellenlänge zu bewegen scheint, lernt man lediglich einen Teilaspekt von ihnen kennen, selbst wenn man mal jemanden besonders nett findet. Es mag ein sehr angenehmer Ausschnitt sein, aber es bleibt ein Ausschnitt, denn das Restaurant ist und bleibt ein ganz spezieller Theatersaal. Mal dreht sich alles um das Essen und um die Gespräche, mal um nette Bekanntschaften oder eine schöne Auszeit, manchmal liegt der Schwerpunkt vielleicht auf dem Saufen und dem großen Spaß, aber immer geht es eher um *The Bright Side Of Life*. Das ist die Grundmelodie, das ist der Rhythmus, zu dem sich alle auf dem Parkett bewegen.

Von Sonderwünschen und Privilegien

Sonderwünsche gehören zum täglichen Geschäft in einem Restaurant, wobei man unterscheiden muss zwischen Wünschen, die zu einem normalen Dienstleistungsbetrieb gehören, und solchen, die qualitativ anders sind und ein anderes Ziel haben.

Will ein Gast ein besonderes Gericht, das eigentlich nicht auf der Karte steht, sagen wir »Spiegelei mit Kartoffeln«, und geht das in dem Moment, weil die Kapazitäten da sind, macht man das natürlich gerne. Das ist völlig selbstverständlich und einfach guter Service. Nur wenn in der Küche die Hölle los sein sollte und erst jemand in den Keller gehen müsste, um Eier zu holen oder der Aufwand aus anderen Gründen in der Sekunde zu groß werden sollte, lässt man es. Grundsätzlich sind wir bereit, Sonderwünsche zu erfüllen, stören sie den Ablauf jedoch zu sehr, sind sie leider nicht erfüllbar.

Zusätzliche Schwierigkeiten können auftreten, wenn man mit der Zeit zu viele Gäste mit den immer gleichen Sonderwünschen hat – der eine will immer Bratkartoffeln mit Spiegelei, ein anderer immer Würstchen mit Kartoffelsalat, ein Nächster schwört auf Hummer mit Tomaten, und keines der Gerichte steht auf der regulären Karte –, dann wird bald der Normalbetrieb gefährdet und Kellner und Köche werden wahnsinnig. Sollten die Sonderwünsche von Stammgästen kommen, besteht darüber hinaus die Gefahr, dass untereinander ein wahrer Wettbewerb der Sonderwünsche entsteht, der zu einem Overkill ausartet. Wird der wiederkehrende Sonderwunsch stets erfüllt, ist er schnell ein festes Privileg und wird möglicherweise bald schon mit großer Selbstverständlichkeit eingefordert.

Mein Kollege, der Münchener Barmann und Boxer Charles Schumann, könnte davon ein Lied singen. In einem Interview hat er mal darüber geklagt, wie ihm die alten Stammgäste das Leben zur Hölle gemacht haben, damals, als sein Laden, das großartige Schumann's in München, noch an der Maximilianstraße gelegen war, er hat das nach eigenen Aussagen regelrecht gehasst, von einer »Diktatur der Gäste« hat er gesprochen, von einer »unglaublichen Katastrophe«, so schlimm haben sie ihm mit ihrem Dünkel und ihren Forderungen mitgespielt. Gar nicht mehr wie der Herr im Haus hat er sich manchmal gefühlt. Da haben Leute auf ihre festen Tische bestanden, die auch dann bereitstehen mussten, wenn sie gar nicht da waren. Der Charles konnte, leicht übertrieben betrachtet, dem einmal eingefahrenen Ancien Régime seiner eigenen Bar praktisch nur dadurch entkommen, dass der Laden, wie die Umstände es damals erforderten, umziehen musste, so hatte er die Gelegenheit zu einem Neuanfang.

Es gibt wohl in jedem Restaurant immer ein paar Gäste, die sich nur richtig wohl fühlen, wenn sie ihr Revier markieren können, und zwar so, dass es alle anderen auch mitbekommen. Sie wollen eine besondere Behandlung erfahren, mit ihnen soll anders umgegangen werden als mit allen anderen Menschen im Raum, zumindest aber anders als mit den meisten anderen. Erst wenn sie das erreicht haben, sind sie zufrieden. Es geht ihnen allein darum, den Ort zu dominieren, aus diesem Gefühl der Macht ziehen sie ihre Befriedigung. In einem früheren Szenelokal in Westberlin sollen einzelne Gäste den Inhaber schon genötigt haben, bestimmten Leuten keinen Tisch zu geben, weil sie die nicht leiden konnten.

Neben dieser Minderheit gibt es viele Gäste, die zwar nicht bevorzugt behandelt werden wollen, aber auch auf gar keinen Fall schlechter als irgendwer anderes. Sie bestehen auf absolute Gleichbehandlung und achten genau darauf, ob einem anderen Besucher, egal ob unbekannt oder prominent, beispielsweise die Tür aufgehalten wird, ihnen selbst aber nicht. Diese Mentalität ist in Deutschland besonders stark ausgeprägt – im Gegensatz zu anderen Ländern wie beispielsweise Frankreich. Wenn dort, sagen wir, Gérard Depardieu in einem vollen Restaurant einen Platz will, wäre es wohl für die meisten Franzosen nicht mal ein Problem, aufzustehen und ihren Tisch für ihn frei zu machen, das fänden die gar nicht schlimm. Dieses Verhalten können die meisten Deutschen nicht nachvollziehen – und ich auch nicht.

Privilegien belasten nicht nur Küche und Kellner, sondern widersprechen in krasser Form dem demokratischen Modell, nach dem ein gutes Restaurant organisiert sein sollte. Alle finden sich auf derselben Höhe als Gleiche unter Gleichen wieder, wenn einige aber bitte, bitte ein bisschen gleicher sein wollen, ist das nicht mehr kompatibel, dadurch gerät die ganze Konstruktion aus der Balance. Ist erst einmal eine Unwucht etabliert, fängt der Laden spürbar an zu leiern. Wer nicht mehr kommt, weil ihm Privilegien verweigert werden, der soll einfach wegbleiben. Aber, wie gesagt, ein paar kleinere Wünsche erfüllen wir gerne im Rahmen unserer Möglichkeiten – oder haben damit zu kämpfen.

Ein bekannter Münchener Regisseur hatte einmal eine Phase, da wollte er ernsthaft durchsetzen, dass jedes Mal, wenn er kommt, auf seinem Tisch eine Kerze brennt. Das wäre der einzige Tisch gewesen, auf dem eine Kerze gebrannt hätte. Erst dachten wir, der macht Spaß, das ist so ein Running Gag, eine Fopperei, die nichts anderem dient als der Kommunikation. Aber damit lagen wir falsch. Das war ihm extrem wichtig, er hat tatsächlich auf dieser Kerze bestanden. Wir haben diesen Wunsch konsequent ignoriert, worauf er irgendwann angefangen hat, selbst Kerzen mitzubringen, um sie sich auf den Tisch zu stellen. Wir haben ihm erklärt, warum das aus unserer Sicht keine gute Idee ist, wenn er als Einziger immer mit einer Kerze am Tisch sitzt – hier würde ein einmaliger Sonderwunsch durch laufende Wiederholung zu seinem persönlichen Privileg, und wir hätten nicht vor, generell ab sofort auf allen Tischen Kerzen zu platzieren. Das ist schnell ein bisschen eskaliert, und er hat damit gedroht, gar nicht mehr zu kommen, wenn er diese Kerze nicht aufstellen dürfte. Wir haben ihm immer wieder sehr freundlich erklärt, warum das mit der Kerze nicht ginge. Irgendwann ist er tatsächlich aus Protest nicht mehr erschienen. Nach einiger Zeit, warum auch immer, kam er ab und zu wieder – leiden konnte er uns nicht mehr, aber wir haben nie wieder über die Kerzen gesprochen.

Unsere Weigerung war keine willkürliche Böswilligkeit, sondern berührt eine ganz grundsätzliche Frage: Man kann sich von keinem Gast das Konzept für das eigene Restaurant vorschreiben lassen. Natürlich sind wir für die Gäste da, aber immer nur für eine bestimmte Zielgruppe, und das Borchardt ist für Leute, die urbane Gastronomie mögen, das ist unser Konzept, das verfolgen wir konsequent und stringent, das ist unser Angebot an den Gast. Es gibt immer Gäste, denen die Musik fehlt oder zu laut oder zu leise ist, manche mögen das Licht, andere hätten es gerne heller oder dunkler, einer will Kerzen auf dem Tisch, der Nächste vielleicht Blumen, so kommt man nicht weiter.

Du selbst als Gastronom musst wissen, was du willst, und das dann umsetzen, egal, was die anderen individuell gerne ganz anders hätten, du formulierst und bestimmst das Angebot, die anderen nehmen es an – oder meinetwegen auch nicht. Deine Gäste können dir nicht den Laden machen, das musst du schon selbst erledigen.

*

Manchmal wird uns gewissermaßen vorgeworfen, zu uns würden die Leute nur gehen – wohl im Gegensatz zu anderen Restaurants –, um gesehen zu werden. Das halte ich für eine problematische und nicht korrekte Einschätzung. Wer nicht gesehen werden will, wer das wirklich ernst meint, der wird sich wohl grundsätzlich nicht in einem Restaurant treffen, ganz bestimmt aber nicht in einem Restaurant irgendwo mitten in der Stadt, und dann ist es auch egal, ob wir das sind oder ein Laden um die Ecke. Im Berliner Zentrum ist jedes Restaurant noch mehr Öffentlichkeit als in Randbezirken oder auf dem Land, das liegt in der Natur der Sache.

Das Label »Promi-Lokal« für das Borchardt ist früh von der Presse erfunden worden, oder besser gesagt: von Franz Josef Wagner, einem legendären Journalisten und heute bundesweit bekannten Kolumnisten, der damals Chef eines Berliner Boulevardblattes war. Der hatte wochenlang jeden Abend draußen vor der Tür zwei Mitarbeiter im Auto postiert, die sich auf jeden halbwegs bekannteren Gast gestürzt haben. Praktisch jeden Tag stand in der Zeitung, wer hineingegangen ist, wer herausgekommen ist, teilweise auch mit wem. Das war weder für uns noch für unsere Gäste angenehm. Die ständige Präsenz Wagners Untergebener samt Kamera vor der Tür hat eine Zeit lang bestimmte Leute regelrecht von einem Besuch bei uns abgeschreckt. Diese Aktion war damit nicht nur lästig, sondern in gewisser Weise auch geschäftsschädigend. Diese Probleme hörten erst auf, als Wagner nicht mehr Chefredakteur war. Eigentlich hielt ich ihn immer für einen patenten Kerl und lustigen Gesprächspartner – trotzdem hat er uns damit einen Haufen Ärger gemacht.

Aber das Promi-Etikett klebt seitdem sehr fest auf der Borchardt-Tür, was mir gar nicht so lieb ist. Viele Menschen mögen dieses Etikett zu Recht nicht, sie suchen selbst an einem öffentlichen Ort wie einem Restaurant eine geschützte Sphäre, und genau das ist unser Prinzip der Privatheit. Und das gilt für weniger bekannte Gäste wie für bekanntere. Aber etwas anderes ist noch viel entscheidender: Mit Leuten, die wegen des Promi-Etiketts statt zum Essen nur wegen der Prominenten kommen, kann man keine interessante Gastronomie machen. Das gleiche gilt für Leute, die wegen dieser Schublade erwarten, dass Prominente und sie selbst besonders behandelt werden. Diese Erwartungshaltung führt nach Eitelhausen und damit in die furchtbarste Langeweile. Solche Besucher braucht man nicht. Stehen Autogrammjäger vor der Tür, das können an manchen Tagen mehrere Dutzend sein, die wir teilweise schon kennen, achten wir darauf, dass die nicht mal eben unter einem Vorwand auf die Toilette schlüpfen, um so ihr Glück zu versuchen. Man merkt es Leuten schnell an, wenn sie nur zum Gaffen kommen.

Wir haben aus ganz grundsätzlichen Überlegungen auch weder Fotoalbum noch Gästebuch, weil das eine wie das andere bloß Zustände der Vergangenheit dokumentiert, diese Historienschau aber niemandem etwas bringt, denn ein Restaurant ist kein Produkt wie ein Kleid oder ein Auto, es muss sich jeden Tag neu erfinden und beweisen – mit jedem Gastkontakt, mit jedem Essen, mit der Stimmung, die an jedem Abend neu entsteht. Wer das Pech hat, von einem unmotivierten Kellner bedient zu werden, ein schlecht gekochtes Essen serviert zu bekommen oder sich mit einem trägen Restaurantleiter herumschlagen muss, der hat nach seinem Empfinden ein schlechtes Restaurant besucht, auch wenn er an dem Tag vielleicht der Einzige gewesen sein mag, dem es dort so ergangen ist. Entweder du bist an einem konkreten Abend gut, oder vergiss es. Der Glorienschein über der Vergangenheit ist ein lästiger Mühlstein, auch wenn die Vergangenheit erst zwei

Tage zurückliegt. Wir haben keine Geschichte, wir kämpfen nur für die Gegenwart. Noch schlimmer als Alben sind Fotos von Prominenten, die in Restaurants aufgehängt werden, am besten noch Arm in Arm mit dem jeweiligen Inhaber. Ich hasse diese sentimentalen Bräuche in Restaurants.

Eine Reporterin der deutschen Vanity Fair hat mich einmal nach Fotoalbum und Gästebuch gefragt, und ich habe ihr genau erklärt, warum sie das hier nicht finden wird. Sie hat auch wissen wollen, ob mal jemand nach einem Gästebuch gefragt habe. Da habe ich wahrheitsgemäß geantwortet: »Ja, der Helmut Kohl«, und ihr die Umstände erläutert, unter denen er die Frage gestellt hatte. Kohl war öfter hier, und weil er das aus anderen Restaurants so gewohnt war, hat er aus reiner Höflichkeit, weil er uns einen Gefallen tun wollte, danach gefragt: »Wenn ihr eins habt, dann trage ich mich da ein, wenn ihr das wollt.« Aber weil wir keins hatten, war es das dann auch. Kein großes Ding.

Die Reporterin hat das aber so aufgeschrieben, dass man aus dem Text den Eindruck gewinnen konnte, der Altkanzler habe gejammert und sich um jeden Preis irgendwo verewigen wollen, aus Eitelkeit oder Selbstüberschätzung, wie die Reporterin zu suggerieren schien, und habe nur deswegen nach dem nicht existierenden Gästebuch gefragt. Das hatte ich aber weder so gesagt noch so gemeint. Diese falsche Darstellung in dem Artikel hat den Altkanzler damals sehr geärgert. Er hat sich erbost schriftlich an die Chefredaktion von Vanity Fair gewandt und auch mir einen Beschwerdebrief geschrieben, mit der Hand sogar.

Wir sind also eine öffentliche Bühne, wie jedes andere Restaurant auch, und zugleich ein Spiegel der gerade herrschenden gesellschaftlichen Atmosphäre. Mit dem Umzug der Regierung von Bonn nach Berlin kamen viele Politiker in die Stadt. Die haben schnell gemerkt, im Borchardt haben sie selbst in der Innenstadt ihre Ruhe. Wir lassen keine Fotografen zu, hier werden sie nicht von Autogrammjägern oder nervigen Gästen angequatscht, und wenn sie sich bei uns zu Gesprächen treffen, steht das fast nie am nächsten Tag in der Zeitung. Ganz kann man nie ausschließen, dass es jemand nach außen trägt, weil am Nebentisch zufälligerweise ein Journalist sitzt etwa, aber von uns selbst geht nichts nach draußen. Auch so etwas spricht sich rasch herum.

Dieses Gefühl von relativer Sicherheit in einem gastronomischen Betrieb ist kein Zufallsprodukt, sondern das Ergebnis einer Anstrengung von Gastgeberseite. Du musst dafür sorgen, dass solche Gäste nicht belästigt werden, dass denen während des Essens nicht einfach die Medien auf die Pelle rücken oder sie sonst wie von übermütigen Besuchern von der Seite angegangen werden.

Ich weiß nicht, wie der Helmut Kohl der Bonner Jahre war, aber in Berlin wollte er auch mal öfter unter Leute, das hat hier anscheinend gut gepasst für den, dann kamen die Schröder-Jahre, der gerade am Anfang mit seiner Mannschaft für einen etwas anderen, offeneren Regierungs-Stil sorgte, die ganze Truppe schien weniger Berührungsängste zu haben und sich gerne im Stadtleben normal zu bewegen, was ja nicht nur von der Presse sehr wohlwollend registriert wurde.

Der Kanzler und diverse Minister besuchten wie selbstverständlich mittags oder abends Restaurants, ohne großes Tamtam, ganz entspannt. Die rot-grünen Regierungsmitglieder wirkten bei solchen Gelegenheiten immer sehr locker. Die aktuelle Regierung und ihre Chefin selbst sind diskret, aber keinesfalls scheu. So prägt auch jede Regierung einen bestimmten Stil und die Stimmung in der Stadt.

Es ist aber als Amtsträger auch nicht unbedingt leicht, sich normal in den gastronomischen Betrieben der Stadt zu bewegen. Im Café am Neuen See habe ich einmal einen ehemaligen Wirtschaftsminister beobachtet, der sich am Wochenende mitten in den Biergarten gesetzt hat, was ich sehr mutig fand, für alle ganz offensichtlich war er privat mit Familie unterwegs. Diese Tatsache hat einige Umsitzende aber in keinster Weise interessiert, die haben den armen Kerl am laufenden Band angesprochen, manche davon haben ihm richtige politische Diskussionen aufgedrängt. Als das Treiben gar nicht mehr aufhörte, habe ich ihn gefragt, ob er nicht etwas separater sitzen wolle. Das hat er abgelehnt. Das seien seine Wähler, die hätten ein Recht darauf, mit ihm zu reden. Das hat mir geradezu imponiert, wie ruhig und besonnen der damit umgegangen ist, der ließ sich gar nicht aus der Ruhe bringen.

Wenn Verantwortungsträger geschütztere Räume wie bestimmte Restaurants aufsuchen, können sie allerdings Probleme kriegen, weil sie möglicherweise unter Glamour-Verdacht geraten, was für einen deutschen Politiker ein gefährliches Etikett sein kann. Als sich Schröder als Regierungschef einmal in einem guten Anzug ablichten ließ, wurde er danach lange als »Brioni-Kanzler« verspottet. Man kann manchmal den Eindruck gewinnen, dass deutsche Politiker nach Ansicht einiger

Medien gar nichts in Restaurants zu suchen haben, weil das schon als überflüssiger Luxus gilt.

Amerikanische, französische und italienische Spitzenpolitiker gehen mit solchen Selbstverständlichkeiten wie Restaurantbesuchen eher lässig um. Also sind wir davon ausgegangen, dass es beim Besuch des damaligen Präsidentschaftskandidaten Barack Obama ähnlich wird.

Im Vorfeld gab es die üblichen Kontakte und Überprüfungen, das läuft alles über die entsprechenden Abteilungen des Hauses wie das Sekretariat oder die Technikabteilung. Die Amerikaner bereiteten diesen Besuch gewissenhaft vor, mittags und nachmittags gab es die letzten Kontrollen. Die Security-Beamten der US-Botschaft suchten mit ihren Spürhunden alles nach Sprengstoff ab, auch die Küche, und prägten sich alle Wege ein. Die kennen den Ort genau, an den sie ihren Schutzbefohlenen lassen, und wissen exakt, wie sie reinkommen, und auch, wie sie wieder rauskommen, falls es nicht mehr durch den Eingang vorne gehen sollte, keine Eventualität wird ausgeschlossen.

Obamas Gesellschaft hatte vorne rechts vom Eingang aus gesehen die ganze Seite reserviert, aber nur diesen Teil, nicht das komplette Restaurant. Der nächste Mann an Amerikas Spitze speist da, wo alle anderen in der Stadt auch essen gehen, die Message hinter diesem Teil seines Programms war offensichtlich und natürlich völlig in Ordnung. Ihm selbst dürfte eigentlich wurscht sein, wo er isst, er hat schließlich wichtigere Sachen im Kopf, da verlässt er sich auf sein Team.

Das Protokoll nötigt ihn auch zu Pflichtübungen wie dem obligatorischen Handshake mit dem Inhaber. Das ist überflüssig und bringt niemandem etwas, ganz bestimmt nicht

Obama, der den ganzen Tag dazu genötigt wird, die Hände unbekannter Menschen zu schütteln, aber weil sein Umfeld das so vorgesehen und eingeplant hat und keine Abweichungen des Programms zulässt, steht man dann trotzdem da und erledigt das Ritual, obwohl man es dem Mann gerne erspart hätte.

Eine halbe Stunde vor ihm waren drei muslimische Frauen gekommen, sehr schicke Frauen in schönen Kleidern und eleganten Kopftüchern, die ihre Kinder in Kinderwagen dabeihatten. Wir fanden spontan die Idee lustig, die drei Muslima nahe der amerikanischen Delegation zu platzieren, praktisch direkt neben Obama. Weiter haben wir nicht darüber nachgedacht.

Dann betraten die ersten amerikanischen Securitys den Laden, ein kleiner Voraustrupp nur, sehr smart wirkten die, sehr professionell, sehr elegant, keine Fleischklopse. Dieser erste Auftritt war auch deshalb so beeindruckend, weil sie es zu keiner Sekunde nötig hatten, auf den Putz zu hauen oder gorillamäßig durch den Laden zu pflügen. Die kommen nicht rein und verbreiten erst einmal Angst und Schrecken. Diese Männer, die den gefährdetsten Menschen der Welt schützen, sind sehr bestimmt, sehr höflich und überraschend unauffällig.

Drei dieser Secret-Service-Agenten, d-r-e-i-!!, stellten sich nach kurzer Zeit ganz entspannt vor den Tisch mit den Muslima und kehrten ihnen den Rücken zu. Der ganze Tisch verschwand praktisch hinter dieser Security-Wand. Die stellten sich da hin und blieben da auch die ganze Zeit, rührten sich kein bisschen, blieben höflich, wie festgeklebt, als hätten sie das schon ihr ganzes Leben gemacht und als sei es das Normalste auf der Welt, einfach direkt vor dem Tisch zu stehen. Den Frauen mit ihren Kindern war es offensichtlich egal, sie fühlten sich anscheinend nicht gestört, hatten aber, charmant formuliert, doch eine etwas beschränkte Aussicht auf den Rest des Saales und sahen eigentlich nur noch die Rücken der drei Männer. Eigentlich eine unfassbare Unverschämtheit. Also sind wir zu ihnen hin und haben gesagt: »Können Sie sich bitte hierhin oder dorthin setzen.« Sie blieben sehr freundlich, sagten wohlwollend: »Ja ja.« Und bewegten sich keinen Millimeter.

Egal, wie oft wir es probierten, egal, was man denen sagte, die antworteten immer nur sehr zuvorkommend: »Ja ja.« Und taten nichts. Es war sinnlos, sie hörten gar nicht zu, blieben aber, wie gesagt, vorbildlich freundlich. Sie ließen dich smart lächelnd abblitzen, obwohl ihre Sprache signalisierte, dass sie etwas verstanden hatten. Eigentlich entspricht das exakt unserer eigenen Vorgehensweise in Konfliktfällen: Je freundlicher man ist, desto weniger Angriffsfläche bietet man. Das ist ein alter Kommunikationstrick für unangenehme Situationen, den sie mit großer Lässigkeit und Perfektion vorführten: Wenn man mit jemanden nicht reden will, wenn einem einer wirklich absolut egal ist, dann grinst man ihn einfach nur an und bejaht alles, egal, was der andere sagt und was er einem an den Kopf werfen mag, immer die gleiche, freundliche, nichts sagende Reaktion, dann kann der andere nichts mehr machen, damit bremst man alle aus. So ging es uns jetzt auch. Man hätte die wegtragen müssen, buchstäblich, anders wären die nicht wegzubewegen gewesen, aber gerade das war nicht wirklich eine realistische Option. Uns war klar, gegen die amerikanische Regierung konnten wir nichts ausrichten. Und da die coolen Muslima sich selbst hinter ihren »persönlichen« Bodyguards prächtig zu amüsieren schienen, gaben wir einfach auf. Eine andere Wahl hatten wir auch gar nicht.

Zuerst waren nur zehn Security-Agenten im Laden, relativ zügig folgten weitere. Draußen auf der Französischen Straße wurde es bald absurd. Die Fahrbahn war verstopft mit amerikanischen Limousinen, Begleitpersonal, die ganze Entourage rückte jetzt an, dazu hatten sich bestimmt rund tausend Passanten eingefunden, die Obama sehen wollten, sie standen zwischen den Autos, auf den Autos, aus den gegenüberliegenden Fenstern hingen die Schaulustigen, ein einziges wahnsinniges Menschenknäuel waberte hin und her, nichts ging mehr.

Von der Sekunde an, in der Obama das Borchardt betrat und sich mit seiner Gesellschaft hinsetzte, war nichts mehr wie vorher. Blitzschnell vertauschten sich die Rollen und das Machtgefüge, kein Zweifel blieb, wer hier sozusagen nur noch Gast war und wer jetzt die Order gab. Wir hatten nichts mehr zu sagen.

Fasziniert und erstaunt konnte man beobachten, wie die Security anfing, den Verkehr im Restaurant zu regeln, niemand konnte sich mehr frei bewegen, weder Gäste noch Kellner, aber ganz unaufdringlich und geräuschlos gingen diese Kerle vor, niemals laut oder grob, reibungslos lief alles weiter, wenn auch unter anderen Vorzeichen und nach neuen Regeln. Die meisten Gäste bemerkten den Machtwechsel gar nicht. Diskussionen mit den neu hinzugekommenen Anzugträgern waren genauso sinnlos wie mit ihren drei Kollegen, die immer noch wie festgemauert vor dem Tisch mit den drei Frauen standen, es war ein unaufgeregter Ausnahmezustand, die hatten den Laden unter ihrer totalen Kontrolle. Ich fühlte mich machtlos und sehr überflüssig, zumal es sowieso keine neuen Gäste von draußen durch das Gewirr am Eingang nach drinnen schafften. Es machte auch keinen Sinn, sich darüber aufzuregen, es hätte nichts geändert, also verzog ich mich lieber auf die Terrasse, die letzten Quadratmeter des Restaurants, die noch nicht von den fremden Truppen besetzt worden waren. Hier draußen schien alles seinen normalen Gang zu gehen, so normal, dass einige Gäste tatsächlich gar nicht mitbekamen, dass Obama da war. Dass sie das nicht registriert hatten, wurde mir erst klar, als ich mich später bei ihrer Verabschiedung für die entstandenen Unannehmlichkeiten entschuldigen wollte und an ihren erstaunten Blicken merkte, dass sie gar nicht wussten, wovon ich redete.

Das Essen selbst verlief unaufgeregt und reibungslos. Vorher war natürlich ein Menü abgesprochen worden, damit es zu keinerlei Verzögerungen kommen würde. Bei Obama kam das US-Steak sehr gut an, er wollte es »medium rare«, das hat der Küche sehr gut gefallen, der ist ein Gourmet, hieß es bei denen sofort, so ein Mann von Welt weiß eben, wie man so ein Steak isst – danach fanden die den noch toller als ohnehin schon.

Aus der Ferne beobachtete ich das Treiben mit mehr als gemischten Gefühlen, es war irgendwie wie in einem fremden Restaurant, das war nicht schlimm, es schien ja alles ordentlich weiterzulaufen, aber es war doch, man könnte sagen, sehr anders und ganz bestimmt nicht so, wie ich mir das normalerweise vorstelle, so ein Quasi-Feierabend mitten im Betrieb im eigenen Laden. Wir sind im Borchardt einiges gewohnt und hatten schon einige Gäste, deren Kommen mit einer gewissen Aufregung und organisatorischem Aufwand verbunden war, aber das stellte bei weitem alles in den Schatten. Das war der einzige Abend in meiner Laufbahn, an dem ich die Verantwortung für den Laden komplett abgegeben habe.

Auf der Terrasse saß zwei Tische neben mir eine sehr umtriebige brünette Berliner Boulevard-Journalistin, die uns schon öfter wegen ihrer ungehemmten Art aufgefallen war und die uns auch schon ein paar Mal Probleme bereitet hatte, weil sie sich im Restaurant einfach bestimmten Gästen genähert oder es zumindest offensiv versucht hatte. So etwa bei Bob Geldof. Obwohl sie eigentlich eine Schreiberin und keine Fotografin ist, hat sie den Musiker bei einem seiner vielen Besuche hier einfach über die Balustrade vom Nachbartisch beim Essen ablichten wollen. Das konnten wir nur dadurch verhindern, dass sich dauernd ein Kellner zwischen ihrer Handykamera und seinem Tisch aufgebaut hat. Spätestens seit diesem Vorfall galt sie bei uns ein bisschen als unkalkulierbares Risiko. Auf die musste man immer ein besonders aufmerksames Auge werfen. Kamen Gäste, die möglicherweise für ihre Arbeit interessant sein könnten, setzten wir sie immer möglichst weit weg von den potentiellen Objekten ihrer Begierde, um solche Annäherungsversuche zu unterbinden oder im Ernstfall zumindest schnell genug jemand hinschicken zu können.

Als Obama gehen wollte, hatten sie seinen Weg nach draußen im Gastraum mit Bodyguard-Ketten abgeriegelt. Schulter an Schulter standen sie, drei hier, drei dort, drei da drüben, es gab kein Durchkommen mehr. Die Kerle sahen in ihren Anzügen übrigens aus, als kämen sie nicht vom Secret Service, sondern von einer Model-Agentur. Und trotzdem zweifelte man nicht den Bruchteil einer Sekunde daran, dass sie im nächsten Moment, wenn nötig, bereit wären, zum Schutz ihres Chefs den Laden plattzumachen oder halb Berlin auszuradieren.

Ich stand etwas weiter entfernt und beobachtete den Abschied aus sicherer Distanz von der Küchentür aus und hatte keinerlei Ambitionen, dem umschwärmten Gast das Leben noch schwerer als nötig zu machen und ihm zum Abschied noch einmal die Hand zu schütteln. Er war kreisförmig von seinen Bodyguards abgeschirmt, auch vorne im Gang vor dem Tresen hatten sich welche aufgebaut. Und plötzlich kam die Boulevard-Journalistin von der Terrasse wie eine Wahnsinnige angespurtet, geradewegs auf Obama, oder besser gesagt auf seine Bodyguards im Gang zu. Mir wurde augenblicklich ein bisschen schlecht.

Ohne abzubremsen, rannte sie auf die menschliche Hürde zu, nur um im letzten Moment direkt vor den Leibern der Männer abzuheben und mit großem Anlaufschwung ihren Körper irgendwie halb auf die Schultern der Securitys zu wuchten, die ungerührt und unbewegt weiter im Flur standen. In dieser seltsam bizarren Position, die Füße in der Luft, schaffte sie es mit ungeheuerer Anstrengung und maximaler Dehnung aller Gliedmaßen tatsächlich, mit einer Hand Obamas Schulter zu berühren. Ich dachte, ich werde nicht mehr: Ist die denn völlig durchgeknallt? Das sah nach echtem Stress aus, nach der Möglichkeit roher Gewalt, weswegen ich gleich in ihre Richtung geeilt bin. Aber die Bodyguards waren die Ruhe selbst und schoben sie bloß beiseite. Es gab keinen Aufschrei, kein böses Wort, nur sehr bestimmtes Handeln. Selbst wenn man eine Waffe zücken würde, würden diese Männer einen wahrscheinlich mit unbewegter Miene erschießen und bloß sagen: »No problem, everything is fine!« Frage ich also völlig entgeistert die gerade so Gestoppte: »Was sollte das denn jetzt?« Sagt die nur grinsend: »Wieso, ist doch geil, mal Obama berührt zu haben.«

Die Journalistin, schon lange kein junges, unerfahrenes

Huhn mehr, war weder beleidigt noch irritiert durch meine Frage, nichts an ihrem Verhalten fand sie seltsam oder bedenkenswert. Sie versuchte auch erst gar nicht, ihren verzweifelten Versuch, um jeden Preis Obama zu berühren, als Versehen oder Missverständnis hinzustellen. Im Gegenteil. Die fand sich und ihr Vorgehen richtig prima. Da wurde sie mir schon wieder richtig sympathisch – ein Kulturschock blieb es trotzdem.

Übrigens haben Obama und seine Entourage natürlich ganz normal die Rechnung für ihr Essen bezahlt, und ich gehe fest davon aus, dass sich der amerikanische Staat das leisten kann. Es gibt bei uns keine Rabatte für Prominente oder irgendjemand sonst, weil wir solche Nachlässe für einen Fehler halten. Sie kosten nicht nur Geld, sondern schaffen auch mehr Probleme als Vorteile. Wem will man Rabatt geben, wem nicht, zu welchem Anlass und in welcher Höhe, was passiert, wenn jemand mitbekommt, dass einem anderen ein solcher gewährt wird, ihm selbst aber nicht – das sind offensichtlich zu viele vermeidbare Konflikte, deshalb ist unsere Politik ganz einfach: keine Rabatte. Nur bei manchen jüngeren Gästen, die offensichtlich knapp bei Kasse sind, machen wir gerne mal eine Ausnahme oder geben ihnen einen aus.

Man darf die positiven Folgen von so einem Politikerbesuch für das Restaurant übrigens nicht überschätzen. Einerseits zieht jemand wie Obama eine extreme mediale Aufmerksamkeit auf sich, und das führt zu einem größeren Bekanntheitsgrad des Ladens, das ist keine Frage und auf jeden Fall kein schädlicher Effekt, aber schon wenig später interessiert das niemanden mehr. Ob der Superpromi da war oder nicht, macht keinen einzigen Gast glücklicher, kein Essen leckerer, keinen Drink kühler und keinen Kellner verbindlicher. Der »Wow!«-Effekt hat eine maximale Halbwertzeit von einem Tag, na gut, von zwei Wochen. Wenn sich jemand über den Service oder das Essen ärgert, ist die Halbwertzeit dagegen viel länger, und er wird auch nicht wiederkommen, nur weil Obama hier mal in der Ecke gesessen hat.

Die Sicherheitsmaßnahmen bei Obamas Besuch waren beeindruckend, aber der Betrieb lief ja weiter, die Essen kamen normal aus der Küche, alles ging seinen Gang, wenn auch unter etwas anderen Vorzeichen. Etwas unangenehmer wird es, wenn die Security so streng ist, dass der Koch nicht mehr in die Küche darf.

Offensichtlich besonders gefährdete EU-Repräsentanten haben sich mittags mal bei uns zu einem Essen getroffen. Zwischendurch musste der Küchenchef kurz weg, weil er noch ein großes Catering abnehmen musste, das zügig ausgeliefert werden sollte. Schnell raus, alles kontrollieren und noch schneller zurück an den Herd – das war der Plan. Aber den hatte er leider ohne die Sicherheitsbeamten gemacht, die niemanden durchlassen sollten, und diese Order sehr ernst nahmen. Bei seiner Rückkehr von der Catering-Abnahme stand unser Chefkoch deswegen wild gestikulierend vor den ungerührten Männern, die sich auf keinerlei Diskussion einließen und bei denen selbst die Verweise auf sein Koch-Outfit keinen Eindruck machten. Er wurde aufgehalten und kaltgestellt.

Auch sein Hinweis, es könnte da drinnen ohne ihn, den Chefkoch, doch sehr unangenehm für alle Beteiligten werden, weil es einfach nicht weiterginge, nahmen sie unbeeindruckt zur Kenntnis. Für sie war das nur ein Vorwand. Das hatten sie schon tausendmal erlebt, irgendwer will immer durch, weil er glaubt, er hätte auf jeden Fall das Recht dazu. Sie stellten einfach auf Durchzug.

Es waren nur wenige Meter zur Küche, und doch schienen sie unüberbrückbar. Dann hatte der Koch den rettenden Einfall. Er wählte den längeren Weg über den Bürgersteig und eilte durch das benachbarte Hotel – immer noch in voller Küchen-Montur –, sozusagen hintenrum zu unserem Sondereingang. So gab es dann doch noch etwas zu essen.

An einem Samstagmittag kamen einmal zwei riesige Kerle in das Restaurant, die sehr offiziell wirkten und nicht aussahen, als ob sie gute Nachrichten hätten, im Gegenteil, die sahen nach Ärger aus, wie zwei Typen, mit denen man auf gar keinen Fall etwas zu tun haben will. Sie zeigten ihre Dienstausweise und verlangten vorne am Tresen sehr bestimmt nach dem Küchenchef, sie ließen sich auch nicht abwimmeln, nein, sie wollten bitte jetzt gleich den Koch sprechen.

Der Küchenchef kam zögerlich und leicht irritiert heraus und war sich sicher, er muss in den Knast, auch wenn er nichts ausgefressen hatte, aber angesichts der beiden Gorillas hatte er keinen Zweifel, dass es ihm an den Kragen gehen würde. Überrascht registrierte er, dass die beiden Männer ihn, den Franzosen, in akzentfreiem und höflichstem Französisch ansprachen, ob er wirklich Franzose sei, woher er stamme, wie lange er schon hier arbeite und solche Sachen. Als er nachfragte, warum sie, die offensichtlich Landsmänner waren, das alles wissen wollten, sagten sie, morgen wollten sie mit dem Präsidenten vorbeikommen.

»Präsident? Was für ein Präsident denn – mit dem Präsidenten von eurem Fußballverein?«, flachste der Küchenchef noch, aber sie blieben ganz cool und ernst, nein, »mit unserem

Präsidenten«, erwiderten sie, »dem Mann von Carla Bruni«; der wolle am nächsten Tag vorbeischauen, und ihm sei es persönlich sehr wichtig, vorher zu prüfen, ob es stimme, dass er, der Küchenchef, wirklich ein Franzose ist.

Sarkozy hat schließlich Schnitzel mit Spargel gegessen, und er hat zur Freude seines Landsmanns in der Küche auch noch Nachschlag verlangt, weil es ihm so gut schmeckte, wie man ausrichten ließ, da hat Philippe wahrscheinlich schon die Marseillaise am Herd gepfiffen. Als Monsieur le Président den Laden verließ, haben sich ausnahmsweise alle Mitarbeiter am Ausgang aufgestellt und Sarkozy hat dem Chef de Cuisine sehr herzlich die Hand geschüttelt, das war schon ein besonderer Moment für ihn. Unbestätigten Berichten zufolge schimmerten seine Pupillen zu dem Zeitpunkt nicht nur etwas feucht, sondern hatten auch schon lange die Farbe der Trikolore angenommen. Vive la France!

Zum Glück hat der Präsident ihm keinen Job angeboten, dann wäre er vielleicht doch mal weich geworden, unser Franzose, ausnahmsweise.

Wenn es wilder wird

In einem guten Restaurant, in dem der Mensch im Mittelpunkt steht, geht es manchmal auch um Entgrenzung. Ungebremster Spaß und eine gewisse Hemmungslosigkeit müssen möglich sein. Ein Laden, in dem alle mit angezogener Handbremse unterwegs sind, weil sie nicht gegen die dort eventuell herrschende oder auch nur eingebildete Etikette verstoßen wollen oder weil die Atmosphäre so steif oder cool ist, dass sie sich nicht zu bewegen wagen, ist sterbenslangweilig, die reine Zeitverschwendung. Es geht gar nicht immer darum, was genau passiert, viel wichtiger ist die Ahnung, dass jederzeit alles geschehen könnte, der Gastraum ist ein riesiger Möglichkeiten-Raum, in dem die Grenzen laufend neu definiert werden können. Unsere Aufgabe ist es, die Kommunikationswege freizuhalten und dafür zu sorgen, dass sie genutzt werden, dass dort immer Platz für neuen Input bleibt. Ein offenes System für eine Art Schwarmintelligenz. Wir müssen für den optimalen Schwarm sorgen, für die bestmögliche Gästemischung, dann ergibt sich vieles von alleine.

Allein wenn schon die Vorstellungskraft befeuert wird, wenn eine Ahnung all der unverhofften Optionen in der Luft liegt, die eben noch nicht da waren, das ist schon ein sehr gelungener Abend. Und da kann es auch mal passieren, dass am Ende eine aufgeregte junge Frau ohne Slip auf einem der großen Tische eine Sondereinlage Yoga vorführt, die damit endet, dass ein erstaunter schwuler Boutique-Betreiber aus unserer Nachbarschaft Einblicke in Dinge bekommt, die er bis dahin noch nie hatte – und noch nie hatte haben wollen. So etwas hält ein guter Laden aus – solange dadurch niemand anderes belästigt wird. In dem Fall hat es außer den unmittelbar Beteiligten erstaunlicherweise praktisch niemand mitbekommen. Der Mann selbst schwärmt übrigens heute noch von dem Abend. Und das kam so …

Ich ging relativ spät ins Borchardt, als eine auf den ersten Blick schon sehr angeheiterte Frau laut durch den Raum »Roland, Roland!« rief. Da ich nicht sicher war, ob ich sie kenne oder kennen sollte, habe ich sie mit einem kurzen Nicken und beschleunigten Schritten ignoriert. Das ist als Gastronom sowieso ein Thema bei manchen Begegnungen, wen kennst du, wen glaubst du zu kennen, woher kennst du die, kannst du dich wirklich erinnern, oder denkst du dir das gerade bloß aus, kenn ich die persönlich oder aus dem Fernsehen, was für Details fallen dir ein, welche sollten dir besser einfallen, welche besser nicht, kannst oder musst du diese Person vielleicht vermeiden oder gerade nicht. So manche Begegnung ist wegen dieser unklaren Faktenlage wie ein Stepptanz auf einer heißen Herdplatte, wo man sich schnell und zügig bewegen und auf gar keinen Fall stehen bleiben sollte. Außerdem kann ich es nicht leiden, wenn jemand meinen Namen durch den Laden brüllt.

Einem Gastronomen fällt es also eher schwer, einzelne Gesichter Jahre oder Monate später einfach so abzurufen, vor allem, wenn es sich um flüchtige Begegnungen gehandelt hat. Seine Gegenüber haben es teilweise einfacher, die lernen nur einen Bruchteil so viele Menschen kennen und erinnern sich dann viel besser, teilweise an jedes Wort, das sie mit dir gesprochen haben, das ist höchst ungerecht. Um die Sache für mich und meinen Beruf zu einer noch größeren Herausforderung zu machen, hat mich die Natur mit einem phänomenal schlechten Namensgedächtnis beglückt. Als Konsequenz daraus vermeide ich es, die meisten Menschen direkt mit ihrem Namen anzusprechen, wenn ich nicht zu 150 Prozent sicher bin, dass ich bei ihnen richtigliege. Aber bei einigen ist einfach der Wurm drin, so sehr ich mich auch bemühe. Das sind einige meiner Standard-Fettnäpfe, in die ich ab und zu mit vollem Anlauf springe, ohne dass daraus eine besonders steile Lernkurve erwachsen würde.

In Berlin gibt es zwei Querstraßen zum Ku'damm, die parallel zueinander verlaufen, die Leibnizstraße und die Schlüterstraße, die eine ist eine stark befahrene Durchgangsstraße, an der anderen, ruhigeren liegen mehrere Restaurants und Cafés, das sind markante Unterschiede, trotzdem verwechsele ich beide laufend. So passiert mir das auch mit Gästen. Das sind unglücklicherweise oft gewisse Paarungen, die sich in ihrer wechselseitigen Verwechslungsabhängigkeit so bei mir eingebrannt haben, dass ich überhaupt keine Chance mehr habe, ihre Namen jemals im Leben noch einmal auseinanderzuhalten.

Sehe ich die Gesichter der Betroffenen, weiß ich schon, vor wem ich stehe, wer sie sind und was sie machen, meist sogar, was sie mir beim letzten Mal erzählt haben, alles, nur die verflixte Namenszuordnung, die haut nicht hin, da springt es jedes Mal hin und her, da herrscht ein hoffnungsloser Synapsen-Dauerkurzschluss, den die zuständigen Hirnabteilungen nicht unter Kontrolle kriegen.

Es gibt etwa diese zwei großen, mittelalten Männer, die beide beim Fernsehen beschäftigt sind, ähnliche Themen bearbeiten und sich auch noch kennen. Bei denen habe ich beispielsweise seit Ewigkeiten genau dieses Verwechslungsproblem. Eines Abends war ich mir allerdings trotz des Wissens um meine Schwäche bei diesem Duo so sicher, dass ich diesmal keinen Fehler machen würde, dass ich es aus völliger Selbstüberschätzung doch noch einmal probiert und einen der beiden direkt mit Namen angesprochen habe. Todsicher war ich mir, minutenlang habe ich den Namen vor mich hingemurmelt wie ein Mantra, immer wieder, alles fühlte und hörte sich richtig an, meine linke Hand hätte ich dafür gegeben, dass ich soeben aus dem Teufelskreis ausgebrochen bin und es ohne Scheu wagen könnte. Die letzten Buchstaben hatten noch nicht meine Lippen verlassen, das war schon klar, dass ich wieder jämmerlich gescheitert war, ich konnte es nicht fassen. Der Verwechselte blieb entspannt und höflich, er ignorierte das Malheur glücklicherweise, aber seine Begleitung bedachte mich mit Blicken, die sich wie kleine Cruise Missiles anfühlten.

Bei der wilden Frau, die mich laut begrüßt hatte, war ich mir an jenem Abend nicht sicher, ob ich sie schon einmal getroffen hatte. Auf jeden Fall kannte sie anscheinend meinen Namen und das dazu passende Gesicht. Sie war sehr lustig, bestens gelaunt, ein bisschen laut vielleicht, aber das Glück schien ihr aus jeder Pore, wie Fangnetze warf sie ihre Blicke und Sprüche um sich, grenzwertig fast, aber zugleich so charmant, dass sich alle um sie herum offensichtlich köstlich amüsierten. Es war schon sehr spät, sodass die meisten Leute ohnehin mehr mit sich selbst beschäftigt waren und nur wenige ihre Partylaune registrierten.

Gleich neben ihr am Tisch saßen zwei sehr nette, sehr schwule Boutique-Betreiber, die wussten gar nicht, wie ihnen geschah. Nie zuvor hatten sie die Frau gesehen, erst vor einer Viertelstunde waren sie durch Zufall ins Gespräch gekommen, wie ich später erfuhr, aber die Stimmung war aufgekratzt und die Euphorie der Dame ansteckend. Von Minute zu Minute steigerte sie sich und war kaum noch zu stoppen. Schon saß sie mal kurz auf dem Tisch vor den beiden, dann lag sie wieder lässig auf das Sofa gelehnt, rutschte auf diesen Schoß oder lehnte sich an jene Schulter, mal war ein Bein auf dem weißen Tischlaken, dann hatte plötzlich jemand ihren Fuß in der Hand, nicht ungekonnt wand sie sich umher, sehr dynamisch, sehr gelenkig, so artistisch, dass den dort Sitzenden bald klar war, dass sie unter ihrem weiten Kleid kein Höschen trug.

Die staunenden und amüsierten Blicke verstärkten ihren Eifer, der Ehrgeiz verlangte nach neuen Bewegungsstufen, die ihren krönenden und geschmeidigen Abschluss in einer recht artistischen Bewegung fanden, deren Ziel einer der beiden Schwulen war. In jeder Phase dieses Auftritts wirkte sie dabei zwar etwas drüber, aber durchaus nicht unkontrolliert oder daneben, dann hätten wir das sofort gestoppt. Ihr Spaß war ansteckend, nicht einschüchternder oder mitleiderregender Natur. Also hockte sie irgendwann auf dem Tisch, die Beine hingen links und rechts über den Schultern des einen Gastes, er starrte in ihren Schoß wie ein überraschter Cowboy auf eine gefährliche Klapperschlange, seine Augen spiegelten eine Mischung aus Entsetzen, Interesse und großer Furcht. Das war sehr, sehr lustig. Und ist heute noch eine seiner Lieblingsgeschichten.

Die Frau hatte der Abend dagegen so mitgenommen, dass sie am übernächsten Tag anrief, um vorsichtig zu fragen, ob sie sich sehr danebenbenommen hätte. Den Morgen direkt danach war sie wohl noch zu tot gewesen. Auf diese Art von Psycho-Kater reagiert man am besten wie ein echter Gentleman – mit Lügen. Wir haben sie also sehr entspannt beruhigt, nein, uns sei nichts bekannt, nichts sei geschehen, sie könne das ganz relaxt sehen, ein toller, fröhlicher Abend sei das gewesen, den ihre Tischnachbarn sehr genossen hätten – was tatsächlich nicht gelogen war. Das ist ja die goldene Regel des Ausgehens, dass man nicht im Nachhinein noch einmal jede einzelne Sekunde durchkaut und nach möglichen Peinlichkeitsmomenten abklopft. Weder Vorhaltungen noch Selbstgeißelung machen einen an sich guten Abend im Rückblick besser. Hätten wir der Frau die Wahrheit gesagt, hätte sie sich wahrscheinlich in ihrem Zustand postalkoholischer Depression unter den nächsten Laster geschmissen, das wollten wir vermeiden, deswegen war die Notlüge legitim, man hat als Wirt ja auch eine bestimmte Fürsorgepflicht.

Wenn zu später Stunde die Stimmung steigt und einige vielleicht ein wenig ausgelassener werden, schreiten wir nicht ein, solange sich niemand beschwert. Beschwert sich jemand, müssen wir rasch abwägen, ob wir aktiv werden – oder ob wir demjenigen, der sich beklagt, sagen, dass wir nichts unternehmen. Dann kann er immer noch entscheiden, ob er lieber gehen will – woran wir ihn dann nicht hindern werden. Bestimmte Verhaltensregeln, dass »man« bestimmte Sachen nicht macht, egal ob in anderen Restaurants oder generell im Leben, sind für uns kein Grund für nichts. Natürlich achten wir darauf, dass unsere Gäste ein bestimmtes Maß an Alkohol möglichst nicht überschreiten, aber diese Grenzen sind sehr liberal definiert. Generell ist die Grenze eines jeden Gastes in jedem Restaurant da, wo die Privatsphäre des anderen anfängt bzw. da, wo sie missachtet wird. Mich fasziniert eine Gastronomie, die konventionell ist, gerade deshalb aber dem Individuum ein Maximum an Entfaltungsmöglichkeiten zulässt. Nur wenige verstehen das nicht.

Unsere Toleranzschwelle ist hoch, wir haben ein Herz für echte Typen. Es gab mal einen Künstler, der einst mit Fassbinder arbeitete und mittlerweile seine besten Zeiten offensichtlich hinter sich hatte. Ohne Geld und etwas heruntergekommen strich er zum Schluss durch die Stadt. Aus Mitleid haben wir den immer wieder mal auf eine Suppe oder eine Mahlzeit eingeladen, aber als er anfing, während des Essens mitten im Gastraum seine Zähne neben sich auf den Tisch zu legen, und das auch nach mehreren Hinweisen nicht sein lassen wollte, haben wir das schließlich aus Rücksicht auf die anderen Gäste eingestellt.

Ein Unikum, das wir weiter gewähren lassen, ist der Zeitungsverkäufer, der eine Zeit lang alle mit seinen Verkaufsarien quälte, allerdings muss er heute ohne die lauten Ansagen auskommen, denen stets das halbe Restaurant ausgeliefert war.

Ein besonderer Einzelfall war jene korpulente Frau, die plötzlich auf die Idee kam, sich im dröhnend vollen Laden am Tisch einfach die Bluse auszuziehen, um der Welt ihre nackten und nicht sehr ansehnlichen Brüste zu präsentieren. Da haben wir unauffällig ein Auge draufgeworfen, aber zu unser aller Überraschung ist nichts passiert. Die saß einfach oben ohne und fühlte sich anscheinend ganz wohl. Das hat vielleicht eine Viertelstunde gedauert, dann hat sie sich wieder angezogen, bezahlt und ist gegangen. Wenn es einen Tumult gegeben hätte, hätten wir wohl etwas sagen müssen. Aber niemand an den anderen Tischen reagierte auffällig, was an sich schon sehr angenehm ist und für die Gäste spricht. Wer sich nicht schnell über andere aufregt, der hat es leichter – und macht es anderen auch einfacher, sich zu entfalten. Solange niemand in Mitleidenschaft gezogen wird, soll jeder machen können, wonach er sich fühlt. Gute Laune zu verbreiten ist natürlich generell für alle die schönste Form des Miteinanders. Manche Sachen passieren aber einfach, ohne dass irgendjemand davon Notiz nimmt, selbst wenn sie eventuell etwas sehen sollten, das deutet auf eine sehr entspannte Grundstimmung hin.

Eines Abends baten mich ein Stammgast und ein Fotograf, der ein intelligenter, aber ganz bestimmt auch etwas verrückter Zeitgenosse ist und der manchmal zu sehr speziellen Aktionen neigt, zu sich an den Tisch. Wie die kleinen Schuljungen freuten sie sich, weil sie mir eine ungewöhnliche Fotoserie zeigen konnten, auf der eine sehr kräftige Frau von mindestens zweihundert Kilogramm halbnackt in einem knappen Lederröckchen zu sehen war. Auf den meisten Bildern hatte jemand der Dame von unten in den Rock fotografiert, sollte wohl künstlerisch wertvoll sein. Er schaute mich grinsend und sehr erwartungsfroh an. Ich war augenblicklich etwas argwöhnisch – was wollten die denn? Aus Freundlichkeit sagte ich, ja, das seien auf jeden Fall ungewöhnliche Fotos. Eigentlich wollte ich mir weitere Beispiele dringend ersparen. Aber sie ließen nicht locker. »Wie findest du das Licht auf den Bildern?«, fragte der eine. »Siehst du die Tür im Hintergrund?«, bemerkte der andere. Beiden saß der Schalk im Nacken. Natürlich erkannte ich die Tür. Mich durchzuckte eine kleine Hitzewelle. Das waren unsere Toilettenräume unten.

»Wann habt ihr die denn gemacht?«

»Eben!«, erwiderten sie schadenfroh.

Ich blickte schnell auf die Uhr. Es war schon spät, aber nicht so spät, dass nicht ein paar andere Gäste von der Fotosession hätten gestört werden können.

»Keine Panik«, beruhigten sie mich lachend, als sie meinen Gesichtsausdruck sahen, »das hat absolut niemand mitbekommen!«

Was sollte ich sagen, es war sowieso zu spät.

*

Einmal kamen zwei relativ unauffällige Typen ins Borchardt, stellten sich vorne am Ende des Tresens an das Rondell, tranken etwas und unterhielten sich ganz normal. Nach einer Stunde oder so wandte sich einer der beiden an unseren Restaurantleiter und sagte ihm: »Sie können Ihrem Chef mitteilen, das hier ist kein Drogenladen, aber er soll uns mal anrufen, B-K-A!«

Am nächsten Tag rief ich die an und fragte, was sie gestern

gemeint hätten und überhaupt von uns wollten, wie sie überhaupt darauf kämen, davon auszugehen, das müsse mal überprüft werden, ob das ein so genannter Drogenladen sei? Ja, meinten die bloß, Tatsache ist, das ist kein Drogenladen, wir kennen uns da aus. Ich wusste überhaupt nicht, was der von mir wollte. Es gibt diverse Läden, über die in diesem Zusammenhang viel geredet wird und über die man in der Zeitung und in Büchern nachlesen kann, was dort wie konsumiert wird, ohne dass es jemanden stört. Was zum Teufel wollten die also vom Borchardt?

Das gefiel mir nicht, die ganze verdruckste Art kam mir seltsam vor, kurz dachte ich, ob mein Gesprächspartner vielleicht fiesere Absichten hegte, ob das möglicherweise eine Art Drohung war, nach dem Motto, wir könnten ihnen auch Schwierigkeiten machen, wenn wir wollten. Auf jeden Fall schien mir das eine komische und höchst ungewöhnliche Vorgehensweise: ein mir unbekannter Beamter, der behauptet, vom BKA zu sein, »untersucht« einfach so unseren Laden? Es gab keinen schriftlichen Kontakt, keine beweisbaren, nachprüfbaren Namen oder Indizien, so suspekt war mir dessen Verhalten, dass ich immer verärgerter wurde und energisch verlangte, dass er jetzt Klartext mit mir rede, was das eigentlich solle und ob er mir drohen wolle?

Er wurde höflicher und erzählte, dass sie vor geraumer Zeit einen Dealer festgenommen hätten, der zweimal den Begriff »Borchardt« in seinem Handyverzeichnis gespeichert gehabt hätte. Und so kam raus, dass offensichtlich zwei Kellner, die einst bei uns gearbeitet hatten und deren Namen mir gar nichts mehr sagten, bei dem Kunden sind oder waren. Jetzt wollten die Beamten überprüfen, ob die Kellner im Restaurant möglicherweise die erworbenen Substanzen weiterverkauften. Sie checkten aber, dass Drogen hier kein Thema sind. Keine Ahnung, was die Beamten wirklich bei ihrer Stippvisite im Sinn hatten, vielleicht hatten sie gefürchtet oder sogar gehofft, dass sich hier Politiker Drogen besorgen, möglicherweise hatten sie davon geträumt, nach den angeblichen Drogenfunden auf Toiletten im Reichstag durch einen einschlägig bekannten Journalisten eine ganz neue Spur an anderer Stelle zu entdecken, vielleicht fanden sie es auch nur einfach mal spannend, während des Dienstes in einen Laden zu gehen, den sie vorher noch nicht kannten. Naja, sie mussten der Sache wohl nachgehen.

*

Als Inhaber versucht man immer, einen möglichst klaren Kopf zu bewahren, nur so kann man seinen Job professionell erledigen. Aber gerade in den ersten Jahren habe ich mich manchmal zu Aktionen hinreißen lassen, über die ich heute nur noch den Kopf schütteln kann.

Ich kann mich an einen sehr anstrengenden Abend mit einem Typen erinnern, der damals aus dem Osten geflohen war und dann einen sehr guten Weinhandel hatte. Das war ein netter Kerl, den jeder in der Gegend kannte. Der hat sich später, so hieß es, seinen Lebenstraum erfüllt und eine Prostituierte geheiratet. Der hatte damals die grandiose Idee, eine Weinprobe mit ungefähr 130 Weinen zu machen. Das war natürlich ein beklopptes Unterfangen, aber damals fanden wir das richtig gut, vielleicht genau deswegen. Von vorneherein hatten wir uns vorgenommen, die Weinreste der Flaschen, die im Preis wie in der Qualität die Bandbreite von einfachen bis guten Lagen abdeckten, nach der Probe in eine riesige Bowle zu gießen, um zu sehen, was für ein Cuvée dabei herauskommt. Rot- und Weißweine haben wir natürlich getrennt.

Die Weinprobe fand am Nachmittag im Borchardt statt, und wir haben uns richtig rangehalten, denn 130 Weine, die wollten erst einmal geschafft werden. Wir kamen ziemlich weit. Wie Profis haben wir die Weine jeweils über die Zunge gleiten lassen und dann in unsere Spuckeimer gespuckt. Da wir aber keine echten Profis waren, haben wir von den wirklich guten Weinen mehrmals gekostet und wie Anfänger dem Drang nachgegeben, diese Varianten auch zu trinken. Die Erinnerung mag aus nachvollziehbaren Gründen getrübt sein, aber zum Schluss war die Bowle mit den Resten randvoll, und erstaunlicherweise schmeckte das wilde Cuveé zum Abschluss definitiv besser als die meisten Weine, die wir probiert hatten, zumindest in der Rotweinvariante.

Die Mauer stand zu der Zeit zwar nicht mehr, aber in der Stadt herrschte noch die alte Entspanntheit. Die Regierung saß noch in Bonn, die örtlichen Behörden hatten überall unlösbare Probleme anzugehen, sodass ein paar Unsitten aus der gemütlichen Westberliner Inselzeit noch nicht völlig verschwunden waren, und dazu gehörte damals bei vielen eine zu große Lässigkeit beim Umgang mit Alkohol am Steuer. Es gibt ja den gefährlichen Punkt beim Trinken, da fahren Leute, obwohl sie es nicht mehr dürfen. Sind sie ein bisschen betrunken, lassen sie den Wagen stehen, weil sie wissen, dass alles andere eine Dummheit wäre. Wenn sie aber in diesem Zustand noch viel mehr trinken, überschreiten sie den Punkt, an dem sie noch ein Gefühl dafür haben. Diesen Punkt hatten wir an jenem Nachmittag allesamt hinter uns gelassen. Bei zwanzig Weinen zur Probe hätten wir uns alle sicherlich ein Taxi bestellt, aber nach 130 Sorten verschwendeten wir darauf keinen Gedanken mehr. Wie selbstverständlich habe ich mich in den Wagen gesetzt und bin nach Hause gefahren. Die ehrlichere Beschreibung wäre wohl: und habe versucht, nach Hause zu fahren. Allerdings bin ich anscheinend dermaßen schief über die Straße des 17. Juni geeiert, dass mich am immer noch helllichten Nachmittag eine zufällig vorbeifahrende Streife aus dem fließenden Verkehr fischte.

Die Kelle kam raus, ich habe auf dem breiten Mittelstreifen irgendwie angehalten, dann gelang es mir nicht, die Tür von innen zu öffnen, bis einer der Beamten sie total entnervt von außen geöffnet hat. Mit einem sehr missmutigen Unterton hat er meinen Führerschein verlangt. Es war Winter, und ich hatte eine Lammfelljacke an. Die erschien mir plötzlich noch größer und flauschiger, als sie ohnehin schon war, die Tasche an der Seite, in der mein Führerschein stecken sollte, war praktisch unauffindbar, ich kam irgendwie nicht hinein. Da hat mich der Polizist, der wahrscheinlich von dem Geruch alleine schon schwanken musste, mit Ekel und Verachtung in der Stimme angeranzt: »Sie sind ja total besoffen!« Und weil er und sein Kollege offensichtlich keinen Bock auf Stress und Papierkram oder vielleicht auch nur Mitleid hatten oder bereits auf dem Weg in den Feierabend waren oder was auch immer, auf jeden Fall brüllte er mich an: »Sie Arschloch schließen jetzt Ihr verdammtes Auto ab und gehen zu Fuß nach Hause!« Das habe ich brav gemacht.

Als ich mein Auto am nächsten Tag abholen wollte, musste ich feststellen, dass ich noch nicht einmal den Mittelstreifen richtig getroffen hatte, sondern der Wagen so schief stand, dass die halbe Karosse auf die Fahrbahn ragte. Das war alles so peinlich wie erschreckend und mir eine Lehre für die Zukunft. Es gab übrigens keine Aufnahme der Personalien, keine Anzeige, keinen Führerscheinentzug, das war Berlin zu Mauerzeiten und kurz danach. Einige Sachen haben sich seitdem doch deutlich verändert, und ich mich glücklicherweise auch.

6. Konkurrenten, Lieferanten, Kritiker

Die lieben Kollegen

Wenn du Unternehmer bist, und es läuft einigermaßen, hast du meist zur Linken einen Nachbar, mit dem du gut zusammenarbeitest, und zur Rechten einen, der dir nichts gönnt. Das sind oft Menschen, von denen sonst gar nichts Besonderes kommt, die durch keine besondere Leistung oder eigene Ideen auffallen, aber wenn es darum geht, anderen Knüppel zwischen die Beine zu werfen, werden gerade die regelrecht kreativ, das ist teilweise richtig verblüffend, wie originell die sein können, das hätte man denen kaum zugetraut.

Grundsätzlich gilt auch bei uns: Konkurrenz belebt das Geschäft. Man muss für neue Strömungen offen bleiben und sich ständig neue Inspirationsquellen suchen. Wobei es unbedingt Sinn macht, international zu denken und sich keinesfalls auf die engere Umgebung oder das eigene Land zu beschränken, denn auch die anderen haben gute Ideen.

Man informiert sich laufend darüber, wo es neue, gute Läden gibt. Entweder bekommt man Tipps von befreundeten Kollegen, die wissen, was einen interessieren könnte, oder von Bekannten, Freunden oder Gästen, die viel reisen und sich sehr gut auskennen, deren Perspektive global ist, was einer bestimmten Art von moderner, großstädtischer Gastronomie entspricht, die selbstverständlich stets einen internationalen Anspruch und Ausblick hat. Es geht aber immer um einen Austausch, nie um eine Einbahnstraße.

Die Besitzer der entsprechenden Restaurants in London oder New York schauen sich in Berlin und Paris um, wir gucken uns in deren Städten alles an, jeder zieht etwas für sich heraus, so befruchten und inspirieren sich am Ende alle gegenseitig. Jeder kopiert ein bisschen von den anderen, setzt seine eigenen Nuancen und fügt etwas hinzu, dadurch entstehen permanent neue Sachen, die auf den alten aufbauen.

So befruchtend die Konkurrenzbeobachtung über die Grenzen hinweg auch sein kann, der Konkurrenzkampf in der Gastronomie war immer schon groß, es ist ein reiner Verdrängungswettbewerb. Das Erfolgsrezept ist extrem simpel: Man muss immer ein bisschen besser als die anderen sein.

Es gibt aber leider auch Leute, die arbeiten sich gerne an dir und deinem Laden ab. Vieles von dem, was sie selbst machen, sehen sie in Relation zu deinem Handeln. Die meisten seriösen Kollegen kümmern sich zum Glück vor allem um ihr eigenes Geschäft und haben gar keine Zeit und keine Lust, sich auf einen schmutzigen Wettbewerb einzulassen, unter dem am Ende alle gleichermaßen leiden. Natürlich wird hier und da mal gestichelt oder hintenrum ein bisschen schlecht geredet, aber das ist normal und harmlos und regt niemanden wirklich auf. Doch ab und zu treten Kollegen am Markt auf, deren aggressives Verhalten und Rücksichtslosigkeit selbst die Erfahrenen unter uns überraschen, vor allem, wenn sie sich nach außen hin sehr cool geben und gleichzeitig hintenrum ein besonders mieses Spiel treiben.

*

Gerade in den vergangenen Jahren ist es immer schwieriger geworden, gute Kellner zu kriegen, teilweise geradezu unmöglich. Dass unter solchen Bedingungen alle vielleicht mal ein Auge auf erfahrene Kollegen der anderen Restaurants werfen, ist nachvollziehbar. Manchmal will jemand auch aktiv weg, das gehört dazu. Nach vielen Jahren am selben Ort sehnt er sich vielleicht einfach nach einem Tapetenwechsel, nach einer neuen Atmosphäre, er will neue Gesichter um sich herum sehen, neue Erfahrungen machen. Logischerweise landen einige der Wechselwilligen zwangsläufig bei Wettbewerbern in der selben Stadt, denn solche Absichten sprechen sich schnell herum und erfahrene Kräfte werden äußerst gerne genommen. So weit, so normal. Aber in einem Fall vor nicht allzu langer Zeit verging uns Hören und Sehen.

Plötzlich wurde einer unserer altgedienten Leute aus der Kernmannschaft von einem neuen Mitbewerber massiv angegangen, der wusste gar nicht, wie ihm geschah. Den Himmel auf Erden haben sie ihm versprochen, das klang alles zu gut, um wahr zu sein, wahrscheinlich hätte er schneller misstrauisch werden müssen. Deutlich mehr Geld, bessere Arbeitszeiten, mehr Freiheiten, mehr Verantwortung, das klang wie aus einem Katalog für Kellner-Traumjobs. Zeitgleich berichteten auch andere Stamm-Mitarbeiter von ähnlichen Anbahnungsversuchen aus demselben Lager. Wir wurden zunehmend skeptisch, ob die Realität mit dem Angebot Schritt halten könnte. Da es nicht aufhörte und gleich mehrere Kollegen betraf und die Versuche so massiv kamen, mussten wir uns wehren. Den Umworbenen haben wir deshalb klar gesagt: Wer dahin geht, kann nicht mehr zurück zu uns. Wir haben sie aber auch gewarnt, seid vorsichtig, das hört sich nicht koscher an, wir verstehen selbstverständlich, wenn ihr mal etwas anderes ausprobieren wollt, ihr müsst allerdings wissen, dass es das dann bei uns erstmal war. Diese Ansage schien sie etwas zögern zu lassen, aber nach einigem Hin und Her gaben zwei von ihnen schließlich den Verlockungen nach und kündigten. Nach ein paar Wochen haben sie beide unter fadenscheinigen Gründen gleich wieder rausgeschmissen. Zwei geschätzte Kollegen, die bei uns über Jahre einen guten Job gemacht hatten. Dieses Vorgehen ließ bloß eine Erklärung zu: Die haben diese Stammkellner nur bei uns raushauen wollen, um uns zu schwächen. Ich kann mich nicht daran erinnern, so einen Fall schon einmal erlebt zu haben. Dass einer der beiden ein Familienvater war, der Frau und Kind zu versorgen hatte, war den Akteuren offensichtlich egal.

Sich Leute aus dem laufenden Betrieb des anderen herauszuholen, die vorher nicht angedeutet haben, dass sie wechseln wollen, findet man als Gastronom nicht besonders toll, aber es kommt vor. Manche werden auch abgeworben, weil sie einigermaßen bekannt sind und sich die Konkurrenten davon erhoffen, dass bestimmte Gäste »ihren« Kellnern folgen – obwohl ich diesen Effekt eher skeptisch beurteilen würde. Aber jemanden abzuwerben, um ihn sofort wieder zu entlassen – das ist krank.

Ein anderer Konkurrent hat uns einmal mit einer Methode überrascht, von der wir zwar schon aus dem so genannten Milieu gehört hatten, wo auch der dafür verwendete Begriff »Push-Girls« herkommt, die wir aber bis dahin noch nicht bei uns oder in anderen Restaurants beobachten konnten. In diesem Fall setzt der Initiator gezielt attraktive Mädchen und Frauen ein (die »Push-Girls«) – das können auch befreundete Gäste aus dem eigenen Laden sein, die das aus Spaß oder gegen gewisse Vergünstigungen machen –, um der Konkurrenz bestimmte Gäste abspenstig zu machen, von denen er sich einen gewissen Multiplikatoren-Effekt erhofft. Diese vermeintlich begehrenswerten Damen arbeiten im Prinzip wie Animateure, allerdings mit zwei entscheidenden Unterschieden: Sie sollen zum einen in dem Laden, in dem sie aktiv sind, nicht Umsatz und Laune steigern, sondern ihr expliziter Auftrag ist im Gegenteil, dort den Gast abzuwerben. Zum anderen »arbeiten« sie weder auf einem Kreuzfahrtschiff noch in einem Ferienclub, sondern eben in Restaurants. Sie treten wie normale Gäste auf, allerdings mit einem sehr konkreten Ziel. Wie nebenbei versuchen sie, die Objekte ihrer Begierde zum Gehen zu bewegen. So nach dem Motto: »Ach, hier ist es doch langweilig, wollen wir nicht alle noch auf einen Drink zu XY gehen?« oder »Lasst uns beim nächsten Mal doch gleich bei XX einen Tisch bestellen.« Das klingt völlig normal und harmlos. Nie würde jemand dahinter »professionelle« Absichten vermuten, nie gäbe es als Beobachter Anlass zu Zweifeln oder Nachfragen.

Erst konnten wir das auch gar nicht glauben, aber sobald wir ein Gespür dafür entwickelt hatten, sahen wir schnell das absichtsvolle Verhalten bestimmter weiblicher Gäste. Irgendwann schliefen diese Aktivitäten ein, vielleicht hatten die Initiatoren keine Lust mehr, oder die Mädchen selbst – das ist ja auch ein komischer Job.

In jeder Stadt spielen die Concierges der besseren Hotels für ihre Gäste eine wichtige Rolle. Wer sich nicht richtig auskennt, wer wenig Zeit hat, wer einfach sicher durch die möglicherweise völlig unbekannte Umgebung gelotst werden will, der geht zunächst zum Experten an der Rezeption. Die meisten Concierges leben wie Kellner zu einem bedeutenden Teil von Trinkgeldern, die sie für ihre Dienste von den Gästen erhalten. Einige Restaurants versuchen, mit extra »Trinkgeldern« für gebuchte Plätze in ihrem Lokal Einfluss auf die Entscheidungen und Empfehlungen bestimmter Concierges zu nehmen.

Im Borchardt arbeiten wir sehr gut und sehr gerne mit den Concierges zusammen, aber aus diversen Gründen nicht auf diese Art. Wir versuchen, zu den erfahrenen Concierges einen engen Kontakt zu halten, von dem beide Seiten profitieren. Natürlich ist es vorteilhaft, wenn der Mann im Hotel ein Gefühl dafür hat, wem das Borchardt gefallen könnte, und er andererseits weiß, dass alles klappt, wenn er seine Gäste zu uns schickt und wir auch mal in der Lage sind, einen Tisch zu organisieren, obwohl der Laden eigentlich voll ist. So eine vertrauensvolle Zusammenarbeit funktioniert auch ohne einen extra finanziellen Anreiz hervorragend.

*

Manche Kollegen sind rührend um die Einhaltung strengster und absurdester Regeln der städtischen Bürokratie bemüht, natürlich immer nur so lange, wie es sich um Verordnungen handelt, mit denen sie der Konkurrenz das Leben möglichst schwer machen können. Was sie damit genau bezwecken, ist nicht immer sofort klar, oft scheint es tatsächlich eine Art gelangweilte Böswilligkeit zu sein, die keinen anderen Zweck hat, als jemanden zu nerven und ihm Probleme zu bereiten, auch wenn der Verursacher daraus keinerlei direkten Vorteil ziehen kann, zumindest nicht geschäftlich.

Vor dem Borchardt stehen drei Bänke im Pariser Stil von dem Designer Philippe Starck aus den Neunzigern. Ursprünglich gehörten zu dem Ensemble auch noch zwei sehenswerte Blumentöpfe, die eigentlich die Bänke links und rechts einrahmen sollten. Kaum standen die, hatten wir auch schon eine Klage vom Berliner Bezirk Mitte auf dem Tisch liegen. Die beiden Töpfe würden nicht ins Stadtbild passen, die müssten sofort weg, die dürften da auf gar keinen Fall stehen bleiben. Was sie großzügigerweise sofort erlaubt hätten, wären schmucke graue Betonkübel gewesen, diese besonders hässlichen Waschbeton-Fassungen, die man niemandem ernsthaft zumuten will. Aber moderne Designertöpfe von Philippe Starck? Unmöglich. Das konnte die Berliner Bürokratie auf keinen Fall durchgehen lassen, die bliesen zum Sturm, als ob es um die Rettung des Abendlandes ginge. Den Prozess haben wir dann auch tatsächlich verloren. Berlin gibt Waschbeton eben noch eine echte Chance.

Die hilfreiche Anregung für diesen dringend notwendigen ästhetischen Rettungsgriff hatte die Behörde übrigens, wie uns die Beamten relativ unverhohlen andeuteten, von einem, wie soll man es charmant formulieren, sehr aufmerksamen, besorgten Konkurrenten aus einem anderen Stadtteil bekommen, der auf einmal ein bisher ungeahntes und nie zuvor so leidenschaftlich artikuliertes Interesse am äußeren Erscheinungsbild der Französischen Straße entwickelt hatte – ohne irgendwelche unlauteren oder niederträchtigen Absichten natürlich.

Das war aber nicht das einzige Mal, dass sich Wettbewerber vor allem als besorgte Bürger verstanden haben, die dafür sorgen, dass alles in ihrem Wirkungskreis nach den Buchstaben des Gesetzes abläuft und der Konkurrenz kein Fehler unterläuft, weil sie sonst schlecht schlafen. Wir hatten einmal eine Zeit lang das Catering für eine große deutsche Automarke in ihrer Filiale Unter den Linden übernommen. Der Vorbetreiber hatte seine entsprechende Konzession ordnungsgemäß abgemeldet, wir unsere ordnungsgemäß angemeldet, aber aus irgendwelchen Gründen hatte jemand nicht aufgepasst und sich um einen Tag vertan, sodass sich eine formelle Lücke von genau einem Tag zwischen dem Auslaufen der alten und dem Beginn unserer neuen Genehmigung ergab. Das ist natürlich eine schlimme Sache, die einer unserer Lieblingskollegen nicht auf sich beruhen lassen konnte, sondern sofort erbost den Behörden gemeldet hat. Man will gar nicht wissen, mit welchen Stasi-Methoden er das mitbekommen hatte, das war eine geradezu beachtliche Leistung, schließlich gab es nur dieses eine 24-Stunden-Fenster, in dem überhaupt etwas angeprangert werden konnte. Sein Anruf bei der zuständigen Behörde war aber offensichtlich so überzeugend, dass die sofort einen Beamten zu uns geschickt haben, der die Konzession sehen wollte. Als wir ihm unsere Papiere gezeigt haben, aus denen klar hervorging, dass sie in ein paar Stunden greifen würden, zog er schwer genervt von dem alarmistischen Anrufer wieder ab.

Als wir später nach dem Urheber der Aktion gefragt haben, wurde uns zwar kein Name genannt, aber im Rahmen ihrer Verschwiegenheitspflicht haben die Beamten, die sich nur ungern als Erfüllungsgehilfen von umtriebigen Mitbewerbern missbraucht sehen, durch diverse Andeutungen sehr klargemacht, welcher beißwütige Konkurrent hier wieder zugeschlagen hatte.

Zunächst allerdings dachten wir in die falsche Richtung. Als die Indizien auf einen anderen alten Bekannten hinzuweisen schienen, mit dem es schon das ein oder andere Fernduell gegeben hatte, habe ich den angerufen und gesagt: »Mensch, so etwas macht man doch nicht!«

Dem bin ich seit vielen Jahren in herzlicher gegenseitiger

Abneigung intensiv verbunden, pflege aber einen relativ offenen Dialog mit ihm, wenn es drauf ankommt. Seine Antwort war offen und eindeutig: »Nein, das war ich nicht. Ich finde zwar, dass du ein Arsch bist, aber anschwärzen würde ich dich nie!«

Und das habe ich ihm sofort geglaubt, obwohl ich ihn auch für einen Deppen halte, das ja, aber er ist doch irgendwie in Ordnung, auf jeden Fall nicht hinterhältig. Das kann man von dem eigentlichen Denunzianten, dem wir schlussendlich auf die Schliche kamen, leider nicht behaupten. Der war uns bis dahin eigentlich immer als netter, sympathischer Kollege aufgefallen. Mittlerweile hat er sich aber mehrere Male als anonymer Briefschreiber und Denunziant hervorgetan – so kann man sich vertun.

*

In der Gastronomie kennt man sich mehr oder weniger, auch wenn das in Berlin wegen seiner Größe vielleicht etwas schwierig ist, aber Nachrichten oder Gerüchte verbreiten sich relativ zügig. Diesen Umstand nutzen einige der lieben Kollegen gerne, um unauffällig ein bisschen Gift gegen Mitbewerber zu streuen. Die einen tun das lediglich aus einer schlechten Laune heraus, bei anderen steckt eine Art strategische Desinformationspolitik dahinter, mit der sie die Glaubwürdigkeit der Konkurrenten gegenüber Vertragspartnern, Händlern und Kunden erschüttern wollen.

Ein Weg kann sein, die finanzielle Leistungskraft des anderen Wirts anzuzweifeln, gerne bei privaten oder halbgeschäftlichen Treffen, wo alle etwas ungezwungener zusammenstehen, bei Empfängen, auf Partys, nach einem Geschäftstermin im vertraulichen Gespräch an der Bar, auf der Stadion-Tribüne beim Fußballspiel, im Golf- oder meinetwegen auch im FKK-Club, es gibt unendlich viele Möglichkeiten: Hier habe man von Schwierigkeiten gehört, dort habe sich eine Zahlung lange verzögert, ob man denn schon gewusst habe, dass der und der Schulden in Millionenhöhe gegenüber aktuellen oder alten Partnern mit sich herumschleppe? Das wird natürlich immer mit dem Gestus äußersten Bedauerns vorgetragen, damit niemand auf die Idee kommt, hier ginge es um eine Kampagne oder um platte Verleumdung.

Das Ziel ist, das Geschäft des anderen zu stören, indem beispielsweise Lieferanten möglicherweise vorsichtiger werden, weil sie sich nicht mehr sicher sind, ob sie wirklich zuverlässig ihr Geld bekommen. Manchmal geht es diesen Menschen auch einfach nur darum, schlechte Stimmung zu machen, weil sie daraus einen Teil ihrer Befriedigung ziehen und sich lieber mit den anderen beschäftigen als mit sich selbst.

Dass echte Profis auch diesen Teil ihrer Aktivitäten nicht dem Zufall überlassen, sondern dafür wiederum echte Profis anheuern, haben wir einmal am eigenen Beispiel erfahren dürfen. Wir betreiben in Berlin einen Catering-Service, der einem Konkurrenz-Unternehmen ein Dorn im Auge war. Die haben dann einen bekannten PR-Mann engagiert, der sich für seinen Auftraggeber sehr ins Zeug legte und seine Aufgabe sehr professionell und engagiert erledigte. Er hatte offensichtlich auch den Auftrag (vielleicht interpretierte er dies aber auch nur aus eigenem Antrieb so), etwaige Konkurrenten madig zu machen. Dieser PR-Profi war ein begnadeter Netzwerker, seit Jahren in der Hauptstadt unterwegs, kannte Gott und die Welt, hatte nur für namhafte Unternehmen gearbeitet und wurde zu jedem wichtigeren Event eingeladen. Insofern war das von der Konkurrenz eine gute Wahl. Der brauchte jetzt nur noch von einem Treffen zum nächsten zu gehen, von einem Empfang zur nächsten Ausstellungseröffnung, und überall wie nebenbei ein paar Bemerkungen fallen lassen, die uns in ein schlechtes Licht stellten.

Unserem Catering-Service ging es prächtig, aber der Profi brachte mit großer Überzeugungskraft Standardzweifel und Lügen in Stellung: Wir hätten Lieferanten nicht bezahlt, wir seien unzuverlässig, man könnte sagen, wir wären eigentlich schon pleite, Kunden hätten sich über die Maßen beschwert, wortgewandt malte er das vermeintliche Elend an die Wand. Das hat er im Dienste seiner Auftraggeber so konsequent und gut, wie man fast sagen muss, gemacht, dass wir immer häufiger darauf angesprochen wurden. Zu Gerüchten muss man immer wieder mal Stellung nehmen, das gehört zum Geschäft. Aber in diesem Fall wurden wir immer häufiger speziell auf diesen Mann und seine Geschichten angesprochen, sodass bald klar war: Hier macht jemand mit großem Nachdruck Stimmung gegen uns. Wenn so eine Welle massiv auf dich zurollt, ist irgendwann nicht mehr auszuschließen, dass daraus tatsächlich geschäftliche Nachteile erwachsen, weil Leute dir irgendwann vielleicht tatsächlich nicht mehr vertrauen und aus Vorsicht eventuell lieber nicht mehr bei dir bestellen.

Gegen diese Taktik haben wir uns erfolgreich mit einer Unterlassungsklage und einer Strafandrohung von 300 000 Euro bei Wiederholung gewehrt. Weil er selbst natürlich am besten wusste, dass er alles erfunden hatte, was er verbreitete, hat der PR-Mann dagegen selbstverständlich keinen Einspruch erhoben, sonst hätte er seine Behauptungen ja beweisen müssen. Konnte er natürlich nicht.

Man darf die Wirkung von solchen Aktionen nicht überschätzen, aber schön sind sie nicht – und man muss zu solchen Leuten auf Distanz gehen. Deswegen bekam der Spin-Doctor Hausverbot im Borchardt. Als er aufhörte, für seinen alten Auftraggeber zu arbeiten, haben wir es aufgehoben. Heute ist er wieder häufiger da, wir grüßen und schätzen uns, er ist ein interessanter Zeitgenosse. Wie gesagt, nüchtern betrachtet hatte er seinen Job wirklich gut gemacht.

*

Die professionell geführte Gastronomie kann ein hartes Geschäft sein, es geht um Leistung, es geht um Erfolg, es geht um Kunden- bzw. Gastzufriedenheit – und natürlich auch um Geld. Es gibt aber eine andere Welt, nennen wir sie die Kumpelgastronomie, wo sich alle mögen und ganz doll nett zueinander sind. Da herrscht ein anderer Umgangston, da herrscht ein anderer Geist, da sind alle Freunde, und niemand sagt sich die Meinung. Das schafft einen schönen Wohlfühlfaktor und die noch angenehmere Illusion, hier sei alles völlig anders – nicht der Kommerz, nein, der Mensch stehe hier endlich mal im Mittelpunkt.

Dieser edle und rührende Gastro-Typus ist in Berlin immer schon weitverbreitet gewesen und war auch in den vergangenen Jahren bei einzelnen Projekten so erfolgreich, dass man davor nur den Hut ziehen kann. Und zwar nicht nur erfolgreich im Sinne von tollem Image und öffentlicher Aufmerksamkeit, sondern in den klassischen Kategorien Umsatz und Gewinn. Da haben einige wenige, die sich gerne schluffig und verrückt präsentieren, mit der bereitwilligen Hilfe ihrer unterbezahlten Kumpel so gut verdient, dass man davor auch in der kalten Welt der professionellen Gastronomie Respekt hat und schwer beeindruckt ist.

Das System funktioniert grob wie folgt: Die Chefs propagieren, sie würden wie alle anderen Beteiligten eigentlich nichts verdienen, alle seien irgendwie dicke Kumpel, die gemeinsam ihre Träume leben. Wo immer möglich, wird betont, dass man das »Projekt«, wie es gerne heißt, in keinster Weise mache, um möglichst viel einzustecken, im Gegenteil, Geld ist nur ein gerade so erduldetes Übel zur Realisierung großer anderer Ziele, die man nur als Kollektiv erreichen kann. Die Propaganda reicht von gerechterer Arbeit über sozialeres Zusammenleben bis hin zur Neu-Programmierung der menschlichen DNA – je größer der Rahmen gespannt wird, der alles angeblich zusammenhält, desto toller finden das alle und umso intensiver identifizieren sie sich mit dem Geschäft, das eigentlich ja gar keins ist oder zumindest nicht so aussehen darf.

Die Kumpel sind begeistert, potenzielle Mitarbeiter noch arbeitswilliger, und mancher Gast zahlt gerne, weil es so schön ist, Gleichgesinnte zu unterstützen. Und weil dieses Gefühl so erhebend und so stark ist, hebt es auch die Wahrnehmung für real existierende Hierarchien zeitweise auf: Wem was gehört, ach, alles egal. Die echten Macher, die wissen, dass dem nicht so ist, hüten sich, darauf aufmerksam zu machen, weil ihnen sonst der wichtigste und billigste Produktionsfaktor abhandenkommt: die Gutgläubigkeit meist durchaus volljähriger Menschen, die aber noch in einer jugendlichen Romantikphase stecken – und die deswegen nicht nur bereit sind, sich ein bisschen ausbeuten zu lassen, sondern offensichtlich auch kein gesteigertes Interesse an harten Realitäten haben.

Das Kumpelprinzip ist immer wieder mal aktuell und beliebt, und das wahrscheinlich schon seit hundert Jahren, weil die Idee nichtkommerzieller Aktivitäten einen großen Reiz auf immer neue Generationen und oft genug auch auf die Öffentlichkeit ausübt. Diverse Projekte dieser Art konnten hierzulande beachtliche Aufmerksamkeit auf sich ziehen und Fans aus allen gesellschaftlichen Bereichen für sich gewinnen. Dass die Altruismus-Show möglicherweise nur gute PR und gutes Marketing ist, wird selten und ungern hinterfragt. Niemand rechnet nach, niemand wundert sich, wenn sich allmählich der Wind dreht und auch eine ganz andere Klientel aktiv umworben und immer unverhohlener auf Umsatz geschielt wird. Und lange bevor es sich die alten Gäste und Unterstützer eingestehen wollen, wirkt so ein Laden für jeden neutralen Beobachter einfach wie ein ganz normaler Betrieb, in dem die Inhaber ihren großen Traum realisieren: den vom maximalen Gewinn.

Die Lieferanten – Auf der Suche nach der Super-Tomate

Die Wahl der richtigen Produkte, direkt oder via Lieferant, ist für jedes Restaurant kriegsentscheidend, denn die Qualität der eingesetzten Waren bestimmt den Vorsprung zum Konkurrenten und zunehmend den Ruf der Küche. Das war immer schon ein wichtiges Thema, wird aber in der Zukunft noch bedeutender werden. In den vergangenen Jahren hat sich die Einstellung der Verbraucher bereits deutlich geändert, es gibt ein anderes Selbstverständnis der Gäste und ein ganz anderes Level an Expertise, das sie mitbringen, wenn sie sich an einen Tisch setzen. Das Thema Essen wird heute mit größerem Interesse betrachtet, viel mehr Menschen als früher tauschen sich über gesunde Ernährung aus, und viele leben auch danach. Das hat logischerweise Auswirkungen auf die Erwartungshaltung bei einem Besuch in einem Restaurant, das diese Wünsche beachten sollte. Viele Gäste können mittlerweile sehr viel klarer differenzieren, was ihnen wo vorgesetzt wird, und wissen mit größerer Bestimmtheit, was sie suchen.

Für eine Küche wie die des Borchardt ist die Qualität der eingesetzten Lebensmittel vielleicht noch wichtiger als in einem Lokal, wo man als Gast mit Späßen wie schockgefrorenen Bubbles so entertaint wird, dass dieser Budenzauber wichtiger scheint als das eigentliche Essen auf dem Teller. Wenn man aber beispielsweise auch simple Gerichte wie Bratkartoffeln im Angebot hat, gibt es kein Ablenkungspotenzial, dann ist die Qualität der Kartoffeln das A und O, und nur wenn hier keine Kompromisse gemacht werden, wird man in der Lage sein, außergewöhnlich hervorragende Bratkartoffeln zu servieren. Das Spitzenergebnis, der Unterschied zu den Bratkartoffeln der Konkurrenz, soll den Gast überraschen und überzeugen – wie anderswo vielleicht die Bubbles.

Als Berlin noch von der Mauer eingeschlossen war, gab es wegen der Insellage der Stadt nur ein sehr beschränktes Angebot an nicht industriell hergestellten Lebensmitteln, selbst auf dem Großmarkt war die Auswahl bei diesen Waren nicht berauschend. Der Hauptstadt fehlten die kleinen Bauern im Umland, die keine Massenware, sondern gut schmeckende Produkte in bester Qualität nach den jeweiligen Bedürfnissen der Abnehmer liefern konnten. Nach dem Mauerfall hat sich das nicht wirklich geändert. Erst seit wenigen Jahren spürt man deutliche Verbesserungen. Es geht um Qualität kontra industrielle Produktion und Distribution.

Man kann beispielsweise eine Tomate auf sehr viele Arten für den Gast zubereiten, aber am Ende kommt es immer auf die Qualität der Tomate an. Ich brauche keine Hohepriester der neuen Gemüse-Ideologie, die mit ernster Miene durch die Wildnis streifen auf der Jagd nach der einzig wahren Tomate, das ist mir zu esoterisch, ich will einfach eine gute Tomate. Und die fällt nicht vom Himmel. Wenn man sich auf die industrielle Agrarproduktion verlässt, wird man am Ende eine Plastiktomate ohne Geschmack in den Händen halten, die jedem gefallen soll, aber niemandem schmeckt. Also muss jemand diese Tomate anbauen, der weiß, was er tut, wie es geht, der also die handwerklichen Fähigkeiten und den Willen hat – und der auch weiß, wie unsere Tomate am Ende schmecken soll. Und hier sind wir beim Thema regionale Produkte. Der Produzent muss engen Kontakt mit den Händlern oder Restaurants haben, um ihre Bedürfnisse genau zu kennen. Der letzte entscheidende Schritt ist dann die Distribution – wie das Produkt im richtigen Zustand ankommt. Die Auswahl der Produzenten und die Organisation der Lieferwege werden immer wichtiger.

Nehmen wir etwa Wild. Um Berlin herum gibt es viel Wild aus unterschiedlichen Regionen, wobei die Qualität in einigen Gebieten besonders gut ist. Die Anbieter im Umland sind mittlerweile so weit, dass sie ihr Wild selbst qualitativ hochwertig weiterverarbeiten, das heißt, man kommt heute mit ein bisschen Suche relativ leicht an frisches handgeschnittenes Wild aus guten Gegenden. Entweder kennst du einen Lieferanten, der solche Kontakte hat, oder du kaufst es direkt bei den einzelnen Produzenten. Das handgeschnittene Wild hat den Vorteil, dass du gleichmäßige Stücke aus dem guten Fleisch bekommst und nicht dieses industriell produzierte Zeug. Ein Gulasch daraus ist etwas komplett anderes als ein Gulasch aus Massenware. Das ist generell der Vorteil von regionalen Lieferanten und regionalen Produkten, das hat nichts mit Romantik zu tun: Sie sind einfach frischer und haben eine viel höhere Qualität. Sobald die Ware nicht regional verkauft wird, muss sie irgendwie haltbar gemacht werden, und dieser Prozess, egal, wie er im Einzelnen aussieht, mindert in jedem Falle die Qualität – und das ist natürlich ein gravierender Nachteil der industriellen Massenproduktion.

Produkte wie Pfirsiche sind beispielsweise empfindlich und halten in der Regel nicht lange. Deswegen werden sie sehr früh mit der Maschine gepflückt, dann in Reifezellen gelagert und mit Reifegas behandelt, damit Zeit für Transport und Verteilung bleibt und sie beim Endverbraucher halbwegs genießbar ankommen. Anders geht es bei der Massenproduktion nicht. Die Art der Ernte und die langen Wege des Transportes lassen nur unreife oder haltbar gemachte Produkte zu.

Die industrielle Produktion von Lebensmitteln hat auch den Nachteil, dass mehr Dünge- und Pflanzenschutzmittel eingesetzt werden – sowie eine deutlich geringere Bandbreite von Saatgut, weil Produkte auf größeren Anbauflächen teilweise andere Bedingungen erfüllen müssen als auf kleineren, beispielsweise in Bezug auf Schädlingsbefall, Einfachheit der Ernte und Haltbarkeit. Dadurch kommen einige Arten, die vielleicht viel schmackhafter, aber weniger gut haltbar sind, für die Produktion erst gar nicht infrage. Der regionale, in kleineren Mengen produzierende Bauer unterliegt nicht diesen Beschränkungen. Er kann beispielsweise besseres Saatgut wählen, weil er viel kürzere Transportwege hat und deswegen auf Haltbarkeit weniger Wert legen muss, zusätzlich setzt er weniger und andere Pflanzenschutz- und Düngemittel ein. Die Kombination aus diesen Faktoren ist ein wesentlicher Grund, warum etwa eine Möhre vom so arbeitenden regionalen Bauern deutlich mehr Geschmack hat als die aus der industriellen Produktion.

Am besten ist es, wenn der Küchenchef möglichst viele seiner Lieferanten persönlich kennt, auch wenn da in einem Fall wie dem Borchardt viele zusammenkommen. Wenn ein persönliches Verhältnis aufgebaut wird, können Produzenten und Lieferanten viel eher auf deine speziellen Bedürfnisse eingehen und sicherstellen, dass du die gewünschte Ware immer in der gleichen Qualität bekommst, was für eine Restaurantküche unabdingbar ist, in der Konstanz ja eine entscheidende Rolle spielt.

Andererseits darf man sich auch bei guten Beziehungen nicht in einer trügerischen Sicherheit wiegen. Nur weil es schon seit zwei Jahren gut läuft, muss es nicht automatisch auch in Zukunft problemlos weitergehen. Vielleicht hat der Produzent seine Anbaumethoden leicht variiert, was möglicherweise das Produkt ändert, schon gibt es Gesprächsbedarf. Oder Lieferanten, die nur kleinste Mengen liefern, ziehen in Mini-Schritten ihre Preise an, was niemand sofort merkt, weil sie wegen ihrer Größe unter dem allgemeinen Wahrnehmungsradar fliegen und so weniger auf dem Prüfstand stehen.

*

Es gibt immer wieder massive Versuche von Seiten der Lieferanten, die Bedingungen zu ihren Gunsten zu verändern, dabei ist die gezielte Beeinflussung einzelner Mitarbeiter auf der Gegenseite das Mittel der Wahl. Solche Manipulationen sind, wenn sie geschickt angelegt sind, nur sehr schwer herauszubekommen – und können für den Laden massive Nachteile mit sich bringen und sehr teuer werden. Das ist natürlich kein spezifisches Gastronomieproblem. Wohl in allen Branchen, in denen Einkäufer und Verkäufer aufeinandertreffen, gibt es Versuchungen und Methoden, mit Gefälligkeiten von kleineren und größten Ausmaßen Aufträge an Land zu ziehen und die normale Geschäftspraxis zu unterlaufen, da muss jeder Unternehmer auf der Hut sein.

Aus Sicht der Lieferanten machen solche Bemühungen durchaus Sinn, was eine Erklärung für den unermüdlichen Eifer ist, mit dem sie ausgetüftelt werden. Oft gibt es wenige zentrale Personen in einem Unternehmen, die für den Einkauf zuständig sind. Der Gedanke liegt nahe, sich denjenigen um jeden Preis gewogen zu halten, der mit einem das Geschäft abwickelt und auch für den Umfang der zukünftigen Beziehung verantwortlich ist. Selbst Bestechung im klassischen Sinn scheint hier eine verlockende Option zu sein, um den Umsatz zu erhalten oder gar auszubauen.

Ein paar der gängigen Tricks der Lieferanten und möglichen Methoden, wie man sich ein wenig gegen sie schützt, sehen so aus:

Konkurrenten unterbieten: Der Lieferant weiß, zu welchen Bedingungen der Gastronom seine Ware bei der Konkurrenz bezieht, und unterbietet deren Preise bewusst, mit der festen Absicht, sie anschließend möglichst bald und möglichst unmerklich – aber stetig – zu erhöhen, und zwar möglichst auf ein Level, das über dem ursprünglichen Preisniveau liegt. Das ist manchmal schwer zu kontrollieren und vor allen Dingen für kleinere Läden ein Problem.

Geschenke für den Wareneinkäufer: Mancher Lieferant ist mit allen Wassern gewaschen. Kleine Geschenke und Einladungen bis hin zur ausgedehnten Weinreise sollen dafür sorgen, dass der Einkäufer und der Lieferant Kumpel werden und der Einkäufer bei den Bestellungen nicht mehr so genau hinschaut. Das funktioniert erst ab einer gewissen Größenordnung des Restaurants: Da, wo der Inhaber nicht mehr persönlich einkauft, sondern diese Aufgabe an Mitarbeiter wie den Küchenchef oder den für Speisen und Getränke verantwortlichen F&B-Manager delegiert.

Rückvergütung für den neuen Einkäufer: Rückvergütungen sind eine Art Rabatt, der bei Abnahme bestimmter Mengen gewährt und ausgezahlt wird, wenn die Mengenvorgaben erreicht worden sind. Wenn ein neuer Einkäufer antritt und die Lieferanten wechselt, kann es mal passieren, dass diese Rückvergütung nicht oder nicht ganz beim Inhaber ankommt, weil er lieber mit den Lieferanten seines Vertrauens zusammenarbeitet und die ihm für seine Treue auf ihre spezielle Art danken. Ganz schlimm ist es, wenn der Einkäufer vom Lieferanten unter der Hand eine Provision bekommt. Der Schaden für das Unternehmen ist dann in der Regel erheblich größer als die Summe, die der korrupte Mitarbeiter einstreicht. Leider verhindern auch ausgeklügelte und lukrative interne Anreizsysteme, die dem Mitarbeiter in absoluten Größen ganz offiziell mehr Gewinn versprechen als eine Kooperation mit den Lieferanten, ein solches Verhalten manchmal nicht. Im Laufe der Jahre hat sich mir deswegen die erstaunliche Erkenntnis aufgedrängt, dass einigen Menschen der eine krumm gemachte Euro manchmal lieber ist als zwei gerade gemachte. Warum auch immer, und so unsinnig und unlukrativ das im

Einzelfall im Vergleich zu legalen Möglichkeiten auch sein mag, solche Typen gibt es einfach immer wieder.

Der Mengen-Trick: Auf dem Lieferschein stehen 20 Kilogramm Fleisch, geliefert werden tatsächlich aber nur 18 Kilogramm. Das könnte ein Lieferant versuchen, wenn er im Laufe der Zeit den Eindruck gewonnen hat, dass seine Warenmengen nicht penibel überprüft werden. Oder er hat einen Deal mit dem verantwortlichen Einkäufer, der ihm die nicht korrekten Lieferscheine abzeichnet und dafür belohnt wird. Im Extremfall könnten Wareneingänge beglaubigt werden, die es in Gänze nie gegeben hat.

Als ich in der Gastronomie anfing, wurden mir relativ regelmäßig von Bierfahrern frische Fässer zum halben Preis angeboten. Die sahen völlig normal aus und waren von bester Qualität. Da habe ich mich immer gewundert und gefragt, wie das eigentlich geht. Bald wusste ich es: Die Bierlieferanten liefern ihre Ware in der Regel direkt ins Lager, wenn man das zulässt. Und zwar bis an den Platz, wo man die Fässer genau stehen haben will. Wenn das Lager nur groß genug und die Transportfahrer nett genug sind, überlassen manchmal einige besonders unmotivierte Lageristen das Einräumen gerne völlig den Lieferanten. Was da genau an vollen Fässern reingerollt und an Leergut herausgerollt wird, das kriegen sie aber dann konkret eventuell gar nicht mit, einige machen sich gar nicht die Mühe, die Angaben auf dem Lieferschein, den sie anschließend abzeichnen, per Augenschein zu kontrollieren. Und dann kann es passieren, dass der Gastronom zwanzig Fässer bezahlt, die er laut Frachtpapieren auch geliefert bekommen hat, während aber in der Realität dort leider nur achtzehn stehen. Und die Differenz von zwei Fässern, die in deinem eigenen Lager fehlt, die bietet dir der zuvorkommende Bierkutscher zu diesem sensationellen Sonderpreis unter der Hand am nächsten Tag an. Ein unschlagbares Geschäftsmodell, zumindest für den Fahrer, denn der Lieferant, für den er unterwegs ist, ahnt wahrscheinlich nichts von diesen unsauberen Aktivitäten seines Mitarbeiters. In meinen Läden ist die Praxis, dass die Fahrer ihre Ware selber ins Lager einräumen, heute bei Androhung von Todesstrafe verboten. Probleme können auch da entstehen, wo es heimliche Verabredungen gibt. Arbeiten Lagerist und Lieferant von vornherein zusammen, hast du schnell ein Problem. Wichtig sind hier konsequente Kontrollen.

Gegenmittel Kontrolle: Mit Hilfe von Umsatzberichten und Spotchecks auch beim Wareneingang sowie mit unangemeldeten Inventuren kann man versuchen, sich gegen Missbrauch zu schützen.

Gegenmittel Festpreisverträge: Einige Tricks, die darauf abzielen, zu teure Produkte bei Lieferanten zu bestellen, die den Einkäufer auf ihre Seite gebracht haben und manipulieren, kann man durch Verträge mit Festpreisen verhindern, die allerdings nur für Waren infrage kommen, die nicht saisonal oder frisch sind oder im Preis schwanken, also etwa bei Getränken.

Gegenmittel Auswahl: Wer gut organisierte, vertrauenswürdige Lieferanten hat, vermeidet viele Probleme.

Nicht nur der bestechliche Einkäufer, auch der unsauber arbeitende Lieferant geht mit seinem Verhalten beachtliche Risiken ein. Seine Bemühungen können teuer werden, weil der Einkäufer auf der Restaurantseite eventuell immer mehr für sein Entgegenkommen verlangt. Zudem wird der Verkäufer immer abhängiger von dieser einen Person. Wird sie versetzt oder verlässt das Unternehmen, ist möglicherweise sofort der Auftrag weg, weil dann die Konditionen überprüft werden. Wird der Betrug entdeckt, aus welchem Grund auch immer, können Schadensersatzforderungen auf das Unternehmen zurollen. Wir haben zur Abschreckung einmal alle unsere Lieferanten zusammengetrommelt und sie aufgefordert, eine Verpflichtung zu unterschreiben, nach der wir sie für den Fall von illegalen Zuwendungen an die verantwortlichen Einkäufer in Gänze für den daraus entstehenden Schaden haftbar machen. Sie haben alle unterschrieben. Zumindest bei einem ahnten wir, dass er nicht ganz koscher war, aber beweisen konnten wir das nicht.

In jedem Fall erhöht so eine Verpflichtung das Risiko noch einmal erheblich, weil der Lieferant nie sicher sein kann, dass alle Mitwisser für alle Zeiten den Mund halten. Da braucht nur ein Einkäufer irgendwann plötzlich doch noch ein schlechtes Gewissen zu kriegen, vielleicht weil er auf seine alten Tage sentimental oder religiös wird, und sich seinem Restaurantinhaber offenbaren und zugeben, dass er seit Jahren gegen Bestechung die überteuerten Waren des einen Zulieferers ordert. Dann haftet der Lieferant für alle direkten und indirekten Schäden dieses Zeitraums.

Die Kritiker

Kritiker gehören zur Gastronomie dazu, egal, was man von ihnen hält. Das ist bei uns nicht anders als in der Welt des Theaters oder der Literatur. Über die Bedeutung ihrer Bewertungen in Zeitungen, Magazinen und Restaurantführern lässt sich vortrefflich streiten. Sie werden in höchst unterschiedlicher Intensität wahrgenommen, ihr konkreter Einfluss ist meist schwer abzuschätzen.

Man hat uns schon in den höchsten Tönen gelobt, aber auch nach allen Regeln der Kunst verdammt und versenkt. Ich müsste jetzt lügen, wenn ich sagen würde, dass man gerne schlechte Kritiken über seine Läden liest, aber wenn man weiß, von wem der konkrete Text kommt, geht man damit deutlich lässiger um. Denn einige der größten Verächter unserer Gastronomie machen das sehr verlässlich und kontinuierlich seit gut zwanzig Jahren, sie gehören irgendwie schon mit zur Familie, man würde sie womöglich richtig vermissen, wenn sie nicht mehr auftauchten, oder sich wundern, wenn sie plötzlich andere Saiten aufzögen. Sie beweisen eine geradezu rührende Energie, denn immerhin raffen sie sich alle paar Jahre wieder auf, um den von ihnen so verhassten Ort noch einmal richtig abzuwatschen, und das möglichst in neuen, nicht schon beim letzten Mal benutzten Formulierungen, aber immer mit derselben Stoßrichtung.

Man kennt sich, man redet miteinander, wenn auch nicht mit allen, aber so viel Professionalität gehört in den meisten Fällen schon dazu. Normalerweise würde man ja erwarten, dass Restaurantkritiker nicht erkannt werden wollen, um ihre Arbeit in echter Anonymität verrichten zu können, so wie das früher die Tester des berühmten Restaurantführers Guide Michelin meist gemacht haben. Nur dann wäre ja mit Sicherheit gewährleistet, dass weder der Koch noch der Inhaber oder andere Mitarbeiter des Ladens plötzlich ein spezielles Kritikerprogramm abspulen. Aber einige dieser Profis sind geradezu beleidigt, wenn man sie nicht erkennt und begrüßt, darauf legen sie großen Wert, so ein bisschen Sonderbehandlung erwarten manche Schreiber eben schon. Einer der bekannteren dieser Restauranttester, der für eine große bundesweite Publikation arbeitet, tauchte beispielsweise nie ohne seinen Hund auf. Unter allen Gastronomen galt lange als ausgemacht, dass die Kritik über dein Lokal auf jeden Fall nicht gut wird, wenn du dessen Köter nicht richtig beachtest oder nicht angemessen behandelst – oder es drohte gleich ein Totalverriss, falls du den Vierbeiner erst gar nicht reingelassen hast.

Je bekannter ein Restaurant ist, desto größer scheinen die Verlockung und der Reiz für jeden Kritiker, sich an so einem Laden abzuarbeiten und sich durch möglichst extreme Standpunkte zu profilieren. Wenn ich mich als Schreiber der Welt zeigen möchte, gehe ich natürlich nicht zum nächsten Italiener um die Ecke und schreibe den in Grund und Boden, sondern ich nehme mir wohl lieber die geläufigeren Namen vor, die möglichst vielen Leuten etwas sagen – und fälle dann am besten ein möglichst hartes, möglichst negatives Urteil. That's life und in anderen Branchen nicht anders. Ein Literaturkritiker wird wahrscheinlich auch eher mit einem Verriss des letzten Werks von Günter Grass oder Rainald Goetz Beachtung finden als mit einer Analyse der jüngsten Erzählung des letzten Gewinners von Klagenfurt. Das muss man als Betroffener sportlich sehen. Wäre man unwichtig, wäre man erfolglos, würde das nicht solche Reflexe auslösen. Ein langjähriger Titelverteidiger steht auch immer anders da als ein neuer

Herausforderer, dem noch das Underdogartige anhaftet. Diese Position muss man sich – wie Neid – hart erarbeiten. Also gilt es, mit den Folgen zu leben.

Wenn wieder so ein Kritiker hart zuschlägt, ist manchmal ein Gespräch mit dem Küchenchef angebracht, der auch mit dieser Beurteilung klarkommen muss und vielleicht gar nicht versteht, woher und warum es auf ihn einprasselt, wo doch alles zu funktionieren scheint und die Gäste zufrieden sind, zumindest so zufrieden, dass der Laden brummt. Am Anfang hat Philippe tatsächlich eine Zeit lang geglaubt, die hätten etwas gegen ihn als Franzosen, so perplex war er manchmal, dem musste ich dann klarmachen, dass es bei Kritiken oft um ganz andere Dinge geht, um Kriterien, die für uns eigentlich keine Rolle spielen, etwa um den Blick der Sterneküche, da kann es nur zu Missverständnissen kommen. In anderen Urteilen werden einfach persönliche Ressentiments artikuliert und die Gäste ein bisschen denunziert, denen etwa per se unterstellt wird, sie kämen gar nicht wegen des Essens. Aber warum nur kehren all die Leute immer wieder, wenn es doch angeblich so schlecht ist? Daran scheinen manche Beobachter zu verzweifeln. Unser Mitleid für diese Schreiber hält sich in Grenzen.

Unsere Erfahrungen mit den Folgen negativer Kritiken lassen darauf schließen, dass die Wirkungsmacht einiger derer, die gerne die Richtung vorgeben würden, eher beschränkt ist. Wir hatten einmal einen heftigen Totalverriss für das Borchardt im Restaurantführer Gault-Millau, von einem alten Bekannten, der sich seit vielen Jahren an uns abarbeitet. Nach der Veröffentlichung hat uns kein Gast darauf angesprochen, der Laden blieb voll wie immer, es gab keinerlei spürbare Konsequenzen aus dem Text. Das haben wir diverse Male mit ähnlichen Kritiken erlebt. Sie tauchen plötzlich auf wie ein lästiges Hintergrundsurren, das aber eben so leise bleibt, dass sich niemand drum schert. Möglicherweise gibt es mehr Reklamationen, wenn schlecht über dich geschrieben wird, weil sich einige Gäste dadurch zu größerer Kritik motiviert sehen, aber das ist wirklich eine reine Vermutung, tatsächlich gemerkt haben wir diesen Effekt noch nie.

Kritik spielt für Image eine gewisse Rolle, für Markenbildung ist sie wichtiger. Aber Image ist eine schwammige Größe. Für Stammgäste ist sie eher unwichtig, weil sie selbst am besten wissen, was sie an ihrem Laden schätzen, ihr eigener Eindruck vor Ort kann durch einen Text nicht erschüttert werden. Da wir im Borchardt im Schnitt rund zwei Drittel Stammgäste haben, spielen solche Urteile automatisch eine untergeordnete Rolle. Andererseits können auch negative Kritiken Leute motivieren, das betreffende Restaurant einmal aufzusuchen, wenn sie den Laden vorher noch nicht kannten und durch den Text neugierig geworden sind.

Manchmal erlebt man mit Bewertungen auch skurrile Dinge und spürt Auswirkungen, mit denen niemand rechnen konnte. Eine Kritikerin einer Berliner Tageszeitung hat sich einmal in ihrem Blatt über die Lammkoteletts unseres Café am Neuen See im Tiergarten ausgelassen. Die hatte dort offensichtlich schlimmste Erfahrungen gemacht und diese so beschrieben, als hätte sie vorm Jüngsten Gericht gestanden und in den tiefsten Abgrund der Hölle geschaut. Wir haben unsere armen Lammkoteletts kaum wiedererkannt und uns ernsthaft besorgt gefragt, was der Frau widerfahren sein musste. Aber danach, kein Witz, haben wir so viele Lammkoteletts verkauft wie nie zuvor. Vielleicht wollten die Leute einfach wissen, ob ihre Einschätzung stimmt, vielleicht war es purer Zufall, auf jeden Fall zog der Absatz an, und soweit ich weiß, hat sich niemand beschwert.

Man kann seine Arbeit grundsätzlich nicht an Kritikern ausrichten, ich wüsste auch gar nicht, wie das gehen sollte, denn jeder von denen hat eine andere Auffassung, wie das Essen oder so ein Abend in deinem Restaurant am besten aussehen sollte. Viele Profi-Esser haben aber zugleich keine Vorstellung von dem, was der Gast wirklich sucht und was das für eine Art Gastronomie erfordert, weil sie zu sehr in ihrer Spezialistenwelt leben oder weil sie nur das Essen beurteilen können – und manche noch nicht einmal das.

Wir müssen uns einfach auf unseren Job konzentrieren und den bestmöglich erledigen, das heißt, hervorragendes Essen zu vernünftigen Preisen in einer guten Atmosphäre bei bestem Service zu bieten. Das hört sich einfach an, ist aber eine gigantische Aufgabe, die nie ganz erledigt ist, sondern bei jedem Gast an jedem Tisch an jedem Abend neu erledigt werden muss, und zwar so, dass der Gast sich so gut behandelt und bedient fühlt, dass er gerne wiederkommt.

Da man sich als Gastronom in einer Metropole wie Berlin eher in Konkurrenz zu den anderen Metropolen der Welt sieht als zu kleineren Gemeinden, kann man eigentlich nur die Kritik richtig ernst nehmen, die auf internationaler Erfahrung basiert und sich auch in den anderen relevanten Großstädten auskennt – und die in der Lage ist, mehr zu beurteilen als nur die Speisen. Davon gibt es nicht so viele, aber Wolfram Siebeck ist einer von ihnen. Wenn jemand mit dieser Erfahrung Urteile fällt, hat das automatisch Gewicht.

Siebeck nimmt man ernst, weil er nicht nur ein Essensexperte und -liebhaber ist, sondern weil er eine große Leidenschaft für Gastronomie an sich mitbringt, unter der man immer weit mehr versteht als »nur« die Speisen. Ein Kritiker wie er ist ein Glücksfall ähnlich wie Witzigmann als Koch. Man könnte sagen, dass beide auf ihre Art geholfen haben, den Deutschen seit den Achtzigerjahren die Tür zu einer kulinarischen Welt aufzustoßen, von der viele bis dato nichts geahnt hatten. Das Sympathische an Siebeck ist zudem, dass er die Sterneküche und ihren elitären Dünkel nie zum allein seligmachenden Maßstab genommen hat. Der kennt sich einfach sehr gut aus und denkt sehr urban. Das finde ich essentiell.

Um moderne Großstadt-Gastronomie qualifiziert beurteilen zu können, muss man also meiner Ansicht nach international Vergleiche ziehen können. Dazu reicht es nicht, wenn man auch schon mal in dem ein oder anderen Laden an der nächsten Ecke oder bestenfalls noch in den umliegenden Städten war. Der lokale Maßstab wird den Ansprüchen einer Metropole, die international ist und sein will, nicht unbedingt gerecht. Um ernsthaft die Gastronomie der einen Großstadt mit der einer anderen vergleichen zu können, reicht es auch nicht, schon einmal beim dreiwöchigen Schüleraustausch in Paris gewesen zu sein. Man muss die Entwicklungen dort richtig kennen, und das geht nur, wenn man regelmäßig vor Ort ist und genug Budget hat, um die wichtigsten Strömungen auch einmal ausprobieren zu können. Diese Expertise bringen wenige mit.

Kritiker wie Heinz Horrmann, Stefan Elfenbein oder Wolfram Siebeck erfüllen diese Kriterien. Wie sehr etwa Siebeck den Markt kennt und auf welch sicherem Fundament seine Urteile entstehen, hat er beispielsweise in seinem Buch *Die schönsten und besten Bistros von Paris* bewiesen. Ein tolles

Werk, mit großem Sachverstand und großer Liebe für französische Gastronomie geschrieben, das genau zeigt, warum er bestens in der Lage ist, Vergleiche mit anderen Großstädten anzustellen.

*

Über die konkrete Bedeutung und die Konsequenzen der Bewertungen in den gängigen Restaurantführern wird in der Branche viel gestritten. Nicht wenige behaupten, man könne etwa Michelin-Sterne sofort in konkreten zusätzlichen Umsatz umrechnen. Da es in bestimmten Bereichen der Medien ein fester Bestandteil der Arbeit zu sein scheint, aus solchen Führern und später voneinander abzuschreiben, ist eine schlechte Bewertung bestimmt nicht das, was man will. Wir selbst sind uns über die konkrete Auswirkung unsicher, egal, in welche Richtung es gerade geht.

Der berühmte Hotel- und Restaurantführer Guide Michelin ist Anfang des vorigen Jahrhunderts entstanden und wurde wirklich von der gleichnamigen Reifenfirma ins Leben gerufen. Die erste Ausgabe erschien 1900 in Frankreich in einer Auflage von 35 000 Exemplaren, eine deutschsprachige Edition folgte zehn Jahre später. Das war anfangs eine Idee der Touristikabteilung des Unternehmens, die den noch nicht so zahlreichen Autofahrern einen zuverlässigen Werkstatt-Wegweiser an die Hand geben wollte, um es ihnen so bequem wie möglich zu machen. Dadurch sollte wohl die Lust auf das Autofahren gesteigert werden – und damit nicht zuletzt der Reifenabsatz. Erst in den Zwanzigerjahren wurden darin die ersten Hotel- und Restaurantempfehlungen abgedruckt, bald schon versehen mit den berühmten Sternen. Welchen Stellenwert dieser jährlich neu erscheinende Führer einmal völlig losgelöst von den Gummischluppen derselben Marke weltweit einnehmen sollte, war damals ganz bestimmt noch nicht absehbar.

Interessanterweise hatte die italienische Konkurrenz des Reifenherstellers Pirelli offensichtlich eine ganz andere Zielgruppe im Auge, als sie viele Jahrzehnte später (1964) zur Stärkung ihres Marketings einen Kalender mit erotisch fotografierten Frauen ins Rennen schickte, der nicht zuletzt wegen seiner Top-Fotografen und bekannten Models weltberühmt wurde und den sich wahrscheinlich heute noch jeder Mechaniker gerne in den Spind hängen würde, wenn er denn an einen rankäme – der Kalender wird traditionell nicht verkauft, sondern verschenkt. Nackte Frauen von den Italienern, Restauranttipps von den Franzosen – schöner treten kulturelle Unterschiede wohl selten hervor.

Die Initiatoren des Michelin haben sich damals gute, aber meist unbekannte Köche genommen, die nach festgelegten Kriterien die Küche und die Restaurants bewerteten. Das war fachlich alles sehr kompetent und zugleich sehr trocken, weil das eben Köche und keine Schreiber waren, aber darauf kam es lange auch nicht an. Das unbestechliche Fachurteil, das war die große Stärke des Michelin, es spielte keine Rolle, wenn die Texte kein literarisches Feuerwerk waren.

In jüngster Zeit konnte man im Bereich der Restaurantkritik verstärkt eine Entwicklung beobachten, die man überall registrieren kann, etwa auch in den Medien, dass alles immer stärker zum Entertainment und Boulevard neigt, sei es in der Themenfindung, der Aufbereitung oder in der Sprache. Eine ähnliche Tendenz zeigt sich beim renommierten Michelin, wo sie sich ganz offensichtlich bemühen, unterhaltsamer und lockerer zu werden, damit der Stoff nicht mehr ganz so hart und dröge wirkt. Doch das eigentliche Prinzip war immer: Gelernte Köche testen relativ unerkannt Restaurants im ganzen Land. Bei den Sterneköchen war zwar nicht immer völlige Anonymität gewährleistet, aber das fiel im Großen und Ganzen nicht so ins Gewicht.

Übrigens gehen alle stillschweigend davon aus, dass die französischen Kollegen stets etwas großzügiger bewertet werden, das hat eine lange Tradition. Wer sich also in Deutschland einen Stern erkämpft hat, so kann man wohl getrost behaupten, der hätte in Frankreich bei gleicher Küche und gleichen Bedingungen mit hoher Wahrscheinlichkeit zwei. Aber trotz dieser leichten Verzerrung hat es in der Vergangenheit keinen Grund gegeben, an der grundsätzlichen Qualität der Ergebnisse zu zweifeln.

Neuere Restaurantführer wie der Gault-Millau, der 1983 erstmals auf Deutsch erschien, haben generell das Problem, dass sie um jeden Preis anders sein wollen als der Michelin, unterhaltsamer, grundsätzlich ein bisschen boulevardesker, könnte man sagen, auf jeden Fall sollen die Kritiken offensichtlich unterhaltsamer geschrieben sein, als es beim ehrwürdigen Platzhirsch der Fall ist. Schnell wurde aber auch klar, dass der Gault-Millau mit dem reinen Testen ein schwieriges Geschäftsmodell hat, denn man darf die Kosten für fundierte Restaurantkritiken nicht unterschätzen: Die Tester müssen in vielen Läden essen gehen, davon sind nicht wenige durchaus teure Locations, zusätzlich kosten anschließend die Berichte der Tester Geld, da kommt einiges zusammen, vor allem, wenn das auch noch so gut geschrieben sein soll, dass es sich deutlich vom Michelin abhebt. Wie eng es werden kann, wurde 2009 einmal deutlich, als sich diverse Top-Winzer in einem offenen Brief darüber beschwerten, dass der Gault-Millau von ihnen für den Druck seines WineGuide zusätzlich zu den Probeweinen auch noch einen »freiwilligen Beitrag« verlangt habe.

Beim Michelin hast du die Experten, die vielleicht nicht immer so toll schreiben, beim Gault-Millau arbeiten nach meiner Erfahrung mitunter Journalisten, die zwar schreiben können, sich den Rest aber offenbar selbst beibringen mussten oder müssen. Das führt dann schon mal auf beiden Seiten, bei den schreibenden Köchen, aber auch bei den testenden Journalisten, zu den seltsamsten Stilblüten. Kritiker, die sich wirklich auskennen und gleichzeitig richtig gut schreiben können, findest du eher selten. Der Gault-Millau arbeitet zumindest teilweise mit regionalen Kräften, deren Schwerpunkt deshalb oft nicht unbedingt der notwendige internationale Vergleich ist, was die Bewertungen auch nicht unbedingt souveräner macht. Oder die Tester kennen sich vielleicht gut beim Kochen aus, worauf die Autodidakten unter ihnen manchmal sogar zu Recht sehr stolz sind, diese haben dann aber leider von Gastronomie, von der das Essen ja immer nur ein Teil sein kann, nicht viel mehr als eine Ahnung.

Ich war mal mit einer sehr attraktiven Journalistin, die auch als Autorin für den Gault-Millau arbeitete, in einem Restaurant essen, wo sie unbedingt herauskriegen wollte, warum dort, wie sie irgendwo aufgeschnappt hatte, montags kein Fisch auf der Karte stand, das fand sie ungeheuer spannend. Und während von ihrer entwaffnenden Naivität anfangs noch ein gewisser Reiz ausging, verblüffte sie mich doch während unseres Gespräches über Gastronomie, diverse Läden und einige Gerichte mit einer atemberaubenden Ahnungslosigkeit – sie konnte ein Scheunentor kaum von einem Kotelett unterscheiden. Diese unbedarfte Lady machte mir klar, in was für einer Bredouille die beim Gault-Millau manchmal stecken können, wenn sie sich auf solche Mitarbeiter verlassen müssen.

Bei knappem Etat kann man nicht wählerisch bei den Testern sein, sondern muss nehmen, wer gerade zur Hand ist. Dafür bekommt man in der Konsequenz offensichtlich nicht immer die kompetentesten Schreiber. Das mag manchmal einen gewissen Charme haben, kann aber auch problematisch sein. Denn egal, wie gut bzw. eben nicht gut die Bewerter sich auskennen, egal, wie naiv und unbedarft sie an ihre Aufgabe herangehen, am Ende gerinnt ihr Eindruck zu einem Urteil, das im Restaurantführer eine hochoffizielle Form annimmt, von der dann viele glauben, dass es richtig sein muss, weil sie der vermuteten Kompetenz vertrauen, weswegen sie sich möglicherweise daran orientieren.

Hat man keine oder nur wenige Alternativen, bleiben bestimmte Verwicklungen oder Interessenkollisionen manchmal wahrscheinlich nicht aus. Wenn die Tochter eines Gastro-Kritikers bei einem von ihm immer hoch gelobten Koch eine Lehre macht, gibt es ein paar Leute, darunter auch durchaus Kritikerkollegen, die das zumindest bemerkenswert finden. Andererseits gibt es auch echte Spitzenköche, die sich lieber auf das Kochen konzentrieren als auf die örtlichen Kritiker, von denen sie deshalb gerne ignoriert werden, was aber überregionale Tester nicht davon abgehalten hat, ihre Leistung angemessen zu würdigen. Ein solcher Koch ist etwa Christian Lohse, der als erster Berliner zwei Michelin-Sterne verliehen bekommen und sie seitdem erfolgreich verteidigt hat. So geht es also auch.

Vor nicht allzu langer Zeit konnte man bereits sehr eindrucksvoll sehen, welchen Einfluss das Internet auf die Gastronomie nehmen kann. Auf meinem iPhone 5 ist ein Programm für eine Landkarte vorinstalliert, für die ich nicht extra eine App kaufen musste, wobei ich gestehen muss, dass ich noch nie eine App gekauft habe, weil ich Apps wegen ihrer meist dubiosen Geschäftsbedingungen hasse. Wenn man sich auf dieser Karte Berlin Mitte anschaut, sieht man sofort an diversen Stellen in unterschiedlichen Farben Symbole für Restaurants, einige davon deutlich namentlich gekennzeichnet, darunter auch einige kleinere Lokale. Es fiel sofort auf, dass das Borchardt nicht aufgeführt war, zumindest nicht in der ersten Einstellung. Zwar sah man an der entsprechenden Stelle ein Restaurantsymbol, aber keinen Namen, im Gegensatz zu vielen anderen Gaststätten in der unmittelbaren Umgebung, zu denen es teilweise sogar ausführliche Informationen und Empfehlungen gab. Erst beim weiteren Vergrößern des Ausschnitts erschien irgendwann auch der Name »Borchardt« mit einem neutralen Hintergrund, ein paar kargen Infos – und einer Bewertung von zweieinhalb von fünf möglichen Sternen, basierend auf lediglich drei Bewertungen, die allesamt von 2010 stammten, also drei Jahre alt waren. Nach kurzen Recherchen schien klar: Offensichtlich tauchten diejenigen Restaurants früher und mit positiven Bewertungen auf, die bei einem gewissen Onlineportal eine Premium-Mitgliedschaft hatten. Dabei konnten sogar Pommesbuden, von deren Existenz man selbst als Nachbar noch nie gehört hatte, mit euphorischen Bewertungen aufwarten. Auf den normalen Verbraucher wirkt das alles aber wie eine nichtkommerzielle, vertrauenswürdige Beurteilung durch private User – und nicht wie bezahlte Werbung.

Dieses kleine Beispiel zeigt, welche Folgen das für Unternehmen und Kunden haben wird. Insbesondere, wenn die Firmen mit solchen kostenlosen Angeboten wie dem Stadtplan Konkurrenzprodukte vom Markt drängen, ohne dass dies von den Verbrauchern so wahrgenommen wird. In ein paar Jahren wird es vielleicht überhaupt keine digitalen Stadtpläne mehr ohne solche Angaben geben – und wer dann nicht zahlt, den gibt es darauf einfach nicht mehr oder, wie in unserem Beispiel, nur unter erschwerten Bedingungen. Das ist für Menschen, die sich am jeweiligen Ort auskennen, kein Problem, aber für Besucher, die von der Existenz bestimmter Läden ohne solche Hilfen gar nichts wissen oder erfahren, schon. Ganz bestimmt aber für Restaurants, die beispielsweise im Gegensatz zu uns auf Laufkundschaft angewiesen sind und für die ein Nichtauftauchen ein echtes Problem darstellen würde – weswegen sie lieber zahlen werden. Bewertungsportale werden oft genutzt wie Reiseführer und sind vor allem ein Instrument für Leute, die sich nicht auskennen. Wer etwa nach New York fliegt und noch nie da war und auch niemanden kennt, der schon einmal da war, wird solche Portale gerne nutzen, um sich schnell einen Überblick zu verschaffen.

Die Stadtplanfunktion ist erst der Anfang. Der nächste Schritt ist die Reservierung über die Bewertungsportale, was in den USA teilweise schon praktiziert wird. Man findet auf der App das gewünschte Restaurant, geht auf die Detailinformationen und reserviert sogleich. Eine praktische Sache, die allerdings einen kleinen Nachteil hat – die Portale werden dafür in Zukunft Geld verlangen, gedacht ist an einen Betrag von etwa 1,50 Euro pro Gast und Reservierung. Das kann sich bei gut laufenden Läden im Monat schnell auf mehrere tausend Euro addieren; eine gigantische Summe, an der jedes Restaurant zu knabbern haben wird – für keine echte Gegenleistung. Eine gefährliche Entwicklung, die ich nur elektronische Wegelagerei nennen kann. Und für die am Ende der Kunde zahlen wird, denn bei Kosten dieser Höhe bleibt dem Gastronom gar nichts anders übrig, als sie auf die Preise draufzuschlagen. Für die Portale scheint das aber ein viel versprechendes Geschäftsmodell zu sein, ein deutlich lukrativeres vermutlich als der Status quo.

Es gibt verschiedene Bewertungsportale, und manche mögen ihren Job vielleicht aufrichtig und gewissenhaft erledigen, aber einige machen bei näherem Hinsehen definitiv nicht den Eindruck einer unabhängigen Instanz. Anonymität ist das Grundübel dieser Einrichtungen, es ist daher eigentlich unmöglich, sich hier wirklich ein reelles Bild über die bewerteten Betriebe zu machen. Ernstgemeinte und ehrliche Urteile echter Gäste sind ohnehin in der Unterzahl und verschwinden im Meer mal schlechter oder mal besser getarnter Eigenwerbung oder im Sturm orchestrierter Attacken auf die ungeliebte Konkurrenz. Mal schreibt der Inhaber selbst, mal Freunde, mal ganze Agenturen, die User erfinden und entweder den Auftraggeber möglichst unauffällig, aber nachhaltig in den Himmel loben oder den Konkurrenten runtermachen. Solange das Prinzip der anonymen Klowand, auf der jeder ein bisschen herummalen darf, ohne seine Identität preisgeben zu müssen, weiter besteht, scheint mir eine faire Gesamtbewertung ein unmögliches Unterfangen zu bleiben. Was entsteht, ist ein gewisser Unterhaltungswert, mehr aber auch nicht, und meistens noch nicht mal der. Die Gastronomie ist dabei natürlich keine Ausnahme. Mittlerweile haben ja viele gesellschaftliche Bereiche die Erkenntnis gewonnen, dass der demokratische Geist des Internets, wo jeder ungehemmt und vor allem unerkannt lospoltern kann, nicht unbedingt zu einer besseren Debattenkultur und einem intelligenteren Austausch von Argumenten führt.

Wir hatten fünfzehn Jahre lang keine Website für das Borchardt, weil wir glauben, dass Gastronomie am besten über Mundpropaganda läuft. Wer etwas gut findet, empfiehlt es weiter, wer etwas schlecht findet, warnt davor, von diesen sehr persönlichen, eben nicht anonymen Empfehlungen lebt jedes Restaurant. Eigentlich haben wir immer gedacht, dass Leute, die im Internet nach einem Restaurant suchen, mit solchen zu vergleichen sind, die durch Zufall mal am Lokal vorbeikommen oder aus anderen Gründen neugierig vorbeispazieren, das ist nicht unbedingt unsere Kernzielgruppe, unser Hauptgeschäft machen wir eben mit Stammgästen und Gästen, die auf deren Empfehlung zu uns kommen. Aber mittlerweile sind auch wir aktiver im Web, weil mit der immer stärkeren Vernetzung schon ein gewisser Druck entsteht, dem man sich nicht mehr entziehen kann. Und auch Stammgäste erwarten, dass Teile ihrer Lebenswelt, zu denen ihr bevorzugtes Restaurant gehört, im Netz zu finden sein müssen.

Mittlerweile ist es eine Binsenweisheit: Die Macht der diversen Internetdienste und Suchmaschinen wächst stetig, mit Folgen, die wir noch gar nicht richtig überblicken. In einer Welt, in der sich immer mehr Menschen ihr Leben über das Web organisieren, wird es insbesondere für kleinere Unternehmen immer wichtiger, darin präsent zu sein – und vor allem: auffindbar. Das heißt auch, die Macht der großen Player, jemanden verschwinden lassen zu können, wächst. Oder der

Druck, dich dafür zahlen zu lassen, dass du eben nicht verschwindest. Das ist ein sehr heikles Thema für die Zukunft, dass nicht nur für Unternehmer, sondern auch für die Kunden noch ein paar böse Überraschungen parat hält.

7. Essen, Trinken und andere Mythen

Der Wein – Keine Ahnung? Na und?!

Es wird heute viel Wein getrunken, der richtige Wein zum Essen ist ein großes Thema für viele. Immer mehr Menschen bestellen sich im Restaurant lieber einen Chardonnay als ein Pils. Die Qualität der deutschen Weine und die Weinkenntnisse der Deutschen sind in den vergangenen zwanzig Jahren erheblich gestiegen. Viele Menschen wissen, was ihnen am besten schmeckt, und haben eine klare Vorstellung davon, was sie ordern und trinken wollen. Doch auch erfahrene Restaurantbesucher sitzen manchmal vor Weinkarten, auf denen sie keinen einzigen Tropfen kennen oder die sie mit ihrem überwältigenden Angebot zu erschlagen drohen. Dann sehen sie statt zweihundert tollen Möglichkeiten nur zweihundert Fragezeichen. Das geht mir manchmal fast genauso, wenn ich irgendwo essen gehe. Einige kommen damit locker klar, viele aber fühlen sich in so einer Situation unwohl und haben vielleicht Angst, sie könnten sich vor ihrer Begleitung, dem Kellner oder den Geschäftpartnern bei der Bestellung möglicherweise blamieren. All die kann man sofort beruhigen: Macht euch nichts draus, bleibt locker, euren Freunden am Tisch oder den Gästen am Nebentisch geht es aller Wahrscheinlichkeit nach absolut ähnlich.

Niemand kennt alle Weine, niemand muss alle Weine kennen, niemand kann überhaupt alle Weine kennen, haben Sie deshalb keinerlei Hemmungen, die Restaurantmitarbeiter mit sehr simplen Beschreibungen in eine bestimmte Richtung zu lotsen, die ihnen geschmacklich zusagt. Vergessen Sie nie: Das ist Ihr Abend, das ist Ihr Geld, Sie haben jedes Recht der Welt, all die Fragen zu stellen, die Sie stellen wollen. Wer dabei den Eindruck gewinnt, der Kellner reagiere seltsam, weil er von Ihren einfachen Beschreibungen geschockt ist oder weil er das irgendwie für unwürdig hält, sich mit solchen Fragen auseinandersetzen zu müssen, wer also seine ehrliche Frage auf Grund der Antwort oder des Verhaltens des Kellners bereuen muss, der sollte sofort aufstehen und den Laden verlassen, denn er ist im falschen Restaurant. Niemand muss sich wegen des leidigen Weinthemas schräg anschauen lassen. Jedweder Dünkel von Restaurantseite an dieser Stelle ist eine Unverschämtheit, die sich niemand bieten lassen muss.

Diese ganze elende Weinkennerei ist eben auch ein Riesenpopanz. Man sollte sich einen halbwegs ordentlichen Wein bestellen, wenn der nicht schmeckt, bestellt man ihn nie wieder und probiert beim nächsten Mal eben einen neuen.

Grundsätzlich ist es mit Weinempfehlungen immer schwierig. Wenn man sich überhaupt nicht auskennt, sollte man auf gar keinen Fall den teuersten Wein nehmen oder auch keinen sehr teuren, das lohnt sich einfach nicht, das ist reine Geldverschwendung, weil man die allerletzten Feinheiten eines besonderen Weins nur mit Trinkerfahrung herausschmecken und genießen kann, als unerfahrener Weintrinker bekommt man ein ähnliches Erlebnis bereits bei deutlich preisgünstigeren Angeboten. Warum also das Geld sinnlos in die Tonne treten?

Man könnte geneigt sein, den Kellner nach seinem Rat zu fragen. Das ist in jedem Fall legitim und klingt irgendwie logisch, der arbeitet schließlich da und sollte sich auskennen, aber schon bei diesem Punkt wird es schwierig. Man könnte auch eine radikale Position einnehmen und behaupten, gerade der Kellner kann einem sowieso nicht weiterhelfen, weil er einen überhaupt nicht kennt. Und ich kenne den Kellner ja auch eventuell nicht, ich weiß also überhaupt nicht, ob der Urteile fällt, denen ich vertrauen kann oder vertrauen möchte, ob er geschmacklich irgendwie in meine Richtung geht oder wir da auf zwei verschiedenen Planeten leben, denn gerade Geschmacksfragen sind eine sehr komplexe, individuelle Angelegenheit. Im Zweifelsfall würde ich den Kellner nicht fragen, weil ich das für ein Lotteriespiel halte, sondern mir im mittleren Preissegment etwas aussuchen, was mich an irgendwas erinnert, mit einer zufälligen Wahl liegt man meistens mindestens genauso gut wie mit einer Empfehlung.

Es gibt ein berühmtes Experiment der Chicago Sun-Times, die mehrere Jahre lang einen Affen namens Adam Monk jeweils im Januar im Wall Street Journal willkürlich fünf Aktien ankreuzen ließ und anschließend die angekreuzten Papiere kaufte. Die meisten Jahre hat der Affe mit seiner Auswahl den Dow-Jones-Index geschlagen – und damit einen Großteil aller hoch bezahlten Profi-Wertpapierberater. In Russland katapultierte sich ein Schimpanse mit acht aus dreißig Aktienbauklötzen ausgewählten Steinen unter die besten fünf Prozent aller russischen Investmentfonds-Manager. Ich denke, beim Wein wäre die Trefferquote bei einer zufälligen Auswahl ähnlich gut.

Hat man Glück, hat ein guter Kellner alle Weine in seinem Restaurant durchprobiert, aber das ist eher selten der Fall. Die ganz teuren Weine gehören sowieso nicht dazu, denn die rückt kein Händler für eine Kellnerverköstigung heraus. Im obersten Preissegment könnte ein guter Servicemann wissen, welche Jahrgänge besonders gut sind, er sollte ein paar Namen gehört haben, das war's. Aber die einfachen Weine seines Ladens sollte der Kellner kennen. Und aus diesem Bestand wählt er im günstigen Fall ein paar, die er persönlich gut findet und hinter denen er persönlich steht. Im besten Fall hilft er genau mit dieser Expertise einigen Gästen weiter. Das ist ideal.

Aber wenn sich so ein Kellner ein paar französische Tropfen für die persönliche Empfehlungsliste ausgesucht hat und man ihn nach einem leichten italienischen Wein fragt, hat man als Gast bereits Pech gehabt. Ich akzeptiere jedoch eher einen Kellner, der mir gesteht, dass er sich in dem Gebiet nicht so gut auskennt, als jemanden, der mich beeindrucken oder hinters Licht führen oder – noch schlimmer – nur Umsatz machen will.

Meist scheitert es bereits mit der einfachsten Kommunikation. Denn oft werden selbst simpelste Fragen wie »Ist der schwer?« auf unterschiedlichste Art und Weise beantwortet, ich habe schon die übelsten Sachen erlebt. Da kamen dann trotz der klaren Ansage »Nein, der ist nicht schwer!« Weine, die waren schwer wie Blei, aber das hat der Kellner ganz anders gesehen – und schon hast du als Gast ein Problem, denn wenn du den Wein bestellt hast, musst du ihn generell natürlich auch bezahlen, solange er in Ordnung ist und unabhängig davon, ob er dir schmeckt oder nicht.

Verlangt man allerdings explizit einen leichten Wein und der Kellner bringt einen, der wirklich hammerhart und so schwer ist, dass sich der Tisch verbiegt, dann darf man auch keine Scheu haben, den zurückzugeben.

In bestimmten Restaurants liegt der Gedanke nahe, den Sommelier zu fragen, dafür ist er schließlich da. Aber auch wenn das die so genannten Experten nicht gerne hören: Wenn man einen dieser Profis fragt, ist man meistens genauso alleingelassen wie mit dem Affen bei der Börsenwette.

Es gibt bestimmt fantastische Sommeliers, leider habe ich von denen noch niemanden kennengelernt. Diejenigen, die mir über den Weg gelaufen sind, waren eher welche von der Sorte, die sich selbst deutlich wichtiger als den Wein fanden – und als der Gast sowieso. Damit ist ihre Empfehlung von vorneherein zu vergessen. Ihr einziger Daseinsgrund und ihre einzige Mission ist es, dich und die ganze ungläubige Welt belehren zu wollen, denn warum sonst, um Himmels willen, ergreift jemand diesen Beruf, wenn nicht, um endlich einmal und im dienstlichen Auftrag ungehemmt sein unfassbares Spezialwissen auf die unschuldigen, wehrlosen Gäste zu kippen und sie darin genussvoll zu ertränken?

Nur wenn es möglichst kompliziert bleibt, nur wenn der Eindruck der Unübersichtlichkeit im Raum steht, nur dann macht die Existenz des Sommeliers Sinn, dadurch rechtfertigt er seine Anwesenheit. Er muss ex definitione dafür sorgen, dass die Menschheit diesen Abend nur mit seinem magischen Wissen in Würde verbringen und überleben kann. Die als Hilfestellung getarnte Bevormundung und Erniedrigung seiner Schutzbefohlenen, das ist sein Daseinsgrund. Braucht irgendjemand so einen Geist an einem Restauranttisch? Nur diejenigen, die ähnlich gestrickt sind, die sich in so jemandem spiegeln können oder wollen, fühlen sich in der Anwesenheit eines Sommeliers wohl oder bestätigt. Aber was sind das für arme Typen? Kann man sich in so einer Atmosphäre einen guten Abend vorstellen? Eben.

Viele Sommeliers reagieren ja mit Vorliebe auf normale Bemerkungen wie »Ich hätte gerne einen leichten Wein« mit kleinen Vorwürfen oder noch lieber langen Vorträgen à la »Was verstehen Sie unter einem leichten Wein?«, fuck them. Und sollte man nach dem ersten Kosten einen anderen Eindruck gewinnen als den, den der Sommelier für angemessen hält, und sollte man dieses persönliche Urteil auch noch artikulieren und in Sätze packen wie »Den finde ich aber nicht leicht«, muss man sich unter Umständen auch noch arrogante Vorhaltungen anhören wie »Der *ist* aber leicht!«. Das braucht kein Mensch.

Es mag durchaus Zeitgenossen geben, die abends freiwillig in ein Restaurant gehen, um sich da von einem neunmalklugen Superexperten belehren zu lassen, anstatt Spaß zu haben, die sind bei so einem und den dazu passenden Restaurants bestens aufgehoben, aber wem diese masochistische Neigung fehlt, der wird anderswo vermutlich glücklicher. Es stellt sich immer nur die eine Frage: Helfen mir diese Leute, einen entspannten, unterhaltsamen Abend zu verbringen, oder verderben sie mir die Laune? Sind sie Teil der Lösung oder eher Teil des Problems? Dazwischen gibt es keinen Graubereich.

Ein guter Sommelier, den es bestimmt irgendwo gibt, würde auf Grund der Art deiner Fragen ertasten, wo du ungefähr mit deiner Weinkenntnis stehst, und dementsprechend seine Empfehlung dünkelfrei auf deine ganz persönlichen Bedürfnisse abstimmen. Aber viele ergreifen diesen Beruf, weil sie gerne über Wein Bescheid wissen wollen oder, schlimmer noch, glauben, schon Bescheid zu wissen. Das ist aber eine unglaublich vermessene Ausgangsposition, eigentlich eine Anmaßung, eine Unmöglichkeit. Man kann über Wein im eigentlichen Sinne nicht Bescheid wissen: Wir reden hier über unendlich viele Weine aus diversen Ländern und grundverschiedenen Anbaugebieten innerhalb dieser Länder und innerhalb dieser Anbaugebiete von unterschiedlichsten Lagen und Häusern, die ihre speziellen Eigenarten haben, und bei diesen Lagen und Häusern müssen dann noch die zum Teil völlig unterschiedlichen Jahrgänge differenziert betrachtet werden – das ergibt eine absolut unübersichtliche Wein-Matrix, die auch nur annähernd zu beherrschen niemand seriös behaupten kann.

Bei guten Weinen muss man die unterschiedlichen Jahrgänge kennen, wenn man ein zuverlässiges Urteil fällen will. Aber selbst umfassendes Wissen über die Unterschiede der Jahrgänge einer Sorte schützen nicht unbedingt vor Überraschungen. Bei den großen Bordeaux-Weinen beispielsweise kann es passieren, dass der gleiche Jahrgang mal gut auf seiner Höhe ist und mal nicht so, da kann man also selbst bei einem guten und sehr teuren Wein mal Pech haben – im Restaurant, aber auch zu Hause.

Einfachere, preiswertere Weine werden in der Regel so ausgebaut, dass sich die Qualitätsunterschiede der Jahrgänge ausgleichen und der einzelne Jahrgang bei der Abfüllung keine weitere Rolle spielt. Unter »ausbauen« versteht man dabei die verschiedenen Möglichkeiten des Winzers, den Wein in seinem Werdungsprozess zu beeinflussen. Wer das mal zu Hause ausprobieren will, kann in einen breiten, schweren Wein, mal ein, zwei Tropfen Zitronensaft reinträufeln und versteht dann sofort, was hier gemeint ist.

Auch ganz praktisch ergeben sich Grenzen für die so genannten Weinkenner und andere Supernasen: Weinkenntnisse kann man sich nicht anlesen, man kann sie sich nur ertrinken. Jeder Schluck ist eine weitere Erkenntnis. Jede Weinkenntnis ist eine angetrunkene Erkenntnis, die man sich Glas für Glas erarbeiten muss. Es gibt also keinen anderen Weg außer permanent zu trinken.

Ich genieße seit mehr als dreißig Jahren regelmäßig Wein, trotzdem würde ich mich nicht als Weinkenner bezeichnen. Man kann nicht annähernd alles wissen, immer nur kleinste Ausschnitte erkunden, wenn überhaupt. Und wenn man mal länger aussetzt, ist dieses Wissen wieder futsch. Deswegen gibt es die diversen Spezialisten: Die einen kennen sich beim Bordeaux aus, die anderen bei Weinen aus dem Burgund, schon in diesen beiden Gebieten reden wir über eine riesige Auswahl. Bordeaux und Burgund sind aber nur die zwei wichtigsten Anbaugebiete Frankreichs, dazu kommen noch die anderen, weniger wichtigen – von den diversen Anbaugebieten anderer wichtiger weinproduzierender Länder ganz abgesehen. Auch kein wirklich guter Händler wird dir alles bieten können, schon die spezialisieren sich, weil sie nur gewisse Teile seriös abdecken können.

So betrachtet gibt es keine echten, allumfassenden Weinkenner, das ist absolut ausgeschlossen, es gibt nur Experten, die sich in bestimmten Anbaugebieten gut auskennen und denen der Rest vielleicht nicht ganz unbekannt ist.

Aber wenn man eine genau bezeichnete Flasche vor sich hat, die man nicht kennt, wie das in einem Restaurant der Fall ist, bleibt es oft reine Glücksache, ein fachmännisches Urteil zu fällen. Sollte man allerdings den unglaublichen Luxus genießen, dass der Kellner – oder von mir aus sogar der Sommelier oder der Restaurantleiter oder der Inhaber – seine Weine wirklich gut kennt und gleichzeitig das Fingerspitzengefühl hat, einen auch noch richtig zu beraten – das wäre fast wie ein Lottogewinn.

Simple Fragen nach leichten, schweren oder mittelschweren Weinen sind nicht nur legitim, sondern absolut sinnvoll. Sie helfen, bestimmte Richtungen auszuschließen und ein wenig mehr Ordnung in das unübersichtliche Gefilde zu bringen.

Wir bringen unseren Leuten bei, genau solche grundsätzlichen Fragen beantworten zu können. Wenn also jemand einen italienischen Wein möchte, sollte der Kellner zurückfragen: Leicht oder schwer? Und dann entsprechend empfehlen. Sie sollten zu jedem Land mindestens einen schweren und eine leichten empfehlen können, das reicht in der Regel. Einige kennen sich noch besser aus oder wissen, dass bestimmte Gäste auf spezielle Weine stehen, doch grundsätzlich kommen sie mit diesem Gerüst gut durch den Abend. Die meisten Gäste empfinden diese Klarheit als sehr angenehm und erleichternd, sie wollen ja nicht darauf hingewiesen werden, wie wahnsinnig komplex das Thema ist, sie wollen das Essen und den Wein bestellen und sich dann wieder auf ihre Partner und Freunde konzentrieren können. Das ist ja ein Restaurant, kein Seminarraum.

Wenn mich jemand fragt, von dem ich rasch den Eindruck habe, dass er keine große oder vielleicht überhaupt keine Erfahrung in puncto Wein mitbringt, würde ich dem nie und nimmer einen Sauvignon anbieten, sondern eher einen Chardonnay. Damit wird er wahrscheinlich happy sein. Scheint er ein paar Kenntnisse zu haben, starten wir mit einem Sauvignon. Vermute ich noch ein bisschen mehr Erfahrung, könnte ich ihm auch einen Riesling anbieten. Aber selbst das können immer nur sehr vorsichtige Tastbewegungen sein, denn ich kenne zum Beispiel viele Menschen, die sich hervorragend mit Wein auskennen, und die hassen Riesling. Da gibt es keine festen Regeln. Und genau das verstehen die meisten

Sommeliers, die ich getroffen habe, nicht. Für die ist ein guter Riesling ein guter Wein, basta.

»Viel oder wenig Säure?« ist die nächste Frage, mit der man die Interessen einkreist. Kriegt man trotz aller Bemühungen ab einem bestimmten Punkt keine weiteren Informationen mehr aus dem Gast heraus, ist er möglicherweise mit einer günstigen Flasche für Anfänger, wenn man so will, am besten bedient, was nicht heißt, dass die schlecht ist, sondern nur, dass er damit aller Voraussicht nach zufrieden sein wird.

Es gibt Kellner, die versuchen bei jeder Gelegenheit, teure Weine zu verkaufen. Das ist schlimm. Wenn einer dem Gast so einen Wein aufschwatzen will, steht dahinter nur die dumme Gier – und damit schlechter Service. Niemand muss es peinlich sein, wenn er im Restaurant einen preiswerteren Wein trinken möchte.

Manche Kellner haben dagegen beim Weinverkauf richtig Spaß, und der überträgt sich auf das Gegenüber. Wenn ich merke, der Kellner will nicht nur den Umsatz künstlich hochtreiben oder mich belehren, sondern der versucht wirklich, mich zufriedenzustellen, dann vertraue ich auch beim nächsten Mal dessen Empfehlungen – und so wird die Begegnung zu einer idealen Situation für Gast und Kellner.

*

Wir haben im Borchardt rund einhundert Weine im Angebot. Die habe ich alle durchprobiert und probiere die auch immer wieder mal, weil es die bereits erwähnten Unterschiede der diversen Jahrgänge geben kann. Hundert hört sich viel an, aber eine gewisse Auswahl aus den wichtigsten Anbaugebieten wird schon erwartet.

Allein wegen der völlig normalen, unvermeidlichen Schwankungen selbst der Weine, die man zu kennen glaubt, würde ich eher selten in einem Restaurant einfach so zum Essen Weine über 200 Euro bestellen. Eine Flasche für 600 oder 800 Euro beim Dinner, das wäre vielleicht ein bisschen viel Geld für den Genuss nebenbei.

Geht es aber vor allem darum, den Wein zu genießen, ist das natürlich eine andere Situation. Sollte Geld überhaupt keine Rolle spielen, kann man ruhig mal alles durchprobieren, was der Keller so hergibt an bekannten guten Flaschen oder auch an vermeintlich guten Flaschen.

Eine weitere Ausnahme könnte sein, dass man den infrage kommenden teuren Wein schon sehr gut kennt, man weiß relativ genau, worauf man sich einlässt, Lage und Jahrgang sind bekannt, die Wahrscheinlichkeit, enttäuscht zu werden, ist gering, dann lohnt es sich durchaus auch mal, große Summen auf den Kopf zu hauen, beispielsweise für einen guten Bordeaux.

Die meisten Winzer im Bordeaux verkaufen ihre Produktion in Subskription an Auktionshäuser, die damit die ganze Welt bedienen. Insbesondere die aufstrebenden Mittelschichten ehemaliger Schwellenländer von Asien bis Lateinamerika sind ganz verrückt nach den Spitzenqualitäten aus diesem Anbaugebiet. Das hat dazu geführt, dass sich die Preise für Bordeaux in den vergangenen zwei Jahrzehnten teilweise verzwanzigfacht haben. Und zumindest die ganz großen Namen sind praktisch immer sofort weg – oder unbezahlbar.

Ein guter Jahrgang von Château Cheval Blanc kostet mittlerweile zwischen 800 und 1200 Euro auf der Karte. Bestimmt ein ganz exzellenter Wein, aber man könnte den eigentlich kaum ruhigen Gewissens zum Genuss in einem Restaurant empfehlen. Das fängt bei einfachen Überlegungen an, die einem entspannten Abend entgegenstehen. So ein Wein braucht mindestens erst einmal eine Stunde Luft, bevor er überhaupt zu trinken ist. Aber wer will in einem Restaurant eine Stunde auf den Wein warten?

Nimmt man einen älteren Château Cheval Blanc, kann es unter Umständen sogar noch länger dauern, bis er sich entfaltet. Das hängt von der Lagerung ab und von der Flasche, zudem kann man vorher nie mit Gewissheit sagen, was sich in der konkreten Flasche nach so vielen Jahren letztendlich verbirgt, es bleibt immer ein Restrisiko. Hat man Pech, erlebt der Wein in der Flasche gerade eine Schwächephase und ist damit eine Enttäuschung.

Wenn man ein geduldiger Mensch ist, lohnt es sich bei sehr guten Jahrgängen vielleicht manchmal auch, die Flasche erst gar nicht zu öffnen. In London wurde 2012 im Auktionshaus Christie's bei einer Versteigerung für eine Kiste Château Cheval Blanc des Jahrganges 1947 mit zwölf Flaschen à 0,75 Liter immerhin die Summe von 126 500 britischen Pfund gezahlt. Am gleichen Tag wechselte eine Magnumflasche (1,5 Liter) desselben Weins für 24 150 Pfund den Besitzer.

Für mich gibt es keine besseren Rotweine als die Spitzenweine aus dem Bordeaux – wie eben beispielsweise den angeführten Château Cheval Blanc. Und früher haben die Franzosen, die Deutschen, die Italiener und ich genau diese Weine auch getrunken. Doch seitdem die erwähnten globalen Mittelschichten die Preise dafür in so irrwitzige Höhen getrieben haben, hat sich das geändert, wir Europäer trinken die heute viel seltener. Wir haben zwar noch ein, zwei aus diesem Bereich auf der Karte, aber wir sind – wie alle anderen auch –

auf die Topqualitäten des Bordeaux der zweiten Reihe ausgewichen, die man sich noch leisten kann, uns blieb gar nichts anderes übrig.

Unser teuerster Wein auf der Karte kostet um die 1000 Euro. Und der wird auch ab und zu bestellt. Das sind keine Angeber, die so etwas verlangen, wie vielleicht vermutet werden könnte, weil die bei uns mit so einer Bestellung nicht öffentlichkeitswirksam punkten können, weder wird die Flasche auf einer goldenen Kutsche zum Tisch gefahren noch führt der Kellner beim Öffnen doppelte Flickflacks vor. Es gibt einfach Menschen, die für etwas Besonderes gerne bereit sind, viel Geld auszugeben.

Ein bekannter Gastro-Kritiker und guter Kenner der deutschen und französischen Mentalität hat in der Vergangenheit immer mal wieder darauf aufmerksam gemacht, wie gerade in Deutschland höhere Ausgaben für gutes Essen oder gute Weine häufig als etwas Snobistisches und Unerhörtes betrachtet werden, wohingegen hohe Summen etwa für Autos viel eher auf Wohlwollen oder gar Bewunderung treffen. Es rollen heute nicht selten Wagen jenseits der 100 000 Euro über den Asphalt der Republik, aber eine Flasche Wein für 1000 Euro finden viele, selbst von denen, die in den teuren Wagen sitzen, schlichtweg wahnsinnig. Das mag ja vielleicht auch ein bisschen wahnsinnig sein, ist aber eben vielleicht auch nicht wahnsinniger als der Kauf einer sehr teuren Karosse. Im Gegensatz dazu schlagen Herz und Geldbeutel der Franzosen vielleicht eher für die Essenskultur – andere Länder, andere Sitten.

Bei wem Geld keine Rolle spielt, der kann sich auch laufend 500 oder 1000 Euro teure Weine bestellen. Denn selbst ohne Luft und bei schwächeren Jahrgängen sind das natürlich immer noch ausgezeichnete Produkte. Ob sie jedes Mal die konkrete Summe wert sind, kann man nur anhand der jeweils davor getrunkenen Flasche beurteilen. Und nur wer Wein wirklich liebt, wer sich eine reichhaltige Erfahrung ertrunken hat über viele Jahre, wird die letzten Facetten eines großartigen Weins wirklich herauskosten, und für den lohnt sich diese Ausgabe auch.

Das Gleiche gilt übrigens für alte Spirituosen. Wer noch nie Cognac probiert hat, sollte nicht mit einem besonders alten Tropfen beginnen. Wenn man einem Anfänger einen vierzig Jahre alten Armagnac gibt, wird er wohl nur herausschmecken, dass der irgendwie sehr scharf ist, während andere dafür töten würden. Um die Qualität angemessen beurteilen zu können, braucht man durch viel Erfahrung geschärfte Sinne. Das hat nichts mit Überheblichkeit oder Dünkel zu tun, das ist die Realität. Gerade Brände sind – nebenbei bemerkt – eine sehr interessante, ganz eigene Welt, die man sich ebenso ertrinken muss wie Wein, um die besonderen Geschmackserlebnisse auskosten zu können, die dort geboten werden.

Das Essen – Ist Fisch montags gefährlich?

Es gibt einige wunderbare Mythen, die sich einfach zu gut anhören, als dass sie ernsthaft überprüft oder infrage gestellt werden. Beispielsweise findet man garantiert jederzeit einen vermeintlichen Gourmet, der einem mit besorgtem Blick und strenger Kennermiene vor dem Verzehr von Fisch am Montag in einer Stadt wie Berlin warnt. Die Idee dahinter ist von bestechender Logik: Am Montag, so wird behauptet, wird kein frischer Fisch geliefert, also muss alles auf der Karte aus der vergangenen Woche stammen, mindestens von Freitag, möglicherweise sogar noch von einem Tag davor. Pfui. Wer will da noch ruhigen Gewissens einen Fisch bestellen?

Der an anderer Stelle bereits erwähnten Restauranttesterin, bei der man ja eigentlich eine gewisse Kenntnis der Begebenheiten erwarten sollte, hatte einer dieser Dottore-Italiener ins Ohr geflüstert, in Berlin dürfe sie montags unter gar keinen Umständen Scampis essen, die seien unmöglich frisch. Das hat sie geglaubt, vielleicht weil es sich so schön geheimnisvoll und streng anhörte. Aber Scampis in Berlin sind in 99,9 Prozent aller Fälle nicht frisch, sondern immer tiefgekühlt, und zwar sonntags wie freitags wie montags – und wenn es irgendwo tatsächlich frische geben sollte, sind sie deutlich teurer als ohnehin schon.

Natürlich isst man richtig frischen Fisch am besten direkt am Meer. Das schränkt die Möglichkeiten in Berlin und in sehr, sehr vielen anderen Städten und Orten aber logischerweise ein, somit ist klar: Diese Art von Frische kann es in Berlin nicht geben. Legt man in Berlin wert auf Frische, isst man am besten Zander: Beim richtigen Lieferanten bestellt, kann man den einige Stunden nach der Schlachtung in der Pfanne haben. Der Profi erkennt schnell, ob es sich um einen frischen oder tiefgekühlten Zander handelt: Die Haut von einem frischen Zander ist dicker und fester, das Fleisch hat eine andere Farbe, ist dunkler, der tiefgekühlte Zander ist schmächtiger, hat eine dünnere, feinere Haut, das Fleisch ist durchgehend schneeweiß – und geschmacklos. Beim Zander beispielsweise kann man auch noch unterscheiden zwischen wilder Ware und gezüchteter Ware. Wilde Ware heißt, dass der Fisch mit dem Netz oder der Angel aus seinem Gewässer gefischt wurde – und nicht aus dem Zuchtbecken. Bei wilder Ware ist das Fleisch noch fester, noch besser.

Ob eine – bei vielen beliebte – Seezunge tiefgekühlt ist oder nicht, kann man auch als normaler Gast frühzeitig erkennen, bevor man sie bestellt: am Preis. Ist sie sehr preiswert, wird sie eher Tiefkühlware sein, ist die Seezunge teuer, ist sie eher frisch, obwohl nicht auszuschließen ist, dass es Kollegen gibt, die auch tiefgekühlte Ware teuer verkaufen. Tiefgekühlte Seezungen sind aber kleiner als die frischen.

Früher gab es in Berlin nur zwei, drei Firmen für frische Waren wie Fisch, das war vor zwanzig Jahren bestimmt ein Problem. Mit Schweinefleisch hatte man diese Schwierigkeiten nicht, weil es das überall in der Umgebung gab, aber Fisch eben nicht. Da verhält es sich mit einer Stadt nicht anders als mit einem Restaurant: Je mehr los ist, je höher der Warenumschlag ist, desto besser ist die Ware, das trifft vor allem bei Fisch zu. Deswegen ist die Situation in Paris in diesem Punkt viel besser als in Berlin. In unserer Hauptstadt wurde die notwendige Logistik erst im Laufe der Zeit aufgebaut, heute wird man hier aber mehr oder weniger so gut versorgt wie in jeder anderen europäischen Metropole auch. Die »Kein frischer Fisch am Montag«-Mär hält einer genauen Überprüfung nicht stand, ganz bestimmt nicht in einer gut vernetzten Großstadt mit ihren hervorragenden Logistiknetzen und Kühlmöglichkeiten. Heute ist es kein Problem mehr, auch in Berlin nicht, Montagmittag ziemlich frischen Fisch zu essen.

Ob Fisch tiefgekühlt ist oder nicht, hängt wohl eher von der Wahl des Restaurants ab. Wer ein Restaurant betritt und

Bedenken hat, Fisch zu bestellen, kann sich vielleicht auch noch einen weiteren Faktor anschauen: wie viel Betrieb in der ausgewählten Location herrscht. Gehen viele Essen raus? Ist eher wenig los? Wie groß ist der Laden? In einer kleinen Gaststätte mit sehr wenigen Tischen und noch weniger Gästen gibt es allen Anlass, etwas kritischer und vorsichtiger zu agieren, weil hier der Fisch möglicherweise schon länger im Kühlschrank liegt. In einem Laden, der brummt, ist die Gefahr geringer, älteren Fisch zu kriegen, das frische Produkt hat an so einem Ort einfach keine Zeit, alt und schlecht zu werden.

Je größer das Restaurant ist, je mehr Betrieb herrscht, desto größer ist die Garantie, auf jeden Fall nur frischeste Produkte serviert zu bekommen. In einem Laden wie dem Borchardt kauft der Küchenchef heute ein, was heute rausgehen soll, das gilt auch für den Fisch.

Wie gefährlich sind Austern?

Beim Stichwort Austern denken viele sofort an eine Vergiftung. Es kursieren Legenden von Leuten, die nach dem Verzehr dieser Meeresfrüchte Höllenqualen erlitten haben und nur gerade so dem Tod von der Schüppe springen konnten – das ist in der Gastronomie ein echter Dauerbrenner, dessen Hartnäckigkeit in keinem Verhältnis zur Bedeutung dieses Gerichts auf der Speisekarte oder zur Häufigkeit dieser bedauerlichen Fälle im echten Leben steht. Aber man kann es auch irgendwie nachvollziehen, Austernvergiftung – das klingt einfach gut. Austern erzeugen schon in absoluten Zahlen die dramatischsten Beschwerdebriefe. Wenn man aber gleichzeitig noch in Betracht zieht, wie selten Austern im Vergleich zur Gesamtheit aller anderen Speisen bestellt werden, dann sprengen diese Beschwerden wirklich alle Proportionen.

Ein exotisches Produkt, das viele ein bisschen eklig finden und dem zudem der Ruf eines Luxuslebensmittels anhaftet – das in Kombination mit Todesgefahren, das ist eine schöne Mischung, die man sich gerne weitererzählt. Alle Restaurants, die Austern anbieten, werden bestätigen können, dass sich diese Vorstellung von möglichen Lebensgefahren sehr in den Köpfen festgesetzt hat. Wer irgendetwas kritisieren will, wem es gerade nicht gut geht, der macht schnell die arme Auster zum Sündenbock, das klingt in jedem Fall schwerwiegender, als ein zu kaltes Steak anzumahnen.

Dieses Verhalten erinnert mich in gewisser Weise manchmal an meine eigenen Befindlichkeiten als jüngerer Mann. Eine Zeit lang hatte ich außerordentliche Herzschmerzen, ich konnte kaum gehen oder aufstehen oder liegen, jedes Mal dachte ich, ich klappe gleich wieder zusammen, so heftig hat es mir in der Brust gezogen, an gar nichts anderes mehr denken konnte ich. Als ich es gar nicht mehr ausgehalten habe, bin ich zum Arzt gegangen, weil ich selbstverständlich das Schlimmste befürchtete. Wie viele Männer – und insbesondere wie viele Wassermänner – mag ich stellenweise zu hypochondrischem Verhalten neigen, aber diesmal war ich mir hundertprozentig sicher, das ist etwas Ernstes, diesmal komme ich nicht mit einem blauen Auge davon. Der Arzt hat mich von der Haarspitze bis zum Fuß untersucht, alle Tests gemacht, nichts wurde ausgelassen. Schließlich bat er mich zum Gespräch und sagte mir auf den Kopf zu, ich würde mir das nur einbilden, es sei nichts, absolut rein gar nichts zu finden, nur in meiner Vorstellungskraft, und das seien doch wirklich gute News. Kurz war ich regelrecht geschockt, bis eben war mir doch völlig klar gewesen, dass ich nicht mehr lange zu leben hätte – und jetzt sollte da überhaupt nichts sein?

Der hat das aber so überzeugend rübergebracht, dass ich mich gar nicht empören konnte, sondern nur dachte, okay, der wird es schon wissen. Und damit waren die Schmerzen ein für alle Male weg.

Was ich sagen will: Es gibt immer wieder Zeitgenossen, da merkt man schon an der Art der Beschwerde, dass es sich wohl eher um eine Einbildung handelt, was aber die Leute in einigen Fällen nicht davon abhält, trotzdem gleich mit einem Anwalt oder der Presse zu drohen, insbesondere wenn der Lebenspartner angeblich betroffen war. Das muss man wissen und verstehen, um unter solchen Stimmen auch jene zu beachten, die dir tatsächlich etwas Hilfreiches über dein Geschäft erzählen, in dem sie auf einen echten Fehler im System oder tatsächlich auf ein fehlerhaftes Produkt hinweisen. Aber nahezu hundert Prozent aller Austernbeschwerden entpuppen sich als substanzlos.

Grundsätzlich kann man von jedem Lebensmittel eine Vergiftung bekommen, es kommt dabei auf zwei Faktoren an: den Grad der bakteriellen Verunreinigung des Produktes und die körperliche Verfassung des Konsumenten, insbesondere die Stärke oder Schwäche des Immunsystems. Das ist auch bei dem leidigen Thema Salmonellen zu beobachten. Salmonellen gibt es immer wieder mal, die Frage ist lediglich, wie viele davon verträgt der konkrete Körper? Es kann sein, dass einem nach dem Verzehr einer bestimmten Speise speiübel wird, weil der Körper mit dem Maß an Bakterien nicht klarkommt, während sein Tischnachbar, der vom selben Teller gegessen hat, überhaupt nichts spürt. Es ist ganz simpel: Wenn man mehr von den Erregern aufnimmt, als man verträgt, fängt es an, unangenehm zu werden. So ein Problem kann man auch von Austern kriegen, die schlecht waren. Unbestritten ist auch, dass das eine höchst unangenehme und gefährliche Sache werden kann, die man unter allen Umständen vermeiden sollte. Damit ist nicht zu spaßen.

Aber schon aus ganz pragmatischen Überlegungen kommen mir starke Zweifel an den vielen vermeintlichen Austernvergiftungen. Denn eine schlechte Auster schmeckt in der Regel so dermaßen ekelerregend und stinkt gegebenenfalls so bestialisch nach faulen Eiern, dass einem sofort schlecht wird und wahrscheinlich die Nachbarn am Nebentisch noch gleich mit umfallen, auf jeden Fall aber so, dass bei jedem normalen Menschen alle inneren und äußeren Reflexe eigentlich den Verzehr verhindern sollten. Völlig unmöglich aber scheint es, gleich zwei schlechte Austern hintereinander zu essen. Wer eine erwischt haben sollte und aus Gründen, die ich mir nicht vorstellen kann, nicht bemerkt, dass die wie die Hölle stinkt und nach den Innereien der ewigen Verdammnis schmeckt, nur um danach gleich eine zweite hinterherzuschieben, der war wahrscheinlich schon vorher tot.

Theoretisch könnte es mal passieren, dass man so derart in ein Gespräch vertieft ist oder so dermaßen in sein Gegenüber am Tisch verliebt ist oder so viel von dem dafür vorgesehenen Essig auf die Auster geträufelt hat, dass die normalen Alarmsignale versagen und man wie im Rausch mal schnell eine wegschlürft, die man besser hätte liegen lassen sollen. Das kann tatsächlich richtig böse enden. Um das zu vermeiden, gibt es einen kleinen Trick, mit dem man sichergehen kann, dass alles mit rechten Dingen zugeht: Die Auster innen kurz mit der Gabel anheben und dran riechen. Riecht die Auster normal, ist sie nach menschlichem Ermessen in Ordnung. Die Nase ist bei Lebensmitteln immer ein wichtiges Instrument zur Qualitätsprüfung, riecht ein Gericht auch nur leicht nach Ammoniak: Finger weg, da würde ich nicht mal einen kleinen Löffel probieren, dann ist etwas faul.

Ob die Austern dicker oder schlanker sind, sagt dagegen nichts über ihre Gefährlichkeit aus. In den Wintermonaten, wenn das Meerwasser kalt und nahrungsarm ist, essen Austern nicht so viel und sind daher dünner – und schmecken deswegen besser, zumindest mir. Einige Leute empfehlen den Austernverzehr deswegen nur in den Monaten mit »r«, denn in den »r«-Monaten ist das Wasser kälter. Ist das Meerwasser dagegen warm und voll mit Nahrung wie Plankton, werden die Austern fetter und teigiger. Derselbe Effekt tritt ein, wenn sie schwanger werden. Viele Franzosen und einige andere Austern-Liebhaber mögen diese Konsistenz gerne, weil sie eine besonders nussige Note hat. Diese dickeren Austern riechen eventuell aus ganz natürlichen Gründen etwas intensiver, was einen aber nicht zu beunruhigen braucht.

Finger weg von warmen Austern, das ist ein Warnsignal. Denn sind sie warm, sind sie eher gefährlich, weil sie dann bakteriell stärker belastet sind. Vielleicht wurden sie falsch gelagert, oder der Kühlschrank ist kaputt, oder sie standen zu lange draußen herum – oder die Küche wollte Zeit sparen und hatte sie bereits auf Verdacht geöffnet, für den Fall, dass jemand welche bestellen sollte. Wenn die erwartete Bestellung dann nicht oder deutlich später als erhofft kommt, wird das Fleisch möglicherweise warm, mindestens aber lauwarm, und dann wundern sich die Gäste, warum sie plötzlich Bauchschmerzen oder sogar schlimmen Durchfall bekommen.

Der ein oder andere Koch in manchem Restaurant macht in der Tat solche unbedachten Sachen, weil er sich für besonders schlau hält. Er will ein paar Minuten Zeit sparen, nicht erst warten und sich den Mühen des à la minute unterziehen, aber clever vordenken klappt nicht bei Austern, die leichteste Unterbrechung der Kühlkette führt zu Problemen, unter denen der Gast in der Folge eventuell leiden muss. Und wenn sich die blöderweise bereits geöffneten Austern überhaupt nicht verkaufen lassen, müsste sie unser Cleverle eigentlich gleich komplett wegschmeißen und als Verlust verbuchen. Aber weil er das nicht will, macht er aus Überschüssen dann am besten gleich noch gratinierte Austern. Davor kann man nur warnen. Natürlich gibt es seriöse Köche, die frische Austern gratinieren, weil sie es gut finden, die Gefahr ist aber generell relativ groß, dass die nur deswegen gratiniert wurden, weil sie nicht mehr ganz so frisch waren.

Austern sind ein sehr schönes, aber auch hochsensibles Produkt, mit dem man eben sehr sorgsam umgehen muss, um ihm gerecht zu werden. Sie werden schlecht, wenn sie außerhalb des Wassers offen sind und austrocknen. Um das zu vermeiden, werden sie für den Transport sehr eng aufeinandergestapelt, fest zusammengebunden und so mit Gewichten beschwert, dass sie sich auf keinen Fall öffnen können. Auf diese Art bleibt das Meerwasser in der Auster, die somit nicht austrocknet und deswegen durchaus einige Tage frisch bleibt, die Kisten selbst sind übrigens trocken. Reißt die Auster während des Transports doch das Maul auf, weil sie nicht fachgerecht verstaut worden ist, läuft das Meerwasser aus: In der Folge trocknet die Auster aus und wird schlecht.

Auch wenn Austern heute innerhalb weniger Stunden überall hingeliefert werden können, um frisch genossen zu werden: In der Bretagne zu sitzen und die Austern direkt aus dem Wasser zu schlürfen ist unübertroffen. In dem Ort Cancalle gibt es einen Züchter, der hat im Meer ein paar Betonsitze neben den Austernbänken, und wenn Ebbe ist, bricht er die Auster neben dir aus dem Stein heraus, und man schlürft sie gleich vor Ort. Dieser Geschmack, dieser Geruch – das ist ein sensationelles Erlebnis für alle Sinne und natürlich ein himmelweiter Unterschied zu einer angelieferten Auster, selbst wenn sie nur zwölf Stunden transportiert worden ist. Wer das einmal probiert hat, vergisst diesen Geschmack nie mehr.

Das Schnitzel-Geheimnis

Das Schnitzel-Geheimnis ist schnell gelüftet: Es kommt vor allem auf die Brösel und das Fett an – und natürlich auf das Fleisch. Die Qualität der Zutaten ist wie immer der entscheidende Punkt, wer hier versucht, Geld zu sparen, was in vielen Küchen ein beliebtes Hobby ist, wird kaum ein überzeugendes Ergebnis vorweisen können. Und den Unterschied schmecken auch Laien heraus.

Der Hauptgrund aber, warum es so viele schlechte Schnitzel gibt, ist, dass sie in Öl gebacken werden, weil es die billigste Variante ist, aber so schmeckt es dann eben auch, selbst bei gutem Fleisch. Der Trick ist sehr simpel, man muss das gute Kalbsfleisch in Butter aufbacken, aber das kostet Geld, denn die Butter, die verbraucht wird, ist praktisch teurer als das Fleisch, das in ihr schwimmt. Manche glauben, mit Nussöl ein ähnliches Ergebnis hinkriegen zu können, aber es führt kein Weg daran vorbei: Entweder du nimmst echte Butter, oder das Schnitzel schmeckt nicht.

Die Panade ist ebenfalls ein sehr wichtiger Faktor. Man muss sich schon die Mühe machen, sie selbst frisch herzustellen, auch wenn das etwas anstrengender und teurer sein mag als der Kauf von fertiger industriell hergestellter Panade – aber nur dieser Extra-Aufwand führt zu einem befriedigenden Ergebnis, mit industrieller Panade kriegt man kein gutes Schnitzel hin. Wir nehmen Weißbrot und machen selbst Brösel daraus – entweder mit dem Mixer oder mit der Reibe.

Die Qualität des Fleisches ist natürlich auch entscheidend. Nur mit dem besten und reinsten Fleisch erzielt man das gewünschte Ergebnis. Das Fleisch kann zu zäh sein, manche nehmen auch nicht reines Kalbsfleisch, sondern Fleisch von einem Tier, das nicht mehr Kalb, aber auch noch kein ausgewachsenes Rind ist, das ist preisgünstiger. Das gute Stück Fleisch muss fachgerecht platt geklopft werden. Wir haben seit vielen Jahren einen sehr kräftigen Metzger, der das macht. Das ist natürlich nicht seine einzige Aufgabe, der proportioniert frühmorgens das Fleisch, löst Fisch aus und bereitet alles vor, aber das Klopfen gehört auch zu seinem Arbeitsbereich. Geklopft wird mit einem dicken Eisen, das leicht abgerundet ist und keine Ecken hat, damit keine Löcher in das dünne Fleisch gerissen werden und es dann nicht mehr als Schnitzel verwendet werden kann. Wer das jemals zu Hause probieren sollte, wird rasch merken, dass es etwas Technik und Beherrschung verlangt, ein Schnitzel schön platt, und zwar gleichmäßig platt, zu klopfen.

Man kann das Kalbsfleisch aber natürlich nicht einfach in heiße Butter werfen und hoffen, dass es irgendwie gut geht. Erst bei einer Hitze von rund 220 Grad wird es so knusprig und gleichmäßig, wie man es sich wünscht, bleibt man darunter, sieht das Ergebnis eher aus wie ein Schwamm. (Das genaue Rezept für das Borchardt-Schnitzel steht hier: www.borchardt-restaurant.de)

Die Borchardt-Schnitzel sind schon sehr groß, das ist oft ein Thema und mag einen gewissen Eindruck machen, aber das ist nur ein Nebeneffekt, weil wir das Fleisch gerne so dünn haben, das Ziel ist nicht, die Gäste damit zu beeindrucken. Von der Fleischmenge ist es genauso viel wie ein kleineres, aber dickeres Stück, es gibt einfach unterschiedliche Vorlieben, die zu den verschiedenen Formen führen.

Auch wenn immer wieder mal einzelne Kritiker behaupten, das Schnitzel habe unbedingt etwas dicker zu sein, gibt es dafür keine objektiven Qualitätskriterien, sondern nur unterschiedliche Geschmäcker. Wenn man das Fleisch lieber saftiger, fleischiger mag, ist es dicker besser. Wer dagegen im Verhältnis mehr Panade mag, der nimmt das dünne Schnitzel. Und bei dem dünneren hat der Zitronensaft mehr Panade als Angriffsfläche, dadurch ergibt sich insgesamt ein angenehm säuerlicher Geschmack, der bei weniger dickem Fleisch besser wirkt.

Gerade, weil das Schnitzel in einem Laden wie dem Borchardt ein beliebter Klassiker ist, muss man besondere Sorgfalt walten lassen. Es muss hellbraun sein und die Panade wellig, es muss warm rauskommen und muss tipptopp aussehen, egal ob es das erste am Tag oder das letzte in der Nacht ist.

Das Küchenteam ist so eingespielt und alles wird so gut vorbereitet, dass ein Wiener Schnitzel bei uns, wenn es sein muss, nach der Durchgabe der Bestellung in zwei Minuten fertig zum Abholen am Pass für den Kellner bereitstehen kann – dank modernster Induktionstechnik. Wohlgemerkt »kann« – sinnvoll ist das nicht unbedingt. Denn das könnte im schlimmsten Fall zu gewissen Irritationen beim Gast führen, weil der gar nicht glauben würde, dass man so ein großes Stück Fleisch in dieser Geschwindigkeit frisch zubereiten kann.

Auch wenn das Schnitzel bei Weitem nicht unser meistverkauftes Produkt ist, gibt es einige Leute, die nur wegen des Schnitzels kommen. Selbst in Los Angeles heißt das Borchardt bei vielen nur »The Schnitzel Place«. Das fing an, als Arnold Schwarzenegger zu seinen Schauspielerzeiten für sein Team und sich einmal freudestrahlend ein ganzes Backblech voll Schnitzel bestellt hat. Das hat bei einigen großen Eindruck gemacht und sich schnell herumgesprochen.

Würde man die Schnitzelmengen aus dem Borchardt, die in all den Jahren verzehrt worden sind, mal in Kälber umrechnen, hätte man wahrscheinlich eine Herdengröße, mit der man den ganzen Berliner Stadtteil Charlottenburg, also eine mittelgroße Stadt, bevölkern könnte, so viel bekommt man aus einem Kalb ja nicht raus.

Der Kartoffelsalat

Zu einem ordentlichen Schnitzel gehört ein passender Kartoffelsalat. Bei dem sind zwei Sachen besonders wichtig. Zum einen die Qualität der Kartoffel – es müssen dicke, leicht mehlige Kartoffeln von guten Bauern sein. Wir brauchen in der Küche fünf verschiedene Kartoffelsorten, im Winter manchmal sogar sechs, klein und groß, fest und mehlig, für jedes Gericht sind andere Anforderungen zu erfüllen. Wir haben die immer wieder getestet und irgendwann die richtigen Lieferanten gefunden, von denen wir vor allem eine konstant hohe Qualität und keine Experimente erwarten. Darauf verlassen wir uns – und dafür zahlen wir auch gerne ein bisschen mehr. Wir feilschen auch nicht, weil das ab einem gewissen Punkt keinen Gewinn mehr bringt, sondern nur noch mindere Qualität. Aber wie immer beim Kochen kann man das tollste Produkt mit falschen und billigen Zutaten zerstören. Wer sich ein teures Stück Fleisch leistet, kann das – wo ein bisschen frischer Pfeffer gereicht hätte – zum Beispiel mit einer Fertigsoße so zurichten, dass er sich die Ausgabe auch gleich hätte sparen können, ähnlich vorsichtig muss man auch beim Kartoffelsalat vorgehen. Ein lieblos drübergespültes Dressing, ein bisschen Öl, das schnell über die sorgfältig ausgewählten Kartoffeln geschüttet wird, und schon war's das. Richtig gut wird der Salat nur dann, wenn man sich die Mühe macht, und damit sind wir bei dem zweiten entscheidenden Faktor für einen guten Kartoffelsalat, die Knollenstücke in einem eigens angemachten Fleischfond ziehen zu lassen. Dabei saugen die Kartoffeln Teile der Fleischbrühe auf und geben ihnen den als angenehm empfundenen säuerlichen Geschmack.

Der Gurkensalat

Beim Gurkensalat müssen – gute Gurken vorausgesetzt – die Scheiben sehr dünn geschnitten sein, dadurch vermeidet man, dass der Salat zu wässrig wird, und die Soße haftet besser an den einzelnen Teilen. Im Idealfall wird die Gurke erst geschnitten, dann vorgesalzen, anschließend lässt man die Scheiben zwei Stunden abtropfen, dadurch vermeidet man den Effekt, den viele von zu Hause kennen, wenn die Scheiben im eigenen Wasser schwimmen und sich das Dressing ablöst.

Unser Gurkensalat wird mit einer Kombination aus Crème fraîche, Dill, Joghurt und etwas Weißweinessig angemacht.

So schmeckt Spargel

Immer wieder streiten sich die Experten, welcher Spargel der beste sei, aber die Diskussionen erscheinen manchmal müßig, denn egal, was für ein Produkt aus welcher Region man hat, wer seinen Spargel einfach lieblos in Wasser kocht, der wird immer nur einen eher langweiligen Geschmack hervorbringen. Ganz unabhängig von der Länge und von der Dicke der Stangen. Der Eigengeschmack von Spargel ist generell eher lasch, er ist lange nicht so stark wie etwa der von Bohnen. Man muss da ein bisschen Pepp dranbringen.

Das Wichtigste ist deshalb der Fond für den Spargel, der muss kräftig abgeschmeckt und reichhaltig sein, der Fond ist das Teuerste an der Mahlzeit. Da darf man nicht mit Zutaten sparen. Etwas Butter, Salz, ein bisschen Zucker, Zitrone und frischen Orangensaft, schön einreduzieren, anschließend die Stangen darin kochen, dann schmeckt jeder Spargel sensationell. Die Zubereitung des Fonds dauert eine Stunde, zu Hause vielleicht nicht, aber wir machen im Borchardt gleich 100 Liter für 100 Kilogramm Spargel.

Der Vorteil von Sorten wie dem Beelitzer Spargel, den wir im Borchardt servieren, ist, dass sie dicker und aromatischer sind. Generell kann man sagen: Je dünner die Stange, desto größer auch die Gefahr, dass der Spargel holzig ist.

Manche mögen den Spargel lieber fest, andere wollen ihn ganz weich zum Lutschen, das ist Geschmackssache. Al dente, bissfest, medium und weich sind die möglichen Stufen, zwischen denen man wählen kann. Bissfest wird überall am meisten bestellt, ich persönlich bevorzuge durch, also weichgekocht, weil der Spargel dann meiner Meinung nach das meiste Aroma hat.

Wie wird Fleisch perfekt gebraten?

Bei Fleisch ist es wie mit den meisten Nahrungsmitteln, Qualität hat ihren Preis, für ein paar Cent darf ich keine Wunderdinge erwarten. Jedem normalen Menschen sollte klar sein, dass er kein Spitzenfleisch serviert bekommt, wenn er irgendwo ein Steak für 9,50 Euro bestellt. Wenn es einen ganzen Grillteller für einen Zehner gibt, wird der nicht unbedingt aus besonders glücklichen Lämmern, Rindern oder Kälbern von auserwählten Bio-Höfen zusammengestellt worden sein. Muss man dagegen 30 oder 40 Euro hinlegen, darf man beste Qualität erwarten, es sei denn, man hat Pech, oder der

Koch ist ein Volltrottel, oder der Laden gehört einem Halsabschneider.

Neben Zucht und Aufzucht ist der Reifeprozess des Fleisches ein wichtiger Faktor, der die Qualität maßgeblich beeinflusst, das Reifen kostet aber Zeit und Geld, zwei Komponenten, die es auch in der Gastronomie leider selten genug gibt. Das hat spürbare Konsequenzen beim Essengehen. Oft ist das Fleisch in Restaurants noch zu jung, auch in Steakhäusern, das passiert, wenn die Ware nicht lange genug gereift ist. Das kann eventuell dazu führen, dass man lange darauf herumkauen muss und eine Art Kaugummi-Gefühl entsteht. Das ist vor allem beim Roastbeef und beim Entrecote ein Problem.

Sehr gutes, ordentlich gereiftes Fleisch braucht für eine sehr kurze Zeit eine sehr starke Hitze, danach eine langsame Wärme. Erst kommt das Steak auf einen flachen Grill, wo es bei ungefähr 300 bis 350 Grad angebraten wird, der Grill kann auch so eine Oberfläche haben, wie man sie von zu Hause beim Grillen kennt. Es gibt in einigen Restaurants sehr heiße Grills, wo das Fleisch bei 1200 Grad angebraten wird, das macht aber nur bei größeren Fleischstücken von mindestens einem Kilogramm wirklich Sinn.

Die große Hitze, der man das Steak ein oder zwei Minuten pro Seite aussetzt, dient dazu, dass sich die Poren des Fleisches schließen, es praktisch versiegelt wird, und so Saft und Geschmack drin bleiben. Danach kommt es in einen Ofen, wo es bei knapp 80 Grad gart, und zwar so, dass das Fleisch innen nur eine Farbe hat, ganz gleichmäßig, außen schön kross, innen einfarbig. Danach schmeißen wir es noch einmal auf den Grill, um es auf die Temperatur zu bringen, die es haben muss, wenn man es auf den Teller legen und servieren will. Das gilt für ein Entrecote genauso wie für ein Roastbeef,

Rib Eye, Rinderfilet oder ein Côte de Bœuf, so kriegt man das beste Ergebnis, das Fleisch bleibt schön saftig und zart.

Sie können jedes Steak testen, indem Sie das Fleisch in der Mitte durchschneiden. Ist es im innersten Kern noch sehr blutig, darum etwas fester und außen schon sehr braun, wurde es zu schnell gebraten. Denn mit etwas mehr Sorgfalt und Zeit gäbe es drinnen eine gleichmäßige Farbe, nicht diese Stufen. Das ist der Unterschied zwischen braten und braten.

Es gibt auch für zu Hause einen einfachen Test, um die Bratstufe festzustellen. Anstatt das Fleisch jedes Mal anzuritzen, erspüren Küchenprofis diese Bratstufe, indem sie etwa mit einem Löffel sanft hineindrücken. Die Festigkeit des Fleisches sagt ihnen genau, wie weit sie sind. Dafür gibt es eine Regel: Wenn man mit links eine lockere Faust macht, und mit dem Zeigefinger der rechten Hand das Mittelstück zwischen Daumen und Zeigefinger der linken Faust drückt, dann hat man eine Ahnung, wie sich das Fleisch anfühlen sollte, wenn es medium rare ist. Schließt man die Faust etwas fester, ähnelt der Härtegrad dieses Handbereiches der Bratstufe medium, macht man eine feste Faust, dann fühlt sich diese Stelle an wie Fleisch, das durch ist. Natürlich braucht man eine gewisse Übung, um ein halbwegs sicheres Urteil fällen zu können, aber mit dieser Faustregel im wahrsten Sinne des Wortes kommt man schon etwas weiter.

Menschen, die lange genug in einer Küche gearbeitet haben, kommen natürlich ohne solche Spielereien aus. Sie kennen das Fleisch, sie kennen den Grill, sie wissen ganz genau, wie das Steak nach einer Minute aussieht, nach zwei Minuten, nach fünf Minuten, da wird nicht mehr lange drüber nachgedacht, Profis haben das einfach irgendwann im Blut.

Was ist »Dry Aged Beef«?

Auch in einem ehrwürdigen Gewerbe wie der klassischen Gastronomie gibt es immer Strömungen, denen man sich nicht entziehen kann oder entziehen will, weil selbstverständlich auch das Essen aktuellen Trends unterliegt. Irgendwann kam der Modebegriff »Dry Aged« auf, das war bei Fleisch auf einmal der neue Brüller. Damit bezeichnet man »trocken gereiftes« Fleisch und meint einen bestimmten Reifeprozess, der früher einmal bei allen Metzgern der normale war. Grundsätzlich kann man ja beispielsweise Rindfleisch nicht direkt aus dem Schlachthaus auf den Teller legen. Damit es schmeckt, muss es gut abgehangen sein und »reifen«, wie der Fachmann sagt, das ist das so genannte »Aging«. Dabei wird ein Prozess in Gang gesetzt, bei dem das Muskeleiweiß durch Enzyme ersetzt wird, das macht das Fleisch zarter und genießbarer. Normalerweise dauert das bei Rindfleisch etwa eineinhalb bis zweieinhalb Wochen. »Dry Aging« bedeutet in der Praxis, dass das Fleisch deutlich länger, für mindestens vier Wochen, in einem Kühlhaus leicht oberhalb des Gefrierpunktes gelagert wird. Dadurch verdunsten große Mengen Fleischsaft, und das Fleischstück verliert in Folge einen beträchtlichen Teil seines Gewichtes, bis zu einem Fünftel, in einigen Fällen sogar bis zu einem Drittel. Moderne Kühlungsmethoden verhindern ein Faulen des immer dunkler werdenden Fleisches, aber vor dem Verzehr muss die äußere Schicht, die einen Schimmelpilz und eine harte Kruste gebildet hat, weggeschnitten werden.

Steakliebhaber schwärmen von dem intensiven Fleischgeschmack und der überragenden Konsistenz des »Dry Aged Beef« und zahlen gerne den höheren Preis, der durch die längere Lagerung und den Gewichtsverlust begründet ist. Genau dieser war einst der Grund dafür, warum überall früher einmal das »Wet Aging« die beliebtere und heute dominierende Methode wurde: Hier reift das Fleisch vakuumverpackt im eigenen Saft. Das geht schneller, bewahrt das Gewicht und ist daher für die Hersteller deutlich attraktiver.

Wir verkaufen Steaks, die nach der Methode »Dry Aged« gereift sind, schon seit vielen Jahren, haben das aber auf der Karte nie explizit so herausgestellt. Aber plötzlich wurde das vor allem in den angelsächsischen Ländern ein großes Thema, insbesondere in den Vereinigten Staaten, also haben es dort immer mehr Menschen einmal bewusst ausprobieren können oder einfach nur als Begriff mitbekommen, und schon standen die ersten Gäste auf der Matte und fragten, warum wir das eigentlich nicht im Angebot hätten. Unsere Erklärung, unsere Lieferanten ließen das Fleisch genau so reifen, wirkte auf einige offensichtlich wie eine Ausrede oder gar Angeberei. Anfangs war uns das dennoch einfach zu blöd, das nach Jahren hinzuzufügen, nur weil es ein Trend geworden war, aber wir merkten, dass wir mit dieser Haltung bloß unnötige Fragen aufwarfen und interessierte Gäste irritierten. Also wurde es hineingeschrieben – und die Welt war wieder in Ordnung.

Interessanterweise zeigt gerade das Beispiel mit diesem trocken gereiften Fleisch, dass es in der Gastronomie nicht nur um Moden, sondern auch um kulturell bedingte Bewertungsunterschiede geht, die in einer zunehmend vernetzten Welt zwar schwächer werden mögen, die aber unsere Sicht immer noch maßgeblich bestimmen. In dem ein oder anderen asiatischen Land knabbern die Menschen beispielsweise abends zum

Bier gerne getrocknete Käfer oder freuen sich auf eine deftige Hundesuppe, allein bei dem Gedanken läuft jeder aufrechte deutsche Tierschützer und Hundehalter Amok und denkt, die haben die falschen Maßstäbe, während diese Asiaten unsere Aufregung selbstverständlich nicht im Ansatz verstehen würden. Alles eine Frage der Perspektive. Denn andersherum gilt eben auch: Für viele Asiaten essen wir völlig verwestes Fleisch. Die fallen tot um, wenn sie das nur riechen, eben weil sie alles so frisch wie möglich essen. Dass diese Asiaten unser normales Fleisch, das wir als frisch bezeichnen, schon für verwest halten, ist kein Fehler, sondern im Grunde eine korrekte Beschreibung, denn wir meinen damit selbst ja in der Regel nicht das eben dem Tierkörper entrissene Stück, sondern das bereits ausgeblutete und abgehangene, bei dem gewisse Entwässerungs- und Zersetzungsprozesse, also Verwesung, bereits in Gang gesetzt worden sind – »Dry Aged« ist nichts anderes.

Und zusätzlich zu diesem langen Reifeprozess kam aus Amerika noch ein neuer Trend, das »Green Beef«.

Damit bezeichnet man in den USA Fleisch von Vieh, das unter bestimmten Bedingungen gehalten wird, die Methoden der industriellen Produktion ausschließen. Das Vieh wird nur auf Weiden gehalten und ernährt sich ausschließlich von Gras, es gibt keine Zufütterung von Mais wie sonst üblich. Das Gras wird nicht mit Pflanzenschutz- oder Düngemitteln behandelt, die Tiere nicht mit Hormonen. Die Farmen sind Familienbetriebe, und es gibt keine Massentierhaltung.

Green Beef in einer Dry-Aged-Version schmeckt wie ein besonders guter, besonders zarter Schinken, aber eben mit Rinderfleischgeschmack, und ist besonders hochwertig, auch vom Fett her – das ist ein echtes kulinarisches Highlight für Profis und Amateure.

Die Erfahrung mit der kurzfristigen Aufregung um die scheinbar »moderne« Reifemethode »Dry Aging«, die eigentlich ja eine »alte« ist, hat wieder einmal gezeigt, dass man auch in der Gastronomie bei aller Offenheit dem Neuen gegenüber mit einer gewissen Portion Gelassenheit am besten lebt – und genießt.

8. Wie alles anfing

Vom Saarland nach Berlin

Meine Mutter war nicht nur eine geniale Köchin, sondern zugleich ein sehr unabhängiger Geist, was mir als Wassermann sehr entgegenkam. Sie hat sich von keinen Autoritäten einschüchtern lassen und besaß einen ausgeprägten, geradezu fanatischen Gerechtigkeitssinn. Der war auch der Grund, warum wir nach der Schule nicht die Protestanten verkloppen durften, was damals für alle anderen katholischen Kinder in der Gegend ein beliebter Zeitvertreib war. Sich von Funktionen nicht blenden lassen, sondern immer den Menschen dahinter sehen, keinen Dünkel mitmachen oder akzeptieren, nicht aufhören, selbst zu denken, das waren die geradezu fortschrittlichen Lektionen, die wir eingeimpft bekamen.

Meine Eltern waren in gewisser Weise ein typisches Paar der Kriegs- und Nachkriegsjahre: Lange hatte meine Mutter mit der Ungewissheit leben müssen, ob mein Vater die russische Kriegsgefangenschaft überhaupt überlebt, erst Anfang der Fünfzigerjahre durfte er aus Sibirien nach Hause ins Saarland. Diese späten Heimkehrer prallten auf eine für sie völlig fremde Welt, die von ihren schlimmen Erfahrungen am liebsten nichts mehr wissen wollte, das Leben zu Hause war weitergegangen, ganz anders und auch ohne sie, das war für alle eine sehr schwierige Situation, in der sich in vielen Fällen trotz schneller Familiengründungen kaum Normalität einstellen konnte.

Ich ließ mir die Haare lang wachsen und wurde ein Hippie, vielleicht die logische Konsequenz aus alldem, vielleicht war es auch nur der Geist der Zeit. Wir waren mittlerweile ins Bergische Land nach Wuppertal gezogen, wo ich mit kulinarischen Genüssen zunächst nichts mehr zu tun hatte. Zu den Erkenntnissen seiner Kindheit kommt man ja erst wieder nach der Trotzphase zurück, in der es ein natürliches Aufbegehren gegen alles Vorherige gibt, also auch gegen besseres Essen. In Wuppertal sind wir nicht in Restaurants gegangen, sondern zum nächsten Imbiss und haben »Pommes 10/10« bestellt, Pommes Frites mit Ketchup für zehn Pfennige und Mayonnaise für zehn Pfennige.

Wichtiger waren uns später ein paar Aktivitäten, die im Rückblick weniger revolutionär und uneigennützig waren, als sie vielleicht aussahen. Dazu gehörten Vorträge von uns über den Sexualforscher und Psychoanalytiker Wilhelm Reich und dessen positive Haltung zur freien Liebe, ein Aspekt, dessen zentrale Bedeutung wir vor allen vor den Frauen nicht genug unterstreichen konnten. Auch bei der Besetzung eines Jugendzentrums war ich mal dabei, was man damals halt so gemacht hat.

Mit meinem Bruder hatte ich damals eine kleine Off-Theatergruppe, die sich »L'amour fou« nannte. Nebenbei bearbeitete ich das Saxophon, meiner Ansicht nach sogar ganz ordentlich. Wir lebten mit ein paar Leuten zusammen in der Nähe von Bielefeld auf einem »kreativen Bauernhof«. Wir hatten teilweise bis zu tausend zahlende Zuschauer. Zu dem Programm, das neunzig Minuten dauerte, würde man heute wohl Comedy sagen, die Leute waren meistens begeistert. Auf dem Hof haben wir natürlich nichts gewerblich angebaut, das war ja ein alternativer Hof, der brauchte keinen unnötigen Leistungsdruck aus dem Agrarsektor, ein paar Tomaten, das hat uns völlig gereicht. Warum wir nach Wuppertal ausgerechnet in Bielefeld gelandet waren, weiß ich nicht mehr, wahrscheinlich eine Idee von meinem Bruder. Wir haben als Gruppe von unseren Aufführungen gelebt und von so genannten Workshops, die sehr gut gebucht waren. Das Konzept dafür hatten wir uns von einem Clown abgeschaut, einem, wenn ich mich richtig erinnere, buddhistischen Clown. Als Veranstalter hatten die Workshops zudem den schönen Nebeneffekt, dass sich viele Teilnehmerinnen nicht nur für die Inhalte, sondern auch für einen selbst begeisterten – da wäre sogar mancher Skilehrer noch neidisch geworden.

Bei der Theatergruppe wurde zum Schluss auf der Bühne nur noch improvisiert, das war manchmal radikal, manchmal lustig, und fast immer äußerst unterhaltend. Irgendwann haben wir uns aufgelöst, wir hatten kein Programm mehr, nichts, leider stand noch ein Auftritt an in Gütersloh, den wir unbedingt absolvieren mussten, weil wir auf dieses Geld angewiesen waren, beziehungsweise die uns sonst verklagt hätten, und genau das haben wir den 1000 Leuten auch gesagt, dass wir uns eben aufgelöst und kein Programm mehr hätten und jetzt mal schauen müssten, wie wir hier zusammen den Abend verbringen würden. Da kam richtig Stimmung auf, es wurde einer der besten Auftritte überhaupt, ein krönender Abschluss. Nebenbei war ich die ganze Zeit als Student in Bielefeld eingeschrieben, offiziell an der Fakultät für Sozialarbeit und Sozialpädagogik, in Siegen habe ich mein Hobby Physik angefangen zu studieren, aber das war mir bald alles zu dröge.

Irgendwann habe ich in Bielefeld die Zelte komplett abgebrochen und bin mit 50 Mark in der Tasche nach Berlin gefahren, wo ich eine Frau kennengelernt habe, die ein kleines Café in Steglitz hatte. Eigentlich sollte das nur ein Wochenend-Trip werden, aber wegen ihr bin ich gleich ganz dageblieben. Das Café hat mich zunächst nicht interessiert, aber hin und wieder habe ich ihr geholfen, mal hinter dem Tresen, mal als Kellner, mal bei der Buchführung. So bin ich in die Gastronomie reingerutscht. Als sie Probleme mit dem Vermieter bekam, habe ich ihr vorgeschlagen, die Location zu wechseln und etwas Neues aufzumachen.

Ich hatte noch gar kein Gefühl für die Stadt, wir sind einfach drauflosgefahren und landeten in der Knesebeckstraße, einer Querstraße zur Kantstraße am Savignyplatz, mitten in Charlottenburg, einer damals sehr studentischen Gegend, nicht weit weg vom Bahnhof Zoo, der im geteilten Berlin praktisch der Hauptbahnhof des Westens war. Da haben wir in einer ehemaligen Zahnarztpraxis ein Café aufgemacht, das bombig lief. Aber irgendwann war auch hier die Luft raus, ich hatte die Nase voll, wir verkauften den Laden, legten uns ein Round-the-World-Ticket zu und reisten ein Dreivierteljahr. Nach der Rückkehr war mir, warum auch immer, irgendwie klar: Gastronomie ist mein Ding, genau das will ich machen. Ich hatte vorher diverse Sachen ausprobiert, habe jedes Mal, wie das mein Sternzeichen so macht, gezweifelt, ob es das Richtige ist, aber damals fiel meine Entscheidung – und die habe ich seitdem nicht bereut.

*

Der nächste Schritt – noch vor dem Mauerfall – war das Restaurant Shell, das wir in einer alten Tankstelle am Savignyplatz eröffneten. Da es im alten Westen relativ wenig gute große Räume gibt, weil der Teil der Stadt immer schon mehr

Wohngegend war, haben wir einfach die alte Texaco-Station umgebaut, die kam von der Größe und der Art der Konstruktion meinen Vorstellungen sehr entgegen. Ein Restaurant lebt sehr von dem Raum, in dem es sich befindet. Stimmt der nicht, wird auch der Rest schwierig.

Das Shell lief gut an und hatte bald ein großes Stammpublikum, das vergleichsweise deutlich weniger gemischt war, als das heute etwa im Borchardt normalerweise der Fall ist. Das war aber in den Achtzigerjahren wegen der Insellage der Stadt keine Überraschung und auch in anderen Vierteln wie Kreuzberg oder Schöneberg nicht viel anders. Überall herrschte eine gewisse Homogenität der jeweiligen Szenen, was spätestens mit dem Mauerfall in vielen Bereichen zum Glück aufhörte, denn allzu große Homogenität oder gar Monokulturen sind für mich, wie bereits an anderer Stelle ausgeführt, der Tod einer jeden interessanten Gastronomie.

Bald hatten wir von dem Laden und der dortigen Monokultur genug. Als mir 1990 jemand eine Summe bot, bei der man nicht Nein sagen konnten, haben wir das Shell kurz entschlossen verkauft. Seitdem hat es ein paar Mal den Besitzer und den Namen gewechselt.

Wenn die Mauer nicht gefallen wäre, wäre ich weggezogen. Berlin war mir zu muffig und zu unprofessionell. Denn auch wenn die so genannten wilden Achtziger ja so unglaublich inspirierend gewesen sein sollen in Berlin, waren sie das eigentlich nur in einem sehr kleinen Ausschnitt des Stadtlebens, der bloß in der Rückschau alles überstrahlt und gerne verklärt wird. Nicht nur ich habe sehr deutlich die Grenzen Westberlins gespürt, das am Tropf der Republik hing und eigentlich bereits klinisch tot war. Lebendige Großstadt fühlte sich auf jeden Fall anders an, so viel stand fest. Auch deswegen war der Mauerfall ein Glücksfall nicht nur für Deutschland, sondern auch für mich persönlich, denn plötzlich, so schien es, wurden die Karten noch einmal neu gemischt, auf einmal wurden die Fenster in alle Himmelsrichtungen aufgerissen, und es gab wieder so etwas wie eine Zukunft für die Stadt, auch wenn niemand wusste, wie die aussehen sollte.

Mir war von Anfang an klar, dass ich die relativ homogene Gästestruktur des Shell in unserem nächsten Laden, dem Borchardt, nicht wieder haben will, das mussten wir ändern. Doch die grundsätzlich andere Bevölkerungsstruktur des Bezirks Mitte und vor allem des neuen Berlins insgesamt nach der Wiedervereinigung machte es uns von Anfang an leicht, unser neues Restaurant anders auszurichten. Spätere Faktoren wie der Umzug der Regierung und der Zuzug tausender Menschen aus allen Teilen der Republik und der Welt veränderten die Stadt – Gott sei Dank – dann endgültig.

Das Borchardt und der wilde Osten

Papa Giorgio, ein Grieche, der im Westen ein kleines Restaurant führte, hat mich nach dem Shell-Verkauf einmal auf das Gebäude in der Französischen Straße aufmerksam gemacht, das dort einsam und verloren in einer noch nicht sehr attraktiven Gegend stand. Das Haus war praktisch ein Solitär, davor, daneben, praktisch überall sonst war fast nichts, das kann man sich heute, wo das Gebäude fester Teil einer geschlossenen Fassade ist, kaum noch vorstellen.

Bei der ersten Besichtigung 1990 mussten wir von hinten in das Haus rein, alle Fenster vorne waren zugemauert, jahrelang waren die Räume nicht mehr genutzt worden, ein bisschen Schutt, ein paar vergessene Gerätschaften, das war's. Nach zehn Metern war ich bereits angetan, trotz Dreck und diffusem Licht konnte man die Wucht des Raums spüren. Für ein Restaurant schien die Architektur perfekt, auch wenn wir noch nichts von solchen Details wie dem Mosaik der Weinkönigin ahnten, das später ein Bauarbeiter hinter Brettern entdeckte, und nicht wussten, wie großartig die Atmosphäre ohne die damals noch abgehängten Decken sein würde. Dass von hier aus die bessere Gesellschaft der deutschen Hauptstadt und ganz Europa mit hochwertigen Lebensmitteln versorgt worden war, während nebenan gespeist wurde, dass wir mit dem Namen Borchardt also an eine bemerkenswerte Berliner Tradition anknüpfen konnten, war uns zu dem Zeitpunkt auch nicht bewusst. Wir nannten es Borchardt, weil dieser Namenszug oben auf der Fassade eingemeißelt stand und einen schönen Klang hatte. Wir hatten zwar von einem Fischrestaurant namens »Gastmahl des Meeres« zu DDR-Zeiten und einer Disko11 in diesen Gemäuern gehört, aber mehr Informationen hatten wir nicht, weitergehende Nachforschungen stellten wir zunächst auch nicht an. Wir hatten eher Sorgen wie ungeklärte Eigentumsverhältnisse und Ämter, auf denen man niemand erreichen konnte.

Etwa eine Woche nach der Eröffnung am 5. März 1992 erschien eine Dame weit jenseits der achtzig am Tresen und bat um ein Gespräch mit mir, diese Begegnung entpuppte sich als wahrer Glücksfall. Denn die rüstige Frau hatte an dieser Stelle, in unseren Räumen, ihre Lehre gemacht, ihren Mann kennengelernt – und unter wechselnden Besitzern bis zu ihrer Pensionierung gearbeitet. Sie beschrieb uns in vielen Treffen in schillernden Farben ihren Arbeitsalltag und veranlasste uns, zusätzlich eigene Recherchen zu betreiben. Langsam erst wurde uns klar, wo wir uns niedergelassen hatten.

Das Borchardt, genauer gesagt »F.W. Borchardt«, war zu seiner Zeit einer der bekanntesten Feinkostläden des Kontinents, in Größe und Strahlkraft eine Art Berliner Harrods für Lebensmittel. Der Raum des heutigen Restaurants in dem 1900 errichteten Gebäude wurde damals tatsächlich »Little Harrods« genannt und war Teil eines Komplexes aus großer Ausstellungsfläche und Restaurant, der sich über mehrere Häuser erstreckte. Über dem heutigen Gastraum, wo jetzt unser Büro ist, wohnte die Familie. Der alte August Friedrich Wilhelm Borchardt hatte das Geschäft schon 1853 im Alter von siebenundzwanzig Jahren gegründet und rasch zu einer anerkannten Marke entwickelt. Er war aus Pommern, hatte im feinen Regiment Gardes du Corps gedient und war von dem Wunsch beseelt, internationalen Flair und Qualität an die Spree zu holen, und das hieß damals automatisch: Pariser Flair.

Borchardt belieferte mit seinem Cateringservice, der sich zu jenen Zeiten »Versandküche« nannte, den kaiserlichen Hof und viele andere Herrschaftshäuser im benachbarten Ausland. Auch exotische Waren wie ganze Kängurus (»junge, im Fell, nur im Winter eventuell lieferbar, Stück 20,–«), Straußeneier oder Erdbeeren aus Algier standen auf der Orderliste.

Als der russisch-türkische Konflikt von 1878 zu einem europäischen Problem zu werden drohte, rief Fürst Bismarck zum Berliner Kongress, der den Frieden sichern sollte. Um eine angenehme Atmosphäre zu schaffen, ließen die deutschen Gastgeber den Hoflieferanten Borchardt exquisite Speisen liefern, was die anwesenden Politiker offensichtlich schwer beeindruckte und rückwirkend für einige anscheinend mit ein Faktor war, warum das Treffen über insgesamt zwanzig Sitzungstage, die sich fast über einen Monat verteilten, als Erfolg gewertet wurde. Eine Zeichnung in den »Illustrated London News« aus dem gleichen Jahr zeigt die Teilnehmer beim Sherry vor einem reich geschmückten Buffet. Für F. W. Borchardt hatte sich der Einsatz gelohnt, denn, so wird berichtet, er konnte anschließend etliche Folgeaufträge aus dem Ausland verzeichnen.

Im »Weinrestaurant Borchardt« ging die gehobene Gesellschaft speisen, regelmäßig trafen sich hier Politiker des Reiches, Offiziere, aber auch Schauspieler und Künstler nach den Aufführungen in den Schauspielhäusern. Die Speisekarte des Restaurants unterschied sich verblüffenderweise in den wesentlichen Punkten kaum von unseren aktuellen Angeboten. Auch damals gab es schon Ananas im Winter und Fisch zu allen Jahreszeiten, frische Austern aus Frankreich und Fleisch aus den besten Züchtungen. Theodor Fontane war sehr angetan und schrieb: »Hier herrscht die Freiheit zu essen, was man will und wann man will.« Besser könnte man unser heutiges Konzept einer toleranten, urbanen Gastronomie kaum auf den Punkt bringen. Der Unterschied ist bloß, dass sich das zu Fontanes Zeiten lediglich eine kleine, wohlhabende Minderheit leisten konnte, während heute deutlich mehr Menschen von diesen Vorzügen profitieren können.

Die alte Dame schilderte uns auch sehr plastisch, wie die beiden Enkel des alten Gründers, Hans und Fritz Borchardt, den Laden langsam in den Ruin getrieben hätten. Am eigentlichen Geschäft kaum interessiert, nahmen sie sich in den wilden Zwanzigern an jedem Wochenende mit großer Geste 500 Reichsmark von den Einnahmen direkt aus den Kassen und verschwanden bis zum nächsten Tag im Nachtleben, das sich hier um die damals gar nicht so schicke Friedrichstraße entfaltete. Heute wären 500 Euro schon viel Geld, aber 500 Reichsmark? Das war ein Vermögen. Eine Flasche bester Wein, sagen wir ein acht oder neun Jahre alter Mouton Rothschild, kostet heute rund 1000 Euro. Damals kostete ein gleichaltriger Rothschild unter 10 Reichsmark, was damals aber auch schon unanständig teurer war. Mit den aus den Kassen genommenen Summen konnten die beiden Borchardt-Sprösslinge also locker ganze Lokale freihalten und die Mädchen auf den Tischen tanzen lassen. Die angestammte Belegschaft beobachtete dieses Verhalten wohl zu Recht mit größter Sorge und Skepsis: 1927 ging der Laden Konkurs und wechselte mehr als einmal den Besitzer, seitdem hat die Familie Borchardt keine Anteile mehr an der Unternehmung, trotzdem wurde erfolgreich weiter serviert und geliefert, der Betrieb sogar über die Kriegsjahre bis zum 2. Februar 1945 aufrechterhalten – lediglich die Fenster wurden zugemauert, dieser Splitterschutz blieb erhalten, bis wir ihn Anfang der Neunziger entfernt haben. Der Bombenhagel zerstörte aber in den letzten Monaten praktisch alle Gebäude um das Haus Französische Straße Nr. 47 herum, in dem das heutige Borchardt ist, auch das Nachbarhaus Nr. 48 mit dem alten Weinrestaurant.

Nach dem Krieg öffnete hier kurze Zeit eines der wenigen so genannten »freien Restaurants« unter dem alten Namen Borchardt, wurde aber 1949 Volkseigentum und von der staatlichen Handelsorganisation Freier Länder (HO) übernommen. Anfang der Fünfzigerjahre öffnete das Lukullus an derselben Stelle, das auch der Ausbildung des gastronomischen Nachwuchses der DDR diente. Später konnten die Ostberliner hier im »Gastmahl des Meeres« Fisch essen, in den Achtzigern schließlich – mit abgehängten Decken – in der Disko11 tanzen, irgendwann wurden hier nur noch Bauarbeiter versorgt, schließlich wurde der Raum zur Lagerhalle – und mit der Wende praktisch vergessen, wenn auch nur für kurze Zeit.

*

Nach der Eröffnung im Frühjahr 1992 lief das Geschäft ganz gut an, auch wenn sich noch nicht allzu viele Menschen in diese Gegend verirrten. Für Leute aus dem Westen war es eine Art Expedition, wenn sie in diesen frühen Jahren in den ehemaligen Osten Berlins aufbrachen. Die Jüngeren hatten damit weniger Probleme, es war die Zeit, in der Clubs wie der Tresor in der Leipziger Straße und der Bunker in der Reinhardstraße Geschichte schrieben. Zehntausende Jugendliche sahen in der geöffneten Stadt einen Abenteuerspielplatz, auf dem sie sich austoben konnten, es war eine faszinierende Mischung aus Pioniergeist und Anarchie, die alle antrieb. Insgesamt blieb es aber noch ruhig, sehr ruhig. Man kann sich das gar nicht mehr vorstellen, aber nur ein paar Meter vom Borchardt entfernt, an der Kreuzung Französische Straße Ecke Friedrichstraße, wo heute das Leben und der Verkehr unentwegt toben, herrschte Anfang der Neunziger manchmal fünf, sechs Stunden lang praktisch absolute Ruhe, da kam kein einziges Auto vorbei, und wenn, hörte man es schon lange, bevor man es sah, wie auf einem Dorf. Damals hatte ich die Idee, diese tote Kreuzung einmal 24 Stunden lang zu filmen, um das in einer Endlosschleife auf den Toiletten laufen zu lassen, ich bereue wirklich sehr, dass ich das nicht umgesetzt habe, das würde man sich doch gerne noch einmal ansehen.

In den Neunzigerjahren war alles noch so unfertig und provisorisch, teilweise auch chaotisch, dass einige vom Wilden Osten sprachen. Wie sehr die Bezeichnung passte, musste ich einen Abend mal feststellen: Ich kam aus dem Borchardt, auf der anderen Straßenseite lief jemand lang, von genau gegenüber schrie er plötzlich: »Hey du, ich knall dich ab!« Ja klar, du knallst mich ab, du Spinner, dachte ich. Das fand ich auch nicht witziger, als er es wiederholte: »Ich knalle dich wirklich ab!«. Dann zielte er mit einer Pistole auf mich und schoss, mitten in Berlin, von der Straßenseite gegenüber. Das war irgendwie unwirklich und sehr real zugleich. Ich bin hinter das nächste Auto gesprungen, irgendjemand hat geistesgegenwärtig die Polizei gerufen, die blitzschnell kam, da war er schon weg. Im Restaurant saßen wir immer noch baff, als zwei Polizisten tatsächlich mit dem Revolverhelden durch die Tür traten. Der größere Uniformierte, ein Kerl wie ein Schrank, hatte ihn am Kragen gefasst und schob ihn vor sich her. War der es? Ja. Das Verfahren gegen ihn wurde später eingestellt, vielleicht war er unzurechnungsfähig, vielleicht hatte er eine harte Kindheit, ich hoffe nur, dass er danach nicht irgendwo weitergeschossen hat.

In der Zeit des Umbruchs gab es Grauzonen oder Grenzbereiche in der Stadt, die dubiose Gestalten zu ungewöhnlich selbstbewussten Auftritten verleiteten, manchmal auch nur deswegen, weil die Polizei teilweise noch nicht ganz funktionsfähig oder schlichtweg überfordert war. Einer dieser schrägen Vögel nannte sich Machmut und hielt sich für den heimlichen König von Berlin. Eines Tages wurde ich hektisch von meiner damaligen Geschäftspartnerin, mit der ich den Laden gegründet hatte und die sich aber bald aus der Gastronomie zurückzog, ins Borchardt gerufen, Machmut sei da, er drehe fast durch, weil sie ihm keinen Platz gebe wollte. Als ich in die Französische Straße einbog, standen wie in einer schlechten Hollywood-Inszenierung auf beiden Straßenseiten seine Gorillas Spalier, schwarze Hosen, schwarze T-Shirts, aufgepumpte Oberarme. Drinnen tobte Machmut, weil ihm trotz des halbleeren Raumes niemand einen Tisch geben wollte. Zu Recht. Lässt du so einen einmal herein, wirst du ihn und seine aparten Freunde so schnell nicht mehr los. Meine Partnerin wiederholte unverdrossen: »Ich habe keinen Tisch für Sie, ich habe keinen Tisch für Sie!« Wir blieben eisern. Schließlich stürmte er fluchend aus dem Laden.

Nach kurzer Zeit war für uns gleich wieder Schluss. Denn weil neben und vor uns so viel gebaut wurde, mussten wir bis Mitte 1995 für eineinhalb Jahre schließen. Es gab kein Wasser mehr, keinen Strom, keinen Zugang, keine Straße, nichts. Die Häuser neben dem Borchardt, das Quartier 206, das Quartier 205, alles entstand auf einmal, man hatte den Eindruck, das ganze Viertel schoss auf einen Schlag in die Höhe. Das war eine riesige, endlose Baustelle, von der man sich nicht vorstellen konnte, dass sie jemals fertig werden würde. Ökonomisch überstanden wir diese Zeit, weil uns die Bauherren für die Zwangsschließung entschädigen mussten, nicht wirklich üppig, aber auch nicht schlecht. Das Team, das wir zusammengestellt hatten, überwinterte in anderen Lokalen. Wir hatten eine ziemlich genaue Vorstellung davon, wie lange der Spuk dauern sollte – und die meisten kamen nach der Wiedereröffnung zu uns zurück.

Ich habe zwar immer an den Erfolg des Borchardt geglaubt, wirklich wissen kannst du es aber nie, bevor du so einen Laden aufmachst. Vor der Eröffnung schüttelt dich regelmäßig die Horrorvision durch, dass niemand kommt, dass du in deinem tollen neuen Laden alleine stehst und es das war. Diese Zweifel sind normal und auch wichtig, weil du dich umso mehr bemühst, alles perfekt herzurichten, damit es wenigstens nicht an Sachen scheitert, die du dir hinterher vorwerfen musst. Aber bei einer Restaurantgründung ist es wie bei jeder Unternehmensgründung: Du musst dran glauben – und dann ziehst du es durch. Ob es so wird, wie du dir erhoffst, dafür gibt es keine Simulation, sondern nur den Praxistest. Ein Raketenbauer wird dir vor dem Start Tausende von Seiten Berechnungen zeigen können, die beweisen, dass das Ding sauber abheben und locker bis zum Mars fliegen wird, aber ob das dann auch wirklich so passiert, weiß auch er erst, wenn er auf den Startknopf drückt und sieht, wie sich seine Rakete langsam zum Himmel erhebt – hoffentlich. Das ist aufregend, das motiviert, das spornt an.

Ein großes Restaurant ist ein sensibles Hochleistungssystem, das manchmal bis an seine Grenzen geht und jederzeit für alle Eventualitäten gerüstet sein muss. Hinter den Kulissen ist es oft hektisch, es gibt Druck, Stress und große Emotionen. An besonderen Abenden, wenn in der Stadt mal wieder viel los ist, wenn die Hölle losbricht, gibt es von alldem mehr, als man zeitweise zu vertragen glaubt. Man kann sich darauf sehr gut vorbereiten, aber eben nicht bis ins allerletzte Detail. Irgendwann sehr spät, weit nach Mitternacht, muss man manchmal den Blick in aller Ruhe durch den Saal schweifen lassen, um überhaupt zu verstehen, was gerade um einen herum passiert, während die Schlacht unverdrossen weitertobt.

In der Ecke stapelt sich die schmutzige Wäsche bis zur Decke, hinter der Bar steht der Barmann mittlerweile knöcheltief im Kaffee, die letzten Reservegläser werden nach vorne gereicht, die Schwingtür zur Küche klappt im Sekundentakt weiter auf und zu, weil immer noch Essen rausgehen, es ist kein Ende abzusehen. Die konzentrierten Gesichter der Kellner, der neugierige Blick des Küchenchefs, der für eine Zehntelsekunde in den Gastraum späht und grinst, das Klirren der Gläser, das laute Lachen, all die ineinander verwobenen Stimmen der Gäste, die sich immer noch durch die Gänge und an den Tischen drängeln. Vielleicht waren es im Laufe des Abends fünfhundert, vielleicht tausend, niemand weiß es genau, es ist egal. Aber alle sind gefangen von diesem Augenblick, von der Chemie, die sie zusammen in den letzten Stunden erzeugt haben, von dem Gefühl, es müsse ewig so weitergehen, weil sich das anfühlt wie das echte, pulsierende Leben. Diese Momente sind Momente großen Glücks – und mir fallen wenige Sachen ein, die ich mehr liebe.

Um die ganze Welt des
GOLDMANN-*Sachbuch*-Programms
kennenzulernen, besuchen Sie uns doch
im Internet unter:

www.goldmann-verlag.de

Dort können Sie
nach weiteren interessanten Büchern ***stöbern***,
Näheres über unsere ***Autoren*** erfahren,
in ***Leseproben*** blättern, alle ***Termine*** zu Lesungen und
Events finden und den ***Newsletter*** mit interessanten
Neuigkeiten, Gewinnspielen etc. abonnieren.

Ein ***Gesamtverzeichnis*** aller Goldmann Bücher finden
Sie dort ebenfalls.

Sehen Sie sich auch unsere ***Videos*** auf YouTube an und
werden Sie ein ***Facebook***-Fan des Goldmann Verlags!

www.goldmann-verlag.de
www.facebook.com/goldmannverlag

GOLDMANN
Lesen erleben